中华译学传主倡导

以中华为根 译与学并重

弘扬优秀文化 促进中外交流

拓展精神疆域 驱动思想创新

丁酉年冬月许钧撰 罗卫东书

中华译学

第一辑

2024 ①

CNKI收录集刊

许 钧 主编

冯全功 执行主编

ZHEJIANG UNIVERSITY PRESS

浙江大学出版社

·杭州·

主办单位：浙江大学中华译学馆（浙江省哲学社会科学重点研究基地）

本集刊得到浙江大学教育基金会钟子逸基金资助

主编的话

　　翻译在中外文化交流与文明互鉴过程中发挥着极其重要的作用，就像季羡林先生所言："中华文化之所以能长葆青春，万应灵药就是翻译。翻译之为用大矣哉！"纵观整个中国翻译史，从汉代到宋代的佛经翻译、明清时期的科技翻译、"五四"前后的西学翻译都为中华文化注入了新的青春活力。在中华民族伟大复兴的时代背景下，翻译的作用更加凸显，也呈现出一些新的特征，如从"西学东渐"到"东学西渐"，从"翻译世界"到"翻译中国"，强调对外讲好中国故事，传播好中国声音，服务人类命运共同体建设。

　　在这样的时代背景下，为了服务国家战略需求，促进中国翻译学科发展，浙江大学中华译学馆于2017年12月正式成立，立馆宗旨为"以中华为根，译与学并重，弘扬优秀文化，促进中外交流，拓展精神疆域，驱动思想创新"。经过六七年的发展，在浙江大学以及学界同人的大力支持下，中华译学馆在翻译实践、翻译研究、中外文化交流三大领域全面推进，出版了"中华翻译研究文库""中华翻译家代表性译文库"等十余种丛书，在学界产生了广泛影响，并于2023年入选为浙江省哲学社会科学重点研究基地。

　　为了进一步促进翻译学科发展，助推中外文化交流与传播，浙江大学中华译学馆决定创办《中华译学》学术集刊，由浙江大学出版社出版，计划每年出版两辑。《中华译学》的主要栏目包括：翻译家心声、学者访谈、翻译理论、中国典籍翻译、翻译史、文学翻译、应用翻译、翻译教育、翻译批评、翻译技术、观察与争鸣、研究生论坛等。《中华译学》的创办宗旨与中华译学馆的立馆宗旨是一致的，导向主要体现在以下六个方面：（1）传承性——植根中华文化，展现中国特色；（2）现实性——服务国家所需，解决现实问题；（3）人文性——围绕人之本体，探索翻译精神；（4）创新性——基于现实问题，推动理论创新；（5）对话性——吸融国外译论，促进双向交流；（6）多元性——鼓励不同声音，碰撞思想火花。

　　在新时代，译学界不断涌现出新现象、新问题，如翻译学科的内涵式发展、翻译与中华文化"走出去"、翻译与语言服务行业、翻译与人工智能、中国译学的理论建设、翻译教育的实践路径等。新现象、新问题需要新思考、新探索。植根中华文化，立足国内现实，借鉴国外新知，《中华译学》旨在为翻译学科的高质量发展提供一个自由探索的平台。

　　期待国内外同行热忱支持，慷慨赐稿，共同办好《中华译学》！

目　录

译者何为?
——展望AI时代*

飞 白**

世界进入AI（人工智能）时代，各行业面临巨大的挑战和变革，翻译也是首当其冲的行业之一。值此翻开新篇章的时刻，《中华译学》创办，给我们开辟了一块应答挑战的园地。

我一直认为，在翻译需求暴涨的当今，翻译和翻译标准不能一刀切，应从实际出发，把翻译划分为信息型、艺术型（风格译）和功效型三类。在2016年出版的《译诗漫笔》中，我曾写过："近二十年来电脑翻译已有长足的进步，再升级几代就有望代替人工做绝大部分信息译工作了。"（飞白，2016：8）几年后的今天，这已成为现实。信息型翻译是现代翻译里的大户，就连功效型翻译（以广告宣传为代表）现在也已能交给AI去做了，ChatGPT等程序做广告策划、生成文案的速度，甚至比你给它发指令的速度还快，如比尔·盖茨所言，AI芯片中的信号传递速度比人类大脑中的信号传递速度快10万倍。所以，人类的许多工作都将被AI取代。那么展望AI时代，译者何为呢？这里谈谈我的看法。

AI基于算力的翻译能力异常强大，但也非万能，在艺术型翻译（及其他各型文本所含的艺术成分翻译）中，AI的能力就受限了。这是因为AI处理的对象限于数据和逻辑，而对情感、美感和一切感性对象，它都感受不了。

不错，AI可以配备接收各种感觉的传感器，例如模拟视觉的摄像头，以及对色彩和对象的识别装置，从而能做到人脸识别、自动驾驶等等，但这全基于对数据的计算和比对，与我们的感性世界完全两样。以色彩为例，我们知道色彩本质上是从电磁波大家族中一个窄小的波段（390—760纳米的可见光波段）按波长划分出来的，如绿色波长大约是500—575纳米，红色波长大约是620—750纳米，等等，AI及其传感器所

*　　本文由飞白教授口述，方素平女士记录。

**　**作者简介**：飞白，全名汪飞白，翻译家，浙江大学文学院教授，云南大学外国语学院教授，2024年荣获中国翻译协会颁发的"翻译文化终身成就奖"。出版有《古罗马诗选》《哈代诗选》《谁在俄罗斯能过好日子》等译著23部，《诗海——世界诗歌史纲》《译诗漫笔》等专著5部，主编《世界诗库》（10卷），被媒体昵称为"诗海水手"。

感知的色彩就是这些数据。而人感知的却是从七彩化出的千万种色彩，是春花之烂漫和晚霞之幻美，这是机器无法感受的。别说机器，同是人，感受也不同。如我有位红绿色盲的朋友，我就想象不出他眼中的世界是什么样的，我好奇地问过他："你到底是把红看成绿，还是把绿看成红呢？要是看成了绿，那么美人的面颊红唇一色青绿，岂不非常酷？要是看成了红呢，这草地树林一片火红，岂不又烧得慌？"他回答道："所谓红绿在我眼里只是一种颜色，我也想象不出你们是怎么区分的。"又如，同是动物，蜜蜂能见紫外线（光谱中紫外波段比可见光波段还宽），但蜜蜂所见是什么样的绚丽图景，更超出我们的想象。由此不难推知 AI 缺乏人的感受会带来怎样的局限。再说听觉，机器感受的音也是数据，如 C 调 do 的频率约是 262 赫兹，mi 约是 330 赫兹，sol 约是 392 赫兹，等等。而我们若听到 do mi sol sol、do do mi sol sol，感受到的是蓝色的多瑙河春波荡漾；若听到 sol sol mi re la sol la do re mi，感受到的是《二泉映月》倾诉心曲。AI 当然能瞬间检索出曲名和前人对它的评论，却无法感受音乐带给心灵的震颤和抚慰。

两者的这种区别，不论 AI 再升级几代、再配备多精密的传感器也是改变不了的。AI 只能从大量阅读中获取说词，却无法实际感受也无法想象人类所感受的世界。尽管 ChatGPT 博学强记，可以逼真地模拟人类言谈，考试、博弈都已胜过人类，但本质上毕竟是鹦鹉学舌，没有真情实感。演员演戏明明是在假装，也要靠生活中积累的切身情感体验，设身处地而进入扮演的角色。ChatGPT 虽能学舌模拟，自己却没有一点生活体验、情感体验，就连同情心也没有，这就大大限制了 AI 在人文领域中的运用。翻译却是涵盖科技、人文两大领域的。

语言是翻译的基本场域。人类之所以成为人类，关键在于人类有语言，而语言的生命则在于它的两重性。"区分信息型翻译和艺术型翻译，归根结底是基于语言的两重性。……语言是一种生命体，像生物一样有骨骼也有血肉，各有不同功能，语言的单义性是其骨骼，语言的复义性是其血肉，缺一不能成为语言。科学和偏向科学的语言运用以前者为基础，艺术和偏向艺术的语言运用以后者为生命。"（飞白，2016：226）需要翻译的文本中，只有骨骼的不多（如商务单据），大多数都带有感性血肉，所以译者不能无视其感性血肉而纯用信息译的方法来处理。这也决定了今后的翻译不能全由 AI 承担，而翻译工作者也不会失业。估计今后海量的翻译将会交给 AI 完成，人类译者将在数量上减少而在质量上提升，未来需要的主要是艺术型翻译人才和译审级的人才。

20 世纪翻译研究发生了"语言学转向"，科技排挤了人文，翻译完全由逻辑理性掌控，而语言中情感、美感和一切感性成分遭到忽视。由于机器无法获得人的感性，新兴的 AI 翻译也继承了"语言转向"的这一短板，这是人工智能的先天不足。究其根本原因，则是人类的感性植根于生命感。

我学龄时期恰逢抗战，随家人流浪到大西南，成了失学儿童。我的课堂是大自然，我的启蒙读本是浩瀚星空和小动物的世界，外加父亲偶尔借回来的几本好书，其中对我影响最深的，是鲁迅译的荷兰诗人拂来特力克·望·霭覃（Frederik van Eeden，今多译为弗雷德里克·凡·伊登）的诗性小说《小约翰》。小约翰也是一个热爱自然的孩子，他试图融入自然，与昆虫等小动物交友，但长大点后他不得不师从"号码博士"（如果现在翻译，应译为"数码博士"），这位师父的研究工作是要把任何事物都数字化，一旦数字化了，他就达到了目的，心满意足。但小约翰却不能满足于一串串数字。他上穷碧落下黄泉地探寻生命与死亡的奥义，他为人类的愚行流泪，但最终还是决然走向了人类痛苦所在的黑暗的大都市。

每到夜晚，没有照明，不能看书，我就卧在荒草坡上辨认满天繁星，看身边流萤，听蟋蟀歌唱，这与法布尔《昆虫记》里描写的场景非常相似。法布尔说：空中有巨大的星星在俯瞰着我们，身边有我的小朋友蟋蟀在草丛中吟唱。然而，这小小的蟋蟀，一粒有生命的微尘，自知快乐与痛苦，更让我无比地热爱……这段话，我深深铭记着，至今难忘，但很抱歉只能述其大意，因我的视力现属"二级盲人"等级且近日出现下滑征兆，无力查找注明原文出处了。[①]

在宏伟浩瀚的宇宙里，在温度高达数千万度乃至数千亿度的巨大星体和趋近绝对零度的茫茫星际黑暗之间，存在着这样"一粒有生命的微尘，自知快乐与痛苦"是多么令心灵震撼！

地球上的生命是经大约 40 亿年时间的孕育和无数世代的试错生成的。造化无情，试错中一步差错就是毁灭，无数个体为试错付出了生命代价，极少数得以幸存而将其基因连带着生命感一同传承了下来。这种源自远古的生命记忆刻骨铭心，有生之物的每个细胞内都刻录着一本 DNA 生命密码，这本微观密码有 30 多亿个"字"，每个"字"刻录出来的长度只有 0.34 纳米。而一个人全身通常有 40 万亿至 60 万亿个细胞，就是说全身之内刻录有 40 万亿至 60 万亿本这样的生命密码，简直是无所不在！如把一个人身上的密码都排列起来，其总长度竟可达几百亿公里，足以到月球跑几万个来回。这说的还仅仅是保存在细胞核里的 DNA 密码，而整个细胞还具有许多复杂结构，犹如一个小小国家；众多的人体细胞又各各特化为种类繁多的官能系统，包括密布全身的感觉神经系统……所有这些生命结构都是纳米级的。生命感和一切感性由此才深深刻录在我们的每

①　对于源自国外文献的引文，因译文多歧义而各不相同，我历来都是尽可能找到原文并据之译出准确译文，但现已无能为力。

寸血肉里。

人工智能的核心是硅晶芯片，近年来芯片技术也已做到纳米级：最小已达 7 纳米、5 纳米，甚至 3 纳米（这指的是芯片中每个晶体管单元的量度），基本已达到了极限。研发芯片要多年努力和百亿、千亿美元的投入。最后步骤是芯片刻录，刻录用的一台光刻机就重达数百吨，要用一列火车通过 40 多个集装箱来载运，用一年时间安装，然后用一个月功夫刻制几千道工序，才能制成一个指甲盖大小的芯片，它具有惊人的计算速度，这是人工的光辉成就。然而，这样千辛万苦制出的一个芯片，其存储量还不如一个小小细胞核里的 DNA。我非内行，这些数据说得可能不准，但人工制造一个无机芯片和造化出一个有机生命，差异是显而易见的，且不可逾越。

由于此，在 AI 翻译"闪亮登场"的今天，从事翻译工作、翻译教育和译学研究的我们不必顾虑今后失业和无所作为。AI 翻译将发挥所长，建功立业，但仍有大量鲜活的、血肉丰满的翻译工作需要我们来承担。AI 固然也能做这些翻译工作，并能通过学习海量素材不断改善，但没有自身感受、自身体验的机器，读书背书再多、模拟学舌再好，却仍然只能转换生成，缺乏创新突破，终究摆脱不了平庸。我们翻译工作者的任务则是勇于探索攀登，破解译学奥秘，不懈地与平庸做斗争。说了这些，希望与翻译界朋友特别是新一代的青年朋友共勉。

参考文献

飞白. 译诗漫笔. 北京：外语教学与研究出版社，2016.

（特邀编辑：冯全功）

新中国新时代，成就我"一世书不尽的传奇"

杨武能*

年届耄耋，一时兴起，我给自己取了一个号或曰笔名，叫"巴蜀译翁"。

译翁者，做了一辈子文学翻译的老头子也；冠在前面的"巴蜀"二字，则标示出我的根脉、属性。具体讲：第一，我出生于山城重庆十八梯下的厚慈街，自幼习惯爬坡上坎，忍受火炉炙烤熔炼，铸就了强健的身板、筋骨，养成了坚韧的性格、倔强的脾气；第二，我茁壮成长于巴蜀文化丰厚肥美的土壤，崇拜天府文宗苏东坡，仰慕"乡长"郭沫若、巴金，有这样的基因、底色、禀赋，可谓得天独厚。

经历了半个多世纪的磨砺、摔打和拼搏，扛住了一次又一次风雨和磨难，在改革开放40周年的2018年，我获得了中国翻译协会颁发的"翻译文化终身成就奖"。获奖者一共七人，本翁年届八旬仍最年幼，而且是唯一一个从地方上去的，三四位来自北京的翻译家以及给我发奖的唐闻生女士，都曾做过伟大领袖毛主席的翻译。获得这个奖让我感到无比荣耀。

怎么就一步登天了呢？说来话长！

新中国诞生的1949年，我小学毕业。当工人的父亲领着我跑遍了山城重庆包括教会学校广益、求精在内的一所所中学，都没能为我争取到升学的机会。失学了，12岁的小崽儿白天只能在大街上卷纸烟儿卖；晚上却步行几里路去人民公园的文化馆上夜校，混在一帮胡子拉碴的大叔大伯中学政治常识，学从猿到人的进化论。

眼看就要跟父亲一样当学徒做工人了，突然喜从天降：第二年春天，我考进了重庆唯一一所不收学费还管饭的学校——人民教育家陶行知创办的育才学校！

在育才，我不仅得到了学习机会，还懂得了做人的道理。老师教我们要早日成才服务社会，并且讲"共产主义等于苏维埃政权加电气化"。于是我立志当一名电气工程师，梦想去修建三峡水电站，成为一名共产主义建设者。

不料初中毕业一纸体检报告，判定我先天色弱学不了理工，只能考文科，于是梦想

---

* 作者简介：杨武能，号"巴蜀译翁"，现任重庆图书馆荣誉馆长，2018年荣获中国翻译协会颁发的"翻译文化终身成就奖"。从事德语文学研究、教学、译介60余年，出版著作逾千万字，学术专著有《歌德与中国》《走近歌德》等6部，译著有《浮士德》《少年维特的烦恼》《格林童话全集》《魔山》《纳尔齐斯与歌尔德蒙》等数十种。

破灭。1953 年秋天，我转到重庆一中念高中，彷徨苦闷了一年多，后幸得语文老师王晓岑和俄语老师许文戎的启迪、指引，才走出迷惘，重新确立了先当翻译家再做作家的圆梦路线。

1956 年秋天，一辆接新生的无篷卡车拉我到北温泉背后的山坡上，我进了西南俄文专科学校。在西南俄专，我凭着在育才、一中打下的俄语基础，半年后便跳级到了二年级。

眼看还有一年就要提前毕业，谁知中苏友谊破裂了，学俄语的人面临着僧多粥少的窘境。于是我被迫东出夔门，转学到千里之外的南京大学读日耳曼学，也就是德国语言文学，从此跟德语和德国文化结下了不解之缘。这一做梦也没想到的波折，事后证明又是因祸得福，跟因视力缺陷不能学理工才学外语一样。

单科性的西南俄专，无论硬件还是软件，都远远无法与老牌综合性大学南大同日而语。而今忆起在南大的 5 年学习生活，虽然远在异乡靠助学金过活的穷小子没少受饥寒之苦，但仍感觉如鱼得水般的畅快、满足，因为看到了实现理想的可能。

说到南大学习条件优越，这里仅举一例。搞文学翻译，获取原文书籍和从中挑选出有价值的作品，实乃头等大事；没有可供翻译的原文，则是"巧妇难为无米之炊"。身为南大学子的我，可谓身在福中：德语专业师生加在一起不过百人，却拥有自己的原文图书馆，还是对师生一律开架借阅的。图书馆藏书装满了西南大楼底层的两间大教室，真是一座敞着大门的知识宝库。此时的我，好似不经意闯进了童话中宝山的傻小子。更神奇的是，这宝山竟然也有一位小矮人充当看守！别看此人个头儿矮小，却神通广大，不仅对自己掌管的宝藏了如指掌，而且尽职尽责，开放时间总是坚守在自己的岗位上，还能对师生的提问一一给予解答。从二年级下学期起，我几乎每周都要接受这个小老头儿的服务和帮助。起初我只是感叹又庆幸：自己进入的这所大学真是个藏龙卧虎之地呀！日后才得知，这位其貌不扬、言行谨慎的老先生，竟然就是被誉为我国日耳曼学宗师之一的大学者、大作家陈铨。

不过，我在南大的文学翻译领路人并非陈铨，而是叶逢植。20 世纪五六十年代，叶老师尚未像何如教授、张威廉教授那样跻身外文系学子崇拜的大翻译家之列，只是我们班上的同学们十分钦慕他，对他在《世界文学》发表的译作如席勒的叙事诗《依毕库斯的仙鹤》和《人质》津津乐道。

正是受叶老师影响，才上二年级我就尝试做翻译，也就是当年为人所不齿的偷偷"种自留地"。1959 年春天，我在《人民日报》发表了一篇非洲民间童话译文《为什么谁都有一丁点儿聪明？》，巴掌大的文章得了 8 块钱稿费，不啻是我翻译生涯掘到的第一桶金子！这给了初试身手的我莫大鼓舞，以致我一发不可收，继续在小小的"自留地"上挖呀挖，挖个不止，全然不顾可能被戴上"资产阶级名利思想严重"和"走白专道路"的帽子的风险。

真叫幸运啊，能遇上才华横溢又循循善诱的叶逢植老师教我们一、二年级时的德语和德语文学。在他的教导下，我不只打下了坚实的语言基础，还得到了从事文学翻译的鼓励和指点，因此在那个物质和精神都极度匮乏的困难年代，我们之间建立起了相濡以沫的深厚情谊。前些年我在上海《文汇读书周报》发表了一组"译坛杂忆"，详细谈早期"种自留地"拿稿费的情况，以及后来如何在亦师亦友的叶老师指引下，不断在《世界文学》刊发德语文学经典翻译习作的经历。

想当年，全中国发表文学翻译作品的刊物仅有茅盾主编的《世界文学》一家，作为未出茅庐的大学生，我竟一年三中标，应该讲真是个奇迹。还不止于此呢，编辑部负责与我联系的李文俊先生来信称，我的译文受到实际主持编务的老翻译家陈冰夷的赏识，说他希望我继续努力，多译些好作品投寄去。就这样，还在大学时代，我便连跑带跳地冲上了译坛。

可是，我为此付出了沉重代价——毕业前一年患了肺结核。

1962年秋天，我在南大金银街5号学生肺结核疗养所勉强恢复健康后，毕业分配回由西南俄专发展成的四川外语学院。之后两年，我还在《世界文学》发表了《普劳图斯在修女院中》和《一片绿叶》等德语古典名著的翻译，谁料好景不长，再往后，选题怎么都无法适应多变的国际政治形势。1965年，《世界文学》这份由鲁迅创刊的中国当时唯一一家外国文学刊物休刊了，我的文学翻译梦遂化为泡影，身心坠入了黑暗而漫长的冬夜。

所幸严冬终于过去。记得是1978年初春时节，我从北京的报纸上刊登的一篇柳鸣九老师的文章中，嗅出了春回大地的气息，于是按捺不住给人民文学出版社写了封自荐信，希望能领取一点儿翻译任务。不久收到回函，称"你给孙玮同志的信，收到了"，希望我坚持自己的翻译计划，还讲社里正"计划编印一部德国古典短篇小说选……您手头如有适当材料，希望能为我们选译几篇"，云云。我知道孙玮即翻译家孙绳武，是该社外国文学编辑室主任，而回函人是谁却不晓得。

那年头，能得到国家级出版社的认可和约稿，真不是件小事。受宠若惊的小子我不敢怠慢，立马给不知名的编辑同志寄去十来个选题，并且不知天高地厚地提出：能否把"德国古典短篇小说选"整部书的编选和翻译工作全交给我？

约莫一个月后，我忐忑不安地拆开回函，欣喜的是信里并未对我的冒昧和"贪婪"表现出丝毫讶异，而是讲："谢谢你的帮助。经过研究，我们原则上同意这个选目。不过，这个选题在我们这里，要到明年才开始编辑，目前只是约稿和集稿阶段。最后究竟落实到哪些作品，还得看明年的集稿情况如何。希望你把你准备翻译的和已经译出的篇目告诉我们，并立即动笔翻译下去。"

不久，我到北京建国门内 5 号参加中国社会科学院硕士研究生复试，顺便拜访了心目中的圣地——人民文学出版社。在朝内大街 166 号二楼一间简朴的小办公室，接待我的是位 50 来岁的瘦小男同志，一身洗得泛白的学生服，脸上架着副黑框近视眼镜，整个人平凡简朴得一如他所在的办公室。他自我介绍说他就是那个跟我通信的编辑，名字叫绿原。诗人绿原！

第二年 4 月下旬，小说选的集稿和翻译接近尾声。按照我的提议，该书定名为《德语国家短篇小说选》。看着面前的一大叠稿子，绿原提出得有一篇序言，并要我说说这序应该如何写。我有条不紊地讲出自己的想法，心里却琢磨，这序嘛肯定该由他或其他权威前辈执笔，问我想法只为做做参考罢了。谁知绿原听完立即说："好，这序就由你来写，你已经考虑得挺周到、成熟了嘛！"语气一改平素的委婉、平和，坚定果决得似乎根本不存在商量的余地。

乍暖还寒的 20 世纪 70 年代末，依然盛行论资排辈，人们遵从权威近乎迷信。我虽年逾不惑，却是德语文学圈的小毛头，做梦也不敢想替国家级出版社一部厚达 700 多页的大作品写序，须知那可是"僭越"呀！然而转念一想，既然也属前辈的绿原决定要我写，我又何必推诿，遂以初生牛犊不怕虎的架势，接下了这个本该由某位师长来完成的任务。

序很快交稿了，书也在一年多后的 1981 年 2 月印出来了。叫我做梦也没想到的是，书不仅序署了我的名，而且编选者也成了杨武能！

在出书相对容易的今天，对于已是著作等身的我来说，此事应该讲稀松平常，不足挂齿；可在"一本书主义"尚未过时的当年，却真个非同小可！要知道，具名编选该社同一系列的英国、美国、法国短篇小说选者，都是王佐良、罗大冈、朱虹等大权威。

紧接着，我又斗胆向绿原请求重译郭沫若译过的世界名著《少年维特之烦恼》，同样得到了他和孙绳武同志的认可，并顺利地在 1981 年年底出了书。1982 年是歌德逝世 150 周年，我译的《少年维特的烦恼》生逢其时，出版后大受欢迎，广为流传，成了郭老译本之后最受好评和欢迎的本子，不出几年总印数就超过了百万册，至今仍在不断重印、再版。

《德语国家短篇小说选》的出版和我译的《少年维特的烦恼》的巨大成功，对于一个在读研究生来说，似乎也可算是奇迹。

在做翻译的同时，我还趁 1982 年歌德逝世 150 周年，在《读书》《人民日报》等权威报刊上发表了一系列文章，在学术界有了一点名声。

在社科院学习和工作的 5 年，实在是我文学翻译和学术生涯极为重要的阶段。我近乎废寝忘食地全身心投入，加上傅惟慈、李文俊等北京老哥们儿的帮助、提携，短短 5

年，我就出了超过前20年的成果。这除了要感谢改革开放，也拜我的导师冯至教授之赐，要不是他老人家顶住压力收下我这个外地户口的大龄弟子，我也许会名落孙山，灰溜溜回到川外，圆梦之旅必然更加坎坷、漫长。在步向成功的长路上，我幸得一位位贵人相助，理所当然也始终不忘感恩，而冯至老师，无疑是我最大的贵人，我终生感激不尽！

鉴于我在翻译界和学术界的地位和影响，川外以爱惜人才著称的陈孟汀老院长不顾我人还隶属社科院，就把我晋升为副教授，选拔为副院长，硬生生于1983年夏天把我从北京拽回了川外。与此同时，我又破格获得了享誉世界的德国洪堡博士后研究奖学金，于当年10月赴德国海德堡大学研修。

回川外和赴德国，使我不得不中断了翻译生涯中至为重要的一项译事活动，即《魔山》的翻译。具体讲是20世纪70年代末80年代初，在长达10年的文化浩劫之后，中国遽然迎来了自己的"文艺复兴"，其时，一批规模空前的外国文学出版工程得以实施。其中漓江出版社的"获诺贝尔文学奖作家丛书"可谓一鸣惊人，使偏居一隅的小小漓江出版社后来居上，跃升为出版文学翻译作品的名社。主持这套丛书的是记者出身的刘硕良，他之所以能当此大任，一个重要原因就在于懂得依靠译者，充分调动译者的积极性和挖掘他们的潜力。继保罗·海泽的《特雷庇姑娘》之后，他又来约我为丛书翻译另一部德语文学名著《魔山》。

《魔山》是托马斯·曼继《布登勃洛克一家》之后的又一杰作，对于立志非名著杰作不译的我，刘总的约稿可谓正中下怀。可尽管如此，我却未当即应承，一是因为我师从冯至教授，主要研究歌德，对托马斯·曼知之甚少；二是因为那是一部厚达千页的现代经典，要一句句读懂并恰如其分地译出来，实非易事。

然而，既已给刘硕良盯上，他哪会轻易罢休。我呢，一经涉足《魔山》也难免遭受魅惑，想不进去都不行了。于是1983年的春天，我从社科院硕士毕业后栖身的北京东郊西八间房出发，攀登阿尔卑斯山，闯入了坐落在瑞士达沃斯那家"鬼王"统治下的国际肺结核疗养院"山庄"，闯入了让我迷失其中20年的"魔山"。

回眸文学翻译生涯，除了上面讲的困顿，以及迷失在《魔山》，还有几次"苦译"经历，也叫我铭刻在心，永远怀念。

一次是"文革"即将结束的1976年夏天，我带学生到武钢集团实习，不期然见到了一别多年的叶逢植老师。话题很快便转到文学翻译上，我慨叹刚刚上路就被迫止步，语气、表情想必是悲哀又抑郁。

"唉！"叶老师叹口气，歇了歇。突然，他转而以欢快的语调继续讲："嘿，我现在正有一本书要翻，你参加怎么样？"

我心存怀疑，那些年可是几乎所有外国文学都成了"封资修"哟。叶老师不慌不忙地告诉我原委：当时也需要一点对研究马列文论有用的书，如他前不久出版的斐迪南·拉萨尔的剧本《弗兰茨·冯·济金根》。现在北京又指名要他译敏娜·考茨基的小说《旧人与新人》，如果我愿意，他可以让一半给我。

"不过既没有稿费，也不署译者的名字，就像《弗兰茨·冯·济金根》那样？"叶老师带着询问的口气补充。

"怎样都行啊，只要有东西译，只要译出来有用！"饥不择食的我赶紧回答。

回到重庆我就悄悄干起来。山城的冬天，歌乐山麓的穷教师寒舍才不是爬格子的好地方，妻子女儿又进城过假期去了，晚上我实在冻得受不了，就把即将熄灭的烧饭火炉搬进房来夹在腿下，说什么也得坚持译下去啊。一坚持就坚持到下半夜。现在想来不禁失笑，傻不傻呀，既无名又无利，还不能让人知道，何苦呢！

我承担的半部译稿1977年早春便已寄给叶老师。谁知等了一年又一年，他的前半部不知何故始终完不成。结果，我们的《旧人与新人》胎死腹中，但却在我心中留下了难以磨灭的记忆。

我始终难以忘怀的还有《格林童话全集》的苦译经历。而今，它已成了我最受欢迎的译品，30多年来，译林等多家出版社推出了数十种不同装帧设计的版本，摆在一起跟成排成群的孩子似的，叫生养它们的父亲我看在眼里油然生出幸福感。一代代读者粉丝加起来数以亿计！可是谁又知道当年为了它们的诞生，译者受了多大的苦啊！

不错，《格林童话全集》是民间儿童文学作品，内容不深奥，文字也浅显，但却有厚厚两册，译成汉语多达50余万字。想当年，计算机汉字处理刚起步，我想用却怎么也用不起来，只好一笔一笔地写！每天这么译啊写啊，要写上八九个小时。终于熬到全集的后半部分，却突然一天脖颈发僵，手腕颤抖，躺着站着直觉得天旋地转，头晕目眩——后来长了见识，才知道是闹颈椎病啦！

再也译不下去，只得拉上也学德语的妻子和女儿来"救场"，自己只能勉强完成最后的校订。所以，译林的那个版本，译者多了一个杨悦。后来台湾的出版社要求只保留我的署名，我同意了，心想女儿反正已经另有事业了。

出生前和出生后不一般的经历、境遇，都决定了《格林童话全集》是我最疼爱的孩子。所以，每当有见利忘义的无耻之徒损害它，我都会挺身而出，拼命护卫，用我译者的笔破例写了《格林童话辩诬》《捍卫人类遗产，为格林童话正名——斥所谓"原版格林童话"》等论辩文章，以鞭挞他们，揭露他们所谓"成人格林童话"或"令人战栗的格林童话"的卑劣骗术。

说到《格林童话全集》的诞生，不能不提到译林出版社的老社长和创始人李景端。50多年的文学翻译生涯中，我跟老李的关系最为密切，最为深远。

记忆犹新的是《译林》创刊5周年时，他邀请我到南京出席座谈会，使我有幸近距离接触到国内一批文学翻译的名家和前辈。特别是德高望重、享誉中外的戈宝权先生，这位过去在社科院外文所破旧的走廊里被我们敬而远之地仰望的戈老，不期然竟跟我住在中山陵 5 号的同一个标准间里。还记得临睡时我俩总爱盘腿坐在各自的床上闲话，一次老先生一边搓脚心一边对我讲，搓脚心这事儿简易可行，乃他的养生秘诀。

下面是一张我无比珍爱的《译林》创刊 5 周年座谈会部分宾主合影，我将它公之于众，以表对大多已驾鹤西去的译界前辈的感激和怀念。

《译林》创刊 5 周年座谈会部分宾主合影
后排左起：周珏良、毕朔望、杨岂深、吴富恒、戈宝权、汤永宽、屠珍、梅绍武；
中排左起：吴富恒夫人陆凡、董乐山；
前排左起：东道主、陈冠商、杨武能、郭继德、施咸荣

随后的 20 多年，译林出版社和《译林》举办的类似活动异常之多。作为受到译林青睐的德语界"好动分子"，我受邀参加的次数真是不少。最难忘 1990 年珠海白藤湖那次文学翻译研讨会，我不但聆听了王佐良、方平、李文俊、董衡巽、孙致礼等的精彩发言，还跟来自港澳台地区的余光中、金圣华等一大批译界名流做了很好的交流。

参加国内外的类似活动，不仅使我有机会与名家、前辈和同行切磋交流，还推动我进行译学理论的思考和写作。我的一篇篇"文学翻译断想"，诸如《阐释、接受与再创造的循环——文学翻译断想》《尴尬与自如 傲慢与自卑——文学翻译家心理人格漫说》和《再谈文学翻译主体》等等，都是应邀参加讨论会给逼出来的。如此一来二去，我在译学理论方面也有了些许建树，虽说跟真正的理论家相比微不足道，不过在文学翻译界能写理论文章的人还是凤毛麟角。为此，我真要特别感谢许钧和谢天振等学友。

再说被老陈院长拉进川外，回故乡与妻子、女儿团聚和升职，无疑都是好事，虽然得部分牺牲自己心爱的翻译和学术事业。副院长的行政工作占用了我大量时间精力，不过令人欣慰的是，我确实为川外做了一些事情，特别是在提高学院的科研水平和学术地

位方面。例如，我参与发起并主持了 1985 年在川外举办的我国外语界第一个大型国际学术会议——"席勒与中国·中国与席勒"国际学术研讨会，冯至、钱锺书、王蒙发来贺电，中央电视台连续多天播出长达 20 多分钟的研讨会专题片，让名不见经传的川外一下子扬名海内外。我本人呢，当 7 年副院长也有收获，不只丰富了阅历，积累了经验，锻炼了组织能力，也在更高、更大的平台上扩大了学术影响力，提高了学术地位。中国外语学科第一个货真价实的大型国际学术会议，在一所内陆非重点高校成功举办，在当年应该说极其不易，也算是个传奇！

从事文学翻译 60 多年，出版德语经典译著近千万字，绝大部分被收入 2003 年广西师范大学出版社推出的"杨武能译文集"，由此，我成了中国翻译文学史上第一个健在时即出版 10 卷以上大型译文集的翻译家。为此我要感谢该社时任社长肖启明和副社长呼延华，那年头敢于接受、出版这样大的选题，作为出版社的负责人确实需要有相当的魄力！

总结 60 多年的从译经历，可以回顾记述的虽说很多，却也没有什么不可以略去不提的，唯独歌德的译介和研究例外。它非得讲，因为歌德对我太重要了。

自 1978 年考入社科院研究生院做冯至教授的研究生起，我便与这位德国大诗人、大文豪、大思想家结下了不解之缘：1981 年以一篇评说《少年维特的烦恼》的毕业论文获得了硕士学位，同年更因出版《少年维特的烦恼》新译而"一夜成名"，1982 年又应邀参加德国海德堡纪念歌德的学术讨论会而第一次走出国门，翌年更以"歌德与中国"为研究课题获得了享誉世界的洪堡博士后研究奖学金，因而有机会一次次在德国长时间研修。我因译介、研究歌德而得到的好处、受到的眷顾，可谓数不胜数。当然，反过来我也尽心竭力地"侍奉"他老人家，即使在当川外副院长和苦译《魔山》的那些年，歌德始终是我最大的牵挂。只是苦于缺少时间和精力，那七八年能为他做的实在有限，因此愧对了我学习研究歌德时的导师冯至教授。

所幸 1990 年我终于卸去了川外副院长的行政职务并被调到四川大学，迎来了学术生涯中继社科院 5 年之后又一个花团锦簇、云霞满天的春天。

写到这儿，我忍不住要对林理彬、饶用虞、卢铁城、杜肯堂、李志强等川大老领导表示衷心感谢。我一到学校，就受到他们的尊重、照顾，有了良好的生活环境、做学问的充分自由和充裕时间。如此一来，七八年间我便出版了《歌德与中国》和《走近歌德》两部获奖专著，完成了包括《浮士德》《威廉·迈斯特的学习时代》《迷娘曲——歌德抒情诗选》《亲和力》等在内的 4 卷本"歌德精品集"的翻译。这几部专著和译作，连同我在刘硕良支持下主编的 14 卷《歌德文集》，都在 1999 年歌德 250 周年诞辰之前面世，不仅成了我个人翻译和学术生涯最重要的建树，也是我国百年来研究、译介歌德的最具规模、最为系统也最令世人瞩目的成果。

正是这些成果，使我获得了德国的一系列重大奖项，成了集德国国家功勋奖章、终身成就奖性质的洪堡学术奖金、国际歌德研究领域最高奖歌德金质奖章三大奖于一身的中国学人。

在此我要特别感谢卢铁城校长，他在任期间，我有幸成了川大五位享受最高待遇的文科教授之一。他得知我得了德国国家功勋奖章，便立即开会隆重表彰并给予奖励。

2008 年，我 70 岁从川大退休，后旅居德国。2014 年我受聘于西南交通大学，担任该校享受院士待遇的特聘教授和国家社科基金重大项目"歌德及其作品汉译研究"首席专家。次年回国履职，不幸遭遇老伴去世，其后便决心放弃德国永久居留权，落叶归根，经成都回到了重庆。第二年，重庆图书馆给我安了一个家：经过之前近三年的筹备，重庆图书馆的馆中馆"杨武能著译文献馆"于 2015 年 10 月隆重开馆，学界文坛众多名流莅临致贺，场面盛大。

文献馆面积达 200 多平方米，收藏展出我的译著、论著的众多版本，以及珍贵手稿、书信、新老照片和我在国内外荣获的勋章、奖牌、奖章、奖状等等。展品摆满了 20 多个玻璃展柜，可谓洋洋大观，琳琅满目。特别是冯至、钱锺书、季羡林、马识途、绿原、王蒙等学界和文坛巨擘给我的数十封亲笔信，更是引人注目。这样一个以翻译家名字命名的大展馆，不说中国，全世界恐怕也很难找到。而今，已正名为"巴蜀译翁文献馆"的"杨武能著译文献馆"，成了重庆图书馆极富生命力和备受关注的馆中馆，长年接待海内外的参观者和研究人员。

从 2017 年开始，重庆图书馆利用藏有新中国成立后第一位《格林童话全集》翻译家数十种翻译版本这一独特和珍贵的资源，每年都举办堪称山城文化盛事和民众节日的"格林童话之夜"，到 2023 年已经是第七届。这一活动不只成了翻译家联系广大读者的纽带，还搭建起一座中外文化交流的桥梁，更于 2019 年迎来了德国格林世界博物馆馆长等嘉宾。重庆图书馆馆长任竞表示，"格林童话之夜"将一届接一届地办下去，越办越好，越办越精彩。

我毕生研究德语文学、文化，由于建树突出、卓著，获得了德国的许多奖励，被央视网称为"翻译界的传承者和超越者"[①]，但是身为中国人和中国翻译家，我更珍视以下两项既无奖章也无奖金的荣誉：一是中国译协在我 70 岁前破例选我作为名誉理事；二是我的母校南京大学把我列入"杰出校友或知名校友"。特别是后面一项，当我在网上读到一些网络百科和《中国大百科全书》的南京大学词条所列"杰出校友或知名校友"的名单，更觉得这实在是一项愧不敢当的殊荣。年轻的时候，是母校和老师们的培养造就了我，是南大金银街 5 号的肺结核疗养所挽救了我的生命，使我后来成为国内外有影响

---

① 参见：https://tv.cctv.com/2019/12/04/VIDEfiK9jBeoiSEvlXTRDJzO191204.shtml。

的学者和文学翻译家；而今进入老年，母校仍心系自己的孩子，给予我极高的荣誉。我视这荣誉为母校对我的鞭策和勉励，决心老骥伏枥，知恩图报，在余下的岁月里尽可能再做出一点像样的成绩，以不负母校的厚爱和期望。此外，2023 年 7 月 14 日《新华每日电讯》也对我进行了专访报道，标题为《"巴蜀译翁"，"译"不尽的骄傲与传奇》[①]。

综观半个多世纪的翻译事业，我感到欣慰和自豪的有两点。

第一点是我一生所译几乎都是名著佳作，其中尤以古典名著居多。既然翻译古典名著，就难免重译。重译的必要已为业界公认，问题只在质量和效果。如重译做到了推陈出新，更上层楼，有利于原著进一步传播，有利于读者更好地接受，其价值就不容否认和低估，也不一定比某些首译或所谓"原创性翻译"来得差。具体说到我重译的《少年维特的烦恼》等歌德代表作以及《格林童话全集》《茵梦湖》和《海涅抒情诗选》等等，事实证明都取得了很好的效果，同行专家和广大读者都对其质量和价值做出了公正的评判。

除了重译，我也有不少首译或曰"原创性翻译"的作品，最重要的如托马斯·曼长达 70 多万字的巨著《魔山》、赫尔曼·黑塞的长篇小说《纳尔齐斯与歌尔德蒙》、保尔·海泽的中篇集《特雷庇姑娘》、康拉德·迈耶尔的《圣者》，以及 E. T. A. 霍夫曼、海因里希·冯·克莱斯特等的许多中短篇名著，还有米切尔·恩德的现代经典童话《媞媞》《永远讲不完的故事》《如意潘趣酒》等等，加在一起不但数量可观，而且同样受到了读者的欢迎、同行的肯定。其中，我译的《魔山》于 2023 年荣获全国首届梁宗岱翻译奖文学翻译实践类一等奖，也是文学翻译实践类唯一的一等奖。

第二点是我尽管痴迷于文学翻译实践，却并非只顾埋头译述，做一个"吭哧吭哧"的搬运工，而是对自己投身的这个行道做过不少理论思考，对它的性质、意义、标准以及文学翻译工作者应具备的条件和修养等，都形成了有自己特色的理念和理想。

总的说来，对文学翻译我特别重视"文学"二字。早在 20 世纪 80 年代，我就强调优秀的译文必须富有与原著尽可能贴近的种种文学元素和品质，也就是在读者审美鉴赏的显微镜下，译文本身也必须是文学，即翻译文学。而这一点，即文学翻译除去正确和达意之外还必须富有与原文近乎一样的文学美质，正是文学翻译的难点和据以区别于他种翻译的特质。

基于这个认识，我提出对文学翻译必须做文学的、总体性的评价或批评，并将这一观点形象地浓缩成了"美玉与蜡泥"这样一个意象和命题。意思是，译文只要于总体信、达之外还再现了原文的文学品质，即使仍存在这样那样的缺点甚至错误，也不过是美玉有瑕，有瑕的美玉仍然值得肯定和珍视。反之，如果总体上缺少文学性、文学味

[①] 参见：http://www.news.cn/politics/2023-07/14/c_1129748939.htm。

儿，那就只是一团蜡泥，哪怕看上去没有或很少有错误、缺点，蜡泥却仍旧只是蜡泥，不可能产生玉，也就是文学的光泽和美感。文学翻译批评应该宁要有瑕的美玉，也不要"完美"的蜡泥。

德国人称纯文学即 Belletristik 为"美的文学"（schöne Literatur），我想也不妨称文学翻译为"美的翻译"，或曰"艺术的翻译"。使自己的译作成为"美的翻译"，成为"美玉"或美文，成为翻译文学，是我半个多世纪翻译生涯的不变追求。只是为避免误解，必须说明和强调：我翻译理念中的"美"，指的是尽可能充分、完美地再创原著所拥有的种种文学美质，而非译者随心所欲地想怎么美就怎么美，更不是眼下一些人津津乐道的所谓"唯美"。

要创造传之久远的、能纳入本民族文学宝库的翻译文学，要创造美的翻译和美文，就必须充分发挥翻译家的主观能动性和艺术创造精神。因此我赞成文学翻译是艺术再创造之说，我认为翻译家理应被视为文学翻译的主体，事实上也是主体。

回眸我从半个多世纪前开始的文学翻译之路，虽曾是不得已的、走投无路的选择，虽一路上阴晴无定，风风雨雨，曲曲折折，坎坎坷坷，却幸运地坚持走到了今天。途中确曾感受过大悲大喜、大苦大乐，因而极少有虚度年华的落寞与空虚。为此，我深深感激我的众多师友和亲人，特别是跟我同甘共苦的妻子王荫祺，我视他们为我生命中的贵人；深深感激自己生活的这个风云激荡的时代，是它搭建起宏伟的背景和宽阔的舞台，让一个原本微不足道的小角色的演出也不失精彩，因而能告诉关爱我的亲朋师友和广大读者：对于自己的人生选择和人生之路，我无怨无悔！

2011 年 4 月初稿于蓉城府河竹苑
2023 年 12 月修订于北海美丽海岸

（特邀编辑：冯全功）

学习地道英语，翻译中国文学

刘士聪*

一、"翻译中国"

2022 年年末，中国翻译协会常务副会长黄友义先生出版了一本论文集——《从"翻译世界"到"翻译中国"——对外传播与翻译实践文集》，讨论了一系列翻译实践问题。其中有一篇《从"翻译世界"到"翻译中国"：历史的必然》，谈到"作为一个学习型大国自身的需要和不同文明互鉴的必要"，"翻译世界""还要继续"，但"进入 21 世纪以来，一个新的现象开始出现，这就是把中国的文化、历史、经济、时政、技术、生活各个领域对外翻译"，并且这已是"大势所趋，力度越来越大……是一种历史的必然"（黄友义，2022：157-158）。在另一篇讨论人才培养问题的文章里作者又说，"整个社会的外语水平继续提高，但出类拔萃的高级应用型翻译人才难以满足需求"（黄友义，2022：357）。

因此，培养"高级应用型翻译人才"已是应时应势之要务。

二、培养好的译者

我们"翻译世界"时，使用自己的母语，操控起来比较自如；而"翻译中国"时，我们要使用英语，但英语不是我们的母语，操控起来不那么顺手，因此"翻译中国"需要培养好的译者。

虽说可以聘请英语母语人士帮助我们译，且多年来，他们也真的帮助我们翻译了很多作品，在"翻译中国"方面做了很大贡献，也为中国文学英译提供了好的范例，但是有意愿或有能力帮助我们翻译的母语译者有限，而我们需要翻译的东西也太多，光靠他们译不过来，大量的工作需要国人来做。因此，培养自己的译者是当务之急。

---

* **作者简介：**刘士聪，翻译家，南开大学外国语学院教授，译有《小城畸人》《修补匠》等，编译有《汉英 · 英汉美文翻译与鉴赏》以及《英语经典散文翻译与赏析》（与谷启楠合译）等，编著有《品鉴英语句子之美——学地道英语译华夏文章》等。2009 年荣获中国翻译协会颁发的"资深翻译家"荣誉称号。

"翻译中国"的涉及面广，不同领域、不同文体的词汇和表达方式各有特点，译者也各有专攻。复合型翻译人才，即能翻译"文化、历史、经济、时政、技术、生活"的译者，即使有也不会很多。从实际情况看，不同领域的译者都有不同于他者的专业技能和素养。文学翻译也是如此，培养好的文学译者来承担中国文学作品的英译也是当务之急。

三、用地道英语翻译中国文学

文学作品的故事是作者写的，一般情况下，译者应予以尊重，尽量忠实地译。但在语言的传译上，译者却有用武的天地。在词汇的选择、句子的组织和修辞的运用上译者可以尽其所能，各显神通。

相声大师侯宝林谈及相声语言时说，"相声是艺术"，你要说相声"就得用艺术语言"。侯宝林说相声很讲究语言艺术，他无疑是相声界的"高级人才"。

文学翻译也是艺术，你要翻译也得用"艺术语言"，用艺术英语再现中国文学之美，因为语言不行没人读，译了等于没译。

放眼中国文学的翻译景观，精彩夺目的好译文多得很，译界先辈们给我们留下了很多好东西，令人目不暇接，不但对外宣介了中国文学，也为我们提供了宝贵的翻译经验。比如，清代乾嘉时期文人沈复所写的《浮生六记》就有多人翻译过，目前已有四个主要的英译本：（1）林语堂译本 *Six Chapters of a Floating Life*（1936）；（2）雪莉·布莱克（Shirley M. Black）译本 *Chapters from a Floating Life*（1960）；（3）白伦（Leonard Pratt）和江素慧合译本 *Six Records of a Floating Life*（2006）；（4）格雷厄姆·桑德斯（Graham Sanders）译本 *Records of a Life Adrift*（2011）。

我们以布莱克译本为例，来看看她的译文有多讲究（她的译本也有缺陷，可另做讨论），其中可供我们学习、借鉴的好译例俯首皆是。她说，她在翻译过程中遵循三条原则，其中有一条是"尽量细致地把中文字词的确切意思表达出来"（"tried to be as meticulous as I could in expressing the exact meaning of the Chinese words"）。一个英国人翻译中国古典文学作品能下这样的决心很是了不起，她这样说，也这样做了。

例如，书中有一个情节，新婚之夜，沈复送走客人，回到洞房时却发现芸娘在埋头读书：

原文：悄然入室，伴姬盹于床下，芸卸妆尚未卧，高烧银烛，低垂粉颈，不知观何书而出神若此……

译文：Quietly I entered my bridal chamber, where the bride's attendant lay dozing on the floor. Yuen, who had taken off her wedding finery, was not yet in bed. She was sitting, in the light from a pair of tall silver candles, with her delicate white neck bent over a book, so completely absorbed in her reading that she was unaware that I had come into the room.

译文将"高烧银烛"译作"in the light from a pair of tall silver candles"，将"低垂粉颈"译作"with her delicate white neck bent over a book"，将原文的两个小句译作英语的两个介词短语，作为"She was sitting"的状语，用这种方式成就了一个完整且完美的英语句子。译文不但再现了原文的文字之美，也再现了芸娘埋头读书的优美姿态，一个中国古代淑女的优雅形象呈现在读者面前。译文堪比原文，属经典译句。

布莱克的这种处理方式对我们有启示，她不是按部就班地词对词、句对句地对译，而是将原句视作一个整体，对语义浓缩的文言文进行解读、释义，然后用英语的搭配方式和句法形式对原文内容进行整合，将其内在含义译出来，且行文自然流畅，少有翻译腔。这样的译文读起来会让人感觉到它的行文之美。

和布莱克一样，英国翻译家大卫·霍克思（David Hawkes）在其翻译的《红楼梦》前言中也说过："我始终坚持的一个原则便是翻译一切，哪怕是双关语。"（"My one abiding principle has been to translate *everything*—even puns."）这是何等的壮志，何等的责任心！在迄今为止的《红楼梦》译本中，霍克思的译本是最成功的，可以说是中国古典文学英译的经典范例。对他的译文进行研究和总结将对我们的中英翻译有所补益。比如第一回中，甄士隐资助贾雨村进京赶考，临别时说的一句话，霍克思的处理方式就很好：

原文："待雄飞高举，明冬再晤，岂非大快之事！"

译文："How delightful it will be to meet again next winter when you have distinguished yourself by soaring to the top over all the other candidates!"

原文是一个感叹句，感叹部分放在句尾；译者也用了一个英语感叹句，但和中文不同，英语感叹部分放在句首（How delightful it will be to...！）。更难得的是"待雄飞高举"的译法，既体现了金榜题名（distinguished yourself），也译出了"雄飞"之寓意（by soaring to the top）。总之，这是一个出色的译文，不但意思准确，而且读起来铿锵有力，很有感叹句的气势。

布莱克和霍克思的译文让我们见识了什么样的语言是艺术语言。

中国古典文学著作的译文提供给我们学习的好材料不可胜数，就连中文歇后语的好译文也是不胜枚举。剑桥大学教授弗兰克·卢卡斯（Frank L. Lucas）在他的文章

"On the Fascination of Style"中提到中国的一个歇后语"肉包子打狗"时这样说:"Or consider how language comes alive in the Chinese saying that lending to the feckless is 'like pelting a stray dog with dumplings.'"翻译中文的"打狗"可能有多种选择,他却用了"pelting a stray dog"这个说法。英语词典这样解释动词"pelt":"attack sb. by throwing things at him"。掷物追打,这个"pelt"是何等形象,何等准确!

四、翻译基础在读书,译者首先是读者

译者要充实自己,提高英语水平,增强翻译能力,有多种途径。在这多种途径中,在英语环境中生活确实重要。当英语修养达到一定程度时,去国外进修一段时间肯定会使自己的英语达到一个新的高度,在中英翻译上会有新的气象。但在非英语环境里,是否也能学好英语呢?这是毫无疑问的。关键是读书,不仅要读翻译作品,更要读英语原著,这是学习英语极为重要、极有成效的途径。即使出国留学,不读书也不行。不读书,不读英语原著,要想成为好的中英译者,无异于空谈。

凡有建树的英语作家写的作品都值得阅读,他们用词准确,搭配新颖,句子灵活,修辞讲究。他们写的英语有美感,有欣赏价值。

美国作家E. B. 怀特(E. B. White)有一篇散文,"Once More to the Lake",写他每年暑假带儿子在湖区度假的生活。下面的文字写了他和儿子一起钓鱼的情景:

We stared silently at the tips of our rods, at the dragonflies that came and went. I lowered the tip of mine into the water, tentatively, pensively dislodging the fly, which darted two feet away, poised, darted two feet back, and came to rest again a little farther up the rod.

这段文字写蜻蜓落在鱼竿上,钓者想赶走蜻蜓,把鱼竿沉到水里,蜻蜓飞走了,又飞回来,落在鱼竿靠上的地方。作者描写蜻蜓的句子值得注意,都是用简单词构成的简单句,如"came and went""darted two feet away, poised, darted two feet back""came to rest again"等。用"darted"描写蜻蜓飞来飞去动作之迅速,使得这个夏季乡村里常见的景象犹如一幅用淡墨绘就的中国传统国画。我们学习他简单的用词,学习他灵巧的句子,更学习他用文字描绘出生动形象画面的语言艺术。

1963年12月,美国总统林登·约翰逊(Lyndon Johnson)授予怀特"总统自由勋章"。他在颁奖词中说,怀特是"An essayist whose concise comment on men and places has revealed to yet another age the vigor of the English sentence"。一个国家的总统竟然赞赏

一个作家所写的英语句子，这很不寻常。可见怀特的文字之好，其文字对美国生活的影响之深。

美国小说家赫尔曼·梅尔维尔（Herman Melville）所写的 *Moby Dick*（《白鲸》）里有一段描写草原骏马的文字：

Most famous in our Western annals and Indian traditions is that of the White Steed of the Prairies; a magnificent milk-white charger, large-eyed, small-headed, bluff-chested, and with the dignity of a thousand monarchs in his lofty, overscorning carriage.

骏马奔驰于落基山脉脚下的草原上。作者首先描写其不凡的外表，"milk-white""large-eyed""small-headed""bluff-chested"，然后写其高贵的气质，"with the dignity of a thousand monarchs in his lofty, overscorning carriage"，那高傲的、蔑视一切的姿态显示出其具有千百君王的尊严。作者能够用抽象的文字刻画出草原骏马形象之美好和气质之高贵，这是语言艺术使然。

美国作家斯特林·西格雷夫（Sterling Seagrave）花了十几年的时间写了一部著作，即 *Dragon Lady—the Life and Legend of the Last Empress of China*，其中有一段描写曾国藩的文字，写得好：

Tseng looked less like a warlord than he did a venerable sage. At five feet nine inches he was strongly built, with a broad chest and square shoulders but with a large head exaggerated by the Manchu fashion of shaving the brow and raiding the hair in a queue down the back. He wore a full beard that hung over his chest, adding to the impression of great sagacity. His sad hazel eyes were keen and penetrating, and his mouth was tightly compressed into thin lips. The overall impression was of strong will, high purpose, great dignity, and total self-possession. He was not a man to be trifled with.

这段文字从外貌到内在性格对曾国藩做了全面介绍。首先看"but with a large head exaggerated by the Manchu fashion of shaving the brow and raiding the hair in a queue down the back"一句，"a large head"之后的修饰语"exaggerated by"是构建句子的关键成分，通过描写曾国藩的发型而说清为什么他的头显得很大。"He wore a full beard that hung over his chest, adding to the impression of great sagacity"中的分词短语"adding to the impression"虽然形式上是句子的次要成分，但它所表达的意思却很重要：曾国藩是一个有智慧的人，他垂在胸前的胡须更增强了人们对他的这个印象。当作者转而描写曾国藩的性格时，用了一个简单而概括的句子："The overall impression was of strong will, high purpose, great dignity, and total self-possession." 此句 "was of" 之后一系列 "形容词+名词" 词组有很强的表现力。其中，"strong will" 表坚强的意志，"high purpose" 表崇高的志向，"great dignity" 表令人肃然起敬的尊严，"total self-possession" 表沉着镇定。"be of" 后面加名词或名词词组，这个形式运用较广，有时比具有同样意义的形容词更具表现力。最后一句，"He was not a man to be trifled with"（此人不可小觑），作者用这样的方式表达这个人很厉害。

以上几个例子，不论是写景、写马还是写人，作家的文字都具有英语的美感和力量，即英语的艺术感染力。

写作和翻译都是艺术，是创作艺术；读书也是艺术，是欣赏艺术。我常常把读书当作艺术欣赏，喜欢慢慢读，一个小时只读两三页或三四页。每当遇见好的用词、好的搭配，特别是读到好的句子，我便心情愉悦，有时甚至是激动，总是不由得停下来琢磨它的意思，琢磨它的特别之处。有时我将其与中文相比较、相对照，琢磨英语的这个表达方式可以用来表达中文的什么意思。我还喜欢做笔记，把好的表达方式记录下来，以备将来翻译时做参照。读书慢，从阅读量上看有其局限性，但从吸收知识和提高翻译能力的角度看，慢读确有慢读的好处。

美国有一个英语教授，叫约瑟夫·爱泼斯坦（Joseph Epstein），很能写文章，有学者说他是"现在在世的、用英语写作的最伟大的散文家"。2014 年他出版了论文集 *Literary Education and Other Essays*，其中有一篇 "Heavy Sentences" 谈到读书。他写道：

> Learning to write sound, interesting, sometimes elegant prose is the work of a lifetime. The only way I know to do it is to read a vast deal of the best writing available, prose and poetry, with keen attention, and find a way to make use of this reading in one's writing. The first step is to become a slow reader. No good writer is a fast reader, at least not of work with the standing of literature.

这位学者主张慢读，他说学习写优雅散文是一辈子的事情，要想实现这个目标，唯一的办法是大量阅读优秀作品，并在写作中运用所学所感。第一步是慢读，没有一个好作家是快读者。

这是他的切身体会，对我是个鼓舞。既然权威的英语学者这样说，我也就相信慢读是优点而不是缺点，是提高英语水平和写作能力的正确途径，因而在日常的阅读中我就更加注意体会英语如何叙事、如何描写、如何说理等。

这位教授说，要把你所学的用于你的实践，我有时也有意这样做。在做中英翻译时，我时而想起读过的句子或笔记里记下的表达方式，尽量让自己写的英语有依据，符合英语表达习惯。

记得曾在英语词典里见过一个英语表达，"a look of mute appeal"（默默祈求的眼神），也有说 "a look of silent appeal"，这个表达让我想到鲁迅小说《孔乙己》里的一句话。孔乙己最后一次光顾咸亨酒店时，掌柜笑他说，孔乙己，你又偷东西了，要是不偷，怎么被打断腿？这时孔乙己低声说道："跌断，跌，跌……"他的"眼色"很像是在恳求掌柜不要再提。

我想，这个英语表达正好可以用来描写孔乙己的"眼色"，于是，我试着译了这个句子："Kong Yiji, with a look of mute appeal, said in a low voice, 'It's a fall, it's a bad fall,' as if begging the shopkeeper not to mention it again."

这未必是好译文，但用上学到的这个表达也算是有益的尝试。

我们要翻译中国文学，需要好的译者，而好译者要有很强的英语写作能力，获取这个能力需要读书，要大量地读，在读书上下真功夫。对于译者，读书的重要性，怎么强调也不过分。演艺界有一句话，"台上一分钟，台下十年功"。这句话对翻译界也适用，译出一句好英语，译出一篇好文章，需要付出十年读书的艰苦，十年甚至也未必够。

读书是个人的事，自己默默地读，沉醉其中，欣赏其美，坚持不懈，持之以恒，"书痴者文必工"（蒲松龄《聊斋志异·阿宝》）。

五、写好英语句子是艺术

写句子是学好英语的基本功，因为句子是语言的基本单位，它有完整的结构，能表达完整的意思，故引起了人们的重视。不只是学习者重视，有成就的作家也重视，也不乏语言学者潜心研究英语句子。

美国有记者认为写句子是艺术，把写句子和绘画、做音乐相提并论。英国作家威廉·萨默塞特·毛姆（William Somerset Maugham）在他的文章 "Lucidity" 里说："Words have weight, sound and appearance; it is only by considering these that you can write a sentence that is good to look at and good to listen to." 他说写句子既要好看又要好听。所谓"好看"，指它的结构和组织，所谓"好听"，指它的声响和乐感。由此可见，毛姆也把写句子看作艺术，或者可以说，写句子是综合艺术，呈现建筑和音乐的综合美感。

英语句子具有很强的表现力。它的动词，它的搭配，特别是它的句型灵活多样，同一个意思可以用不同的句型来表达，而且还可以表达各种事物的形态以及各种思想和情感，既可缠绵，也可豪放，既可清丽，也可雄浑。复杂的句子有其复杂之美，复杂之中有完整的句法和清晰的逻辑，不论句子多么长，多么复杂，读者都能沿着一条清晰的路径梳理出它所表达的意思。同样，简单句子也有其简单之美，简单之中蕴含着丰富的内容或深邃的哲理，其铿锵的音调和起伏的节奏更增添了它的艺术美感。

学习中英翻译要下功夫译好句子，译好句子是译好故事的基础，好故事必有好句子，有了好句子才有好故事。

六、中英译者合作，创作好的译文

黄友义在《从"翻译世界"到"翻译中国"——对外传播与翻译实践文集》中谈到谁来翻译的问题时说"以中国译者为主"，同时说这"不等于排斥外国译者，恰恰相反，最佳的翻译效果是中外的结合。中国译者对原文的含义理解透彻，但外语再好，毕竟不如母语自如，中外结合是'翻译中国'的必备条件和质量保障"（黄友义，2022：160）。

确实如此，在翻译中国文学时，中国译者在理解原文方面有优势，特别是作品中的习惯用语和民间口语，因为生活在这个语言环境里，中国译者有理解这些表达方式的先天优势，而外国译者有用母语进行表达的优势，二者结合起来能够创作出内容忠实、语言地道的好译文。我自己有一些这方面的体会。

1986年，美国密歇根大学詹姆斯·费雷拉（James Ferreira）教授携夫人来南开大学外文系讲授美国文化。夫人名叫克里斯廷（Christine），给本科生上英语课。她性格活泼，我们很快便混得很熟。她让我给她起个中文名字，我想了想说，就叫"柯力诗"（a powerful poem）吧，读音和她的英文名字接近，她很喜欢。既然身边有熟悉的美国人，我便想利用这个机会跟她学习英语。我向柯力诗建议，我们是否可以合作翻译点什么，她很乐意。

那时我正在读梁晓声的小说《黑纽扣》，一个回忆录式的短篇小说。故事的主人公是一个朴实善良的年轻妇女，她与作者的母亲在火车站干活时相识。当作者的母亲得知她孤苦伶仃一个人时，就把她带回家一起生活。她对待少小的作者和他的兄弟姐妹们特别好，孩子们便亲切地称她"小姨"。小姨虽不是亲姨，但在孩子们的心里，她比亲姨还亲。

作者来自社会底层，对底层人民的疾苦有切身体会。他怀着深深的同情心，眼含泪水描写了这个质朴善良、命运多舛的小姨。这个故事深深感动了我，我向柯力诗介绍了小说梗概，她也很认同这篇小说，于是我们便着手翻译。我正式接触中英翻译，就是从翻译这篇小说开始的。

柯力诗一个汉字也不认识，一句中文也不会说。先是由我逐字逐句给她口述这个故事，然后我们一起逐字逐句讨论、推敲，最后由柯力诗加工润色，敲定文字。我们都很投入，一有空就坐在一起译，像是被一种使命感驱使着。1986年国庆节假期，在去内蒙古草原旅游的火车上我们也没闲着。两个人坐在车窗下小桌两侧照常译，我说她写，一句一句地译。我们大约用了两个月时间译完小说的全部内容。1992 年，这篇译文被收在以 *The Black Button* 为标题的英文版梁晓声小说选里，由中国文学出版社出版。

之后，我们又一起翻译了几篇短篇小说，有梁晓声的《中国话》、王蒙的《灰鸽》、史铁生的《老人》、王扶的《我不愿做女孩儿》以及王筠的《太阳雨》等。其中梁晓声的《中国话》和王蒙的《灰鸽》分别登载在美国的两个文学杂志上，其余几篇均在国内出版。

通过这一时期与柯力诗的合作，我对中国文学作品的英译有了新的认识。早年做中英翻译，我大多关注译文"对不对"，是否符合原文意思，是否符合英语语法等。那时候我不知道，即使译文与原文意思相符，即使译文语法完全正确，也未必是好译文，不知道其中涉及不同的思维方式和随之而来的表达方式。实际上，英译文除了语法上的"对不对"，还有比语法更重要的表达方式的"好不好"，即译文是否符合英语表达习惯。

译完《黑纽扣》之后，我反复阅读译文，琢磨柯力诗敲定的文字。她虽不懂中文，但却能在我解释的基础上正确领会原文意思，并能用地道的英语将其准确表达出来，且文字生动流畅，富有美感，这对我是很大的启发。例如，《黑纽扣》是这样开头的：

> 原文：今年五月，我完全是被长久系绕心间的乡思所使，回到了哈尔滨。七年没回去了。七年没见老母亲了。
>
> 译文：I went back home to Harbin last May, driven at last by a sense of nostalgia that had haunted me for a long time. I hadn't been home for seven years; for seven years, I hadn't seen my old mother.

从译文句子各成分的安排看，第一句的结构和叙述方式与原文不同，"I went back home to Harbin last May"，这是句子主干，放在句首，直截了当地说，然后用一个分词短语说明原因，"driven at last by a sense of nostalgia"，紧接着用一个定语从句"that had haunted me for a long time"说明这种"乡思"已经"系绕心间"很久了，一个典型的英语句子就这样清晰地组织起来了。接着，"七年没回去了。七年没见老母亲了"，"七年"是在两个句子的开头重复的，译文是在两个句子之间重复的，"... for seven years; for seven years..."，用这种无间隔的形式将前后两个部分衔接起来，强调了时间之久。中文有中文的表达习惯，英语有英语的修辞方式。这种修辞方式，强调了作者的思乡情绪，效果是好的，这样处理很是得体。

译文里值得品味的例句还有不少，我越读越觉得新奇，不由得感叹用英语竟然能把中文意思表达得这么周密，这么细腻，感叹句子严密的组织之中有一种自然流畅的美感，这种美感源自译者对于英语句子之美的感知，以及对这种感知的表达能力。同时，我也深深意识到自己的英语与真正好的英语之间有很大差距。

好的文学作品之所以是艺术，一是故事好，二是语言好。文学作品的翻译也是语言艺术。译者的责任是在尊重原文情节的基础上译好语言，不论是英中翻译，还是中英翻译，都是如此。所以，对于英语，对于中英翻译，译者一方面要有信心学好，一方面要抱有谦卑之心，因为需要学习的东西很多，前面的路程很长，没有尽头。

1987年1月，我作为访问学者去美国堪萨斯大学进修一年，我和柯力诗的合作就此终止了。

通过与柯力诗的合作翻译，我对中英翻译产生了兴趣，也有了点信心。后来便尝试自己独立做。20世纪90年代，我为中国文学出版社翻译了几部长篇小说，后来也翻译了一些中国近现代作家的散文作品。虽然文字难免有些幼稚，和与柯力诗合作翻译的小说相比仍有不小差距，但运用英语的能力自觉还是有进步的。

我相信，坚持读书，坚持阅读英语原著，慢慢改进自己英语的成色，提高做中英翻译的能力，是可以用较好的英语翻译中国文学作品的。

2023年11月于南开园

参考文献 ————————————————————————

黄友义. 从"翻译世界"到"翻译中国"——对外传播与翻译实践文集. 北京：外文出版社，2022.

（特邀编辑：冯全功）

译海扬帆

——美是文学翻译的压舱石

林少华*

　　我的本职工作是教书，从广东教到山东，从 1982 年教到 2024 年，教了不止 40 年，还可能继续教下去，是实打实、百分百的教书匠。教书之余搞翻译，从山口百惠主演的电视连续剧，到村上春树创作的《刺杀骑士团长》，一路译来，也差不多 40 年了，所以又是翻译匠。古代佛经翻译家鸠摩罗什说翻译是用舌头积累功德，傅雷说翻译是舌人——鹦鹉学舌。学舌久了，难免产生自鸣的冲动。换言之，为他人作嫁衣裳做久了，难免想给自己来一件。于是翻译之余尝试写一点儿"豆腐块儿"文章，姑且算是半个作家。与此同时，还必须写几篇学术论文争取提上教授。提不上教授，别说在校园得意不起来，在家里也大气不敢出，所以论文是非写不可的。写着写着，结果就多少写成了学者——这么着，教书匠、翻译匠、姑妄称之的作家、勉为其难的学者，就成了我的四种身份。当然，有这四种身份的，大学同行中远远不止我一个。个中优秀者，别说四种，十四种的都大有人在。

　　就我而言，不用说，这四种身份里边，让我有幸获得一点浮世虚名的，是翻译匠——人们有可能不知道我先是暨南大学的教授，后是中国海洋大学的教授，但耳闻目睹之间，大体知道我是搞翻译的某某。我本人最看重的是教书匠，而时人莫之许也。也难怪，当今之世，教授、作家比比皆是，学者济济一堂，而为民众所许者，确乎为数不多。即使从"史"的角度看，能让我在文学史上勉强捎上一笔的，估计也只能靠翻译匠这个身份——尽管未曾捞得任何官方奖品奖杯奖章——因此我必须感谢这个身份，感谢世界上竟然存在翻译这样一种"活计"；并且感谢夏目漱石、芥川龙之介和村上春树等日本作家提供了这么多优秀的原著文本；还要感谢我们伟大的祖先留下这出奇制胜的汉语，使我得以附骥远行，人生因此有了另一种诗与远方！

　　回想起来，我的有些规模的处女作（或处女译、处女译作），是 1984 年翻译的山口

*　**作者简介：**林少华，翻译家，散文家，中国海洋大学外国语学院教授，著作有《落花之美》《为了灵魂的自由》《林少华的文学课》等 10 部，译作有《挪威的森林》《刺杀骑士团长》《雪国》《我是猫》等日本名家作品凡 100 余部。2018 年获日本"外务大臣表彰奖"。

百惠主演的 28 集日本电视连续剧《命运》（赤い運命）。那时我在广州的暨南大学当日语老师。教研室有一位名叫禹昌夏的年长同事，他翻译了同是日本电视连续剧的《排球女将》《血疑》，后来向广东电视台推荐我接手翻译《血疑》的姐妹篇《命运》——在《命运》中我遇见了山口百惠。荧屏上的她年方十八，真是漂亮，尤其露出两颗小虎牙淡淡地暖暖地一笑，就好像所有女生都对着我笑，甚至整个校园都在向我眉开眼笑。这回借用村上春树在《刺杀骑士团长》中的说法，"就好像厚厚的云层裂开了，一线阳光从那里流溢下来，把大地特选的空间照得一片灿烂"。

《命运》连续 28 集，每集 45 分钟。我译，广东话剧院配音，边译边配，每星期必须译出一集。电视剧翻译和小说翻译不同。一要考虑对口型，至少每句话开头一个音、结尾一个音是张口还是闭口要对上；二是要对时长。举个例子，日语"ほんとうにありがとうございました"，如果只译为"多谢"或"实在谢谢了"，那么所需时间长度就对不上了——"多谢"音落无声了而演员嘴唇仍在动，观众看了势必诧异。因此，译起来格外伤脑筋费斟酌。有时取稿的人来了，自己的笔仍在动。就这么着，去电视台看原版片时山口百惠那约略上翘、一开一合的红润嘴唇和偶尔闪露的小虎牙，就分外执着地烙在了我的眼帘。我比山口百惠大几岁，同是"50 后"。她正值妙龄，我呢，仍带着一小截青春尾巴——可能也是因为这点，翻译时眼前总是一闪一闪晃动着百惠急匆匆的嘴唇和白晶晶的虎牙，使得住所一楼窗外灰头土脸的马尾松也好像挂了"满天星"圣诞彩灯一样闪闪烁烁。回想之下，那真是一段奇妙的岁月——一个中国男人眼前总是出现那个异国少女美丽姣好的脸庞，尤其是脸庞下方的特定部位。

必须承认，同山口百惠的相遇给我带来了人生转机——她主演的《命运》在一定程度上改变了我的命运。首先是翻译上的。是的，说狂妄也好什么也好，当时我就对自己的中文、日文水平充满自信，加上正在左顾右盼急切切地寻找人生"围城"的突围方向，很想通过课余翻译尝试突围的可能。那之前倒也发表了若干短篇和散文译作，但没什么影响力。而那次翻译的《命运》播出之后，别人告诉我，就连轻易不夸人的暨大中文系主任饶芃子教授（饶宗颐本家）都夸我说译得好（后来她曾要我跟她读博）。从此翻译稿约大体源源不断，不必自己凄凄惶惶、战战兢兢地敲门自荐了。可以说是一炮打响，破城突围。

四年过后，我翻译了更加改变我命运的一本书——《挪威的森林》。该书日文原作于 1987 年 9 月在日本出版，一个月后我出现在日本，在大阪市立大学留学一年。每次去书店都见到一红一绿——上册鲜红鲜红、下册墨绿墨绿——上下两册《挪威的森林》各带一条金灿灿的腰封摞在一进门最抢眼的位置，仿佛整个日本列岛都进入了"挪威的森林"，几乎无人不看。不看的大约只我一人，只我这个日后的译者。原因在于我当时正挖空心思做一个所谓"中日古代风物诗意境比较研究"的项目，拿了国家教委六七千元钱，去日本的主要目的就是为此搜集资料。况且当年我是一门心思要当像那么回事的学者的，想写两三本砖头般的学术专著，啪一声砸在桌子上把身边同事吓个半死，没时间也没闲心打量这披红挂绿的当代流行小说，全然不知村上春树为何村何树。回国前只因一个老同学送了上下两册中的下册，我为配齐才老大不情愿地买了上册。带回国也随手扔在书架底层没理没看。

岂料，又一双命运之手正悄悄把我这粒棋子移到另一条人生轨道上。1988年12月，即我回国两个月后，日本文学研究会的年会在广州召开。从事日本现当代文学研究的副会长李德纯先生一把将我拉到漓江出版社的一个年轻编辑面前，极力推荐说《挪威的森林》多么美妙，我的中文多么美妙，译出来市场前景又多么美妙。可惜我当时的经济景况一点儿也不美妙，站讲台穿的衣服大多是在学校后门地摊买的，无论如何都需要赚点稿费补贴生活开支，至少要让自己穿得多少体面一点儿，不至于在自己教的港澳生和华侨华人子女面前过于相形见绌。当学者诚然美妙，但在很大程度上是以钞票的美妙为前提的——说起来不好意思，我便是在这种既不美妙又未必多么猥琐的心态下翻译《挪威的森林》的。

记得那年广州的冬天格外阴冷，再次借用村上的说法，就好像全世界所有的电冰箱全都朝我大敞四开，或者全世界所有的冷雨落在了广州所有的草坪上。我蜷缩在暨南大学一栋教工宿舍五楼的一间朝北房间的角落里，身上裹一件好像用深蓝墨水染成的半旧混纺鸡心领毛衣，时而望一眼窗外路上绿子般说说笑笑的港澳女孩的靓丽身影，时而搓一搓冻僵的手指，对照日文一格格爬个不止。就翻译环境来说，同村上写《挪威的森林》时住的罗马郊外那家低档旅馆多少有些相似。只是，我放的音乐，一不是爵士乐《挪威的森林》，二不是《佩珀军士寂寞的心俱乐部乐队》。说来难以置信，我放的是中国古琴曲《高山流水》《渔舟唱晚》和《平沙落雁》。我觉得那种哀而不伤、乐而不淫，超越日常性、凡俗性的旋律非常契合自己的心境，使我很快在书中世界流连忘返。仿佛直子、绿子和"敢死队"们用一条看不见的细线拖着我的自来水笔尖在稿纸上一路疾驰，但觉人世间所有美妙的语汇、美妙的句式纷至沓来，转眼间便乖乖填满一个个绿色的方格。

这一翻译过程促使我进一步认识到：文学翻译不仅仅是语汇、语法、语体的对接，还是心灵通道的对接、灵魂剖面的对接、审美体验的对接。换言之，翻译乃是监听和窃取他人灵魂信息、审美信息的作业。我倾向于认为，一般翻译和非一般翻译的区别，就在于前者描摹皮毛转述故事，后者传递灵魂信息、美学信息，重构审美感动。总之，我就是这样陪伴《挪威的森林》、陪伴村上君开始了中国之旅，又眼看着她由不入流的"地摊"女郎变成陪伴小资或白领们出入星巴克的光鲜亮丽的尤物，进而升格为半经典性世界文学名著。

开头说了，把佛经翻译成汉语的古代翻译家鸠摩罗什说翻译就是用舌头积累功德。就我翻译的村上作品系列而言，是不是功德不好说，但30多年来不同程度地影响了一两代人的生活情调、精神格调乃至行文笔调、说话调调，恐怕可以大体认定为事实。这也在我人生困难时刻给了我尊严、自豪感和奋然前行的动力。

也许有哪位不由自主地想问，你吹得那么厉害，说得那么玄乎，可你翻译的村上是百分之百的"原装"村上吗？或者索性说痛快些，你没往里塞"私货"吗？对此我想这样回答：主观上我以为自己翻译的是百分之百的村上，而客观上我必须承认那顶多是百分之九十或者是百分之一百二十的村上。非我狡辩，也不但我，任何译者——哪怕再标榜忠实于原作的译者——都概莫能外。所谓百分之百的村上春树（むらかみはるき），别说翻译界，即使在这个星球上也是哪儿都不存在的。

关于这点，林语堂有个多少带点儿色情意味的比喻，他说，翻译好像给女人的大腿穿上丝袜，译者给原作穿上黄袜子、红袜子，那袜子的厚薄颜色就是译者的文体、译文的风格。你看你看，穿上丝袜的女人大腿肯定不是百分之百原来模样的嘛！香港岭南大学原中文系主任许子东也说得够狠的，翻译就像变性手术，一个靓仔变性后不一定是美女。不过我以为还有另一种可能性：变得比美女还美女也不一定。总之，不可能百分之百。何以如此？原因有二。其一，任何翻译都是基于译者个人理解的语言转换，而理解总是因人而异，并无精确秩序（order）可循。其二，文学语言乃是不具有日常自明性的歧义横生甚或意在言外的语言，审美是其内核，而对审美情境的体悟、把握和复制更是因人而异，更无精确秩序可循。据曾任香港中文大学翻译讲座教授的台湾学者童元方之论，雅是文学翻译的唯一宗旨，信、达不能与雅并驾齐驱。而雅的最大优势（或劣势）恐怕就在于它的模糊性、无秩序性、不确定性。换言之，翻译作品是原作者文体和译者文体最大限度达成妥协和谅解的产物。余光中曾说，翻译如婚姻，是一种两相妥协的艺术。妙译有赖于才学和两种语文上醇厚的修养。能成为翻译家，学问之博不能输于学者，文笔之妙应能追摹作家。译者是不写论文的学者，没有创作的作家。借用村上本人的说法，译者哪怕再扼杀自己的文体，也还是有扼杀不了的部分剩留下来。而剩留下来的那一小部分，可能就是译者的风格，就是林家铺子而非张家铺子、李家铺子的"胎记"（identity）。也就是说，翻译总是在海外异质性、陌生美和本土同质性、熟识美之间保持微妙的张力和平衡。好的翻译总是介于生熟之间、土洋之间，好比火候恰到好处的二米饭。

不过，这种既非原作者文体又不是译者文体，或者既非日文翻版又未必是纯正中文的文体缝隙、文体错位正是译者出发和施展身手的地方。同时也正是文学翻译的妙趣和价值所在，原作因之获得了第二次生命。也就是说，翻译甚至已经不是模拟，不是克隆，而是再生，是投胎转世。换一种解释，翻译必然多少流失原作固有的东西，同时也会为原著增添某种东西。流失的结果，即百分之九十的村上；增添的结果，即百分之一百二十的村上。二者相加相除，即百分之一百零五的村上，因而客观上超过了百分之百的村上——这又有什么不好吗？何况，在译本中追求百分之百原汁原味，不仅客观上不可能，而且主观上或潜意识里还可能有仰视外语文本、视英法德等西方语言以至日语为优势语言的自卑心理甚至"自我殖民"心理。试想，假如我翻译的是更小的语种，那么还会有人向我讨要所谓百分之百吗？不仅如此，从学术角度看，如果过于追求百分之百，译文本身的价值就被屏蔽了，翻译家的作用和价值就被抹杀了。作家梁晓声曾断言，翻译家笔下的翻译文体乃是一种文学语言的再创造，必自成美学品格。

与此相关，在日译汉中，作为译入语介入翻译的汉语也不吃亏——汉语因此而从语言惯性、日常熟识性或"审美疲劳"中挣脱出来，生发出新鲜的异质性，呈现出某种陌生形态、陌生美，从而丰富了汉语言文学的"语料库"，为汉语言文学的艺术表达提供一种启示性、可能性，进而带来一种新的文体、新的审美体验。而这在文学上是比什么都宝贵的。对了，诸位也许知道也许不知道，村上长篇《刺杀骑士团长》的版权是上海译文出版社花天价买来的——花天价仅仅买来一个故事，值得吗？肯定不值得。而若买来的是一种独特的语言风格或文体、一种微妙的审美体验，那么花多少钱都有其价值。我这个译者堪可多少引以为豪的对于现代汉语一个小小的贡献，可能就是用汉语重塑了村上文体，再现了村上的文体之美。或者莫如说，这不是我的贡献，而是汉语本身的贡献、翻译的贡献。

下面请允许我不自量力地概括一下我的翻译观，即我所大体认同的关于翻译的言说或观点，当然也多少包括我个人的体悟。我倾向于认为，文学翻译必须是文学——翻译文学。大凡文学都是艺术——语言艺术，大凡艺术都需要创造性，因此，文学翻译也需要创造性。但文学翻译毕竟是翻译而非原创，准确说来，文学翻译属于再创造的艺术。以严复的"信达雅"言之，"信"侧重于内容（内容忠实或语义忠实），"达"侧重于行文（行文忠实或文体忠实），"雅"侧重于艺术境界（艺术忠实或审美忠实）。"信"和"达"更需要知性判断，"雅"则更需要美学判断。美学判断要求译者具有审美能力乃至艺术悟性、文学悟性。但不可否认，在这方面，并非每个译者都具有相应的能力和悟性。与此相关，翻译或可大体分为三种：工匠型翻译、学者型翻译、才子型翻译。工匠型亦步亦趋，貌似"忠实"；学者型中规中矩，刻意求工；才子型惟妙惟肖，意在传神。学者型如朱光潜、季羡林，才子型如丰子恺、王道乾；二者兼具型如傅雷、梁实秋。就文学翻译中的形式层（语言表象）、风格层（文体）和审美层（品格）这三个层面来说，最重要的就是审美层。即使"叛逆"，也要形式层的叛逆服从风格层，风格层的叛逆服从审美层，而审美层是不可叛逆的文学翻译之重。在这个意义上，我的翻译观可以浓缩为四个字：审美忠实。打个未必恰当的比方，如果把文学翻译的对象比作杨贵妃，重要的不是译出三围尺寸，也不是译出身高肤色相貌，而是译出"梨花一枝春带雨"的诗性美感。

遗憾的是，近年来文学翻译批评往往不谈审美，不谈美，至少谈得不够。2018 年，浙江大学中华译学馆举办了"新时代文学翻译的使命——文学翻译名家高峰论坛"，我在会上发言，斗胆强调新时代文学翻译的问题就是美的缺席。常言说，爱美之心，人皆有之，然而事关翻译，情况未必如此。所以新时代文学翻译的使命，即美的重拾与归位，让美成为文学翻译实践和文学翻译批评研究与教学的压舱石。

应该承认，近年来我们的翻译实践和翻译批评似乎远离了审美。不仅翻译，就连文学创作、文学批评、文学研究也好像离审美越来越远。听关于文学研究的发言，时不时产生错觉，觉得不是在听文学，而是在听社会学、心理学甚至哲学研究的发言。大而言之，甚至整个现代社会都好像越来越远离审美，远离审美感受性，远离文字之美、文艺之美甚至风花雪月之美，与此同时，越来越向理性、理论、理念靠近，向各种观点、主义、规范、程序、符号靠近。恕我说话尖刻，这在很大程度上意味着跟着西方各种思潮亦步亦趋。改革开放之初倒也罢了，可进入新时期已经 40 多年了，我们至今仍未能完全建立真正属于本土的翻译理论体系乃至文学批评理论体系，仍在很大程度上套用西方各种理论解读中国文本，甚至用本土材料论证西方理论如何高明、深刻和正确。一句话，这方面我们还完全没有确立话语权。这可是个相当严重的问题。这也注定使我们日益远离以审美为核心的中国文艺批评传统资源。文学批评关乎文学创作，而文学创作关乎民族心理结构，尤其是审美心理结构的涵养或重构。如此下去，势必给民族心理结构，尤其是审美心理结构造成负面冲击甚至是不可忽视的伤害。我想这应该是我们每一个人文学科知识分子应该认真面对、考虑和必须解决的问题。我老了，马上要告老还乡种瓜种豆了，所以只能在这里或许杞人忧天地提醒各位年轻学者注意自己肩负的真正的人文使命。

（特邀编辑：冯全功）

关于探索中国特色翻译理论的几个问题

——许钧教授访谈录*

朱含汐　许　钧**

摘　要：在国家强调理论自信与文化自信、号召构建中国特色哲学社会科学的时代背景下，探索中国特色翻译理论显得尤为重要与迫切。本访谈聚焦"中国特色翻译理论"，试图探讨以下三个问题：（1）探索中国特色翻译理论有必要吗？（2）探索中国特色翻译理论可行吗？（3）如何探索中国特色翻译理论？许钧教授指出，让翻译研究扎根于中国优秀的文化与思想沃土，依托丰富的中国历史翻译资源，探索中国特色的翻译理论，为世界的译学构建与发展提供中国智慧，是时代赋予中国翻译学者的使命。

关键词：中国特色翻译理论；必要性；可行性；理论自信

Title: Some Questions on Exploring Translation Theories with Chinese Characteristics: An Interview with Professor Xu Jun

Abstract: In the context of strengthening confidence in Chinese theories and culture, and calling for the construction of philosophy and social sciences with Chinese characteristics, it is of great importance and urgency to explore translation theories with Chinese characteristics. Focusing on "translation theories with Chinese characteristics", this interview tries to discuss the following three questions: (1) Is it necessary to explore translation theories with Chinese characteristics? (2) Is it feasible to explore translation theories with Chinese characteristics? (3) How to explore translation theories with Chinese characteristics? Professor Xu Jun pointed out that it is the mission of contemporary Chinese translation scholars to explore translation theories with Chinese characteristics by making Chinese translation studies take root in China's excellent cultural and ideological soil and rely on its rich historical translation resources, so as to provide Chinese wisdom for the sound development of international translation studies.

Key words: translation theory with Chinese characteristics; necessity; feasibility; theoretical confidence

受访人简介：许钧，浙江大学文科资深教授，浙江大学人文学部主任，浙江大学中华译学馆馆长，浙江大学外国语学院博士生导师；曾任国务院学位委员会外国语言文学

---

*　　本文系全国翻译专业学位研究生教育研究重点委托项目"《翻译概论》学研结合教学模式探索"（TIJZWWT202001）的阶段性成果。

**　**作者简介**：朱含汐，浙江大学外国语学院翻译学博士研究生。研究方向：翻译机构、翻译史。电子邮箱：hanxizzz@163.com。许钧，浙江大学文科资深教授，浙江大学中华译学馆馆长，浙江大学外国语学院博士生导师。研究方向：翻译学与法国文学。电子邮箱：zjxujun@zju.edu.cn。

学科评议组召集人、全国翻译硕士专业学位教育指导委员会副主任、中国翻译协会常务副会长；目前担任 *META*、*Babel*、《外语教学与研究》《中国翻译》《外国语》《外国文学》等国内外近 20 种学术刊物的编委或顾问；已发表学术论文 300 余篇，出版学术专著与译著近 50 部，曾获法国政府颁发的"法兰西金棕榈教育勋章"和中国翻译协会颁发的"翻译事业特别贡献奖"。

一、探索中国特色翻译理论有必要吗？

朱含汐：许老师，您好！改革开放以来，中国的翻译学建设经历了从"有无翻译学"到"如何建设翻译学"的过程。在几十年的探索与争鸣中，"中国特色翻译理论"始终是翻译学界所关切的话题。在《中华译学》创办之际，能否请您谈谈对中国特色翻译理论的认识与看法？

许　钧：构建中国特色翻译理论，是一个非常重要的话题。20 世纪 80 年代以来，我国不少学者对翻译学建设问题进行了广泛探索，对翻译学的理论体系也提出了种种构想。最早讨论的焦点是"翻译研究可否成为一门学科"。当就这一问题达成充分共识后，学界进一步思考了是否需要构建"中国的翻译学"。1986 年，桂乾元在《中国翻译》上发表的《为确立具有中国特色的翻译学而努力——从国外翻译学谈起》一文可被视为这场讨论的开端。随后，刘宓庆、许渊冲、潘文国、方梦之、张柏然、谢天振、谭载喜、朱纯深、王东风等知名学者都参与到这场大讨论中。主流意见是要建立"具有中国特色的"或"自成体系的"翻译学（桂乾元，1986；刘宓庆，1989；张柏然、姜秋霞，1997；孙致礼，1997）。但是，也有反对强调民族特色的声音（朱纯深，2000）。这些观点从不同的视角帮助我们认识"学科""理论""学派"的概念，同时也反映出我们从学科建立伊始，就具有了自我与他者、共性与特性的关系意识。在《中华译学》创办之际，旧话重提，我认为具有特别的意义。

朱含汐：在新的历史时期，您觉得是否有必要继续探索中国特色翻译理论？

许　钧：我认为是非常有必要的。首先，在国家强调理论自信与文化自信、号召构建中国特色哲学社会科学的时代背景下，学术界应该及时做出反应与反思。1931 年，陈寅恪（2009：361，363）在《吾国学术之现状及清华之职责》中提出，"吾国大学之职责，在求本国学术之独立"，并视中国学术独立为"吾民族精神上生死一大事"。近些年，中国不断强调要加快构建中国特色哲学社会科学的学科体系、学术体系、话语体系。翻译学作为哲学社会科学的重要组成部分，自然需要具有学科自觉和理论自觉，与时俱进，凸显中国特色，为世界的翻译学构建提供中国的智慧。其次，中华文化和中国学术在走向世界的进程中，独特、丰富和开拓性的翻译实践不可或缺。我们如何把中国优秀的文学作品、文化传统推广到世界去？如何把中国的观点、思想、政治话语在国际社会阐释清楚？如何有效地进行国家或民族间的学术互动、文化交流、文明互鉴？在这些时代赋予我们的任务面前，中国特色翻译理论研究的必要性便更加凸显。正是基于这种认识，2017 年 12 月，浙江大学中华译学馆成立，其宗旨便是"以中华为根，译与学并重，弘扬优秀文化，促进中外交流，拓展精神疆域，驱动思想创新"。在学界同人的支持下，中华译学馆创办《中华译学》集刊，其创办宗旨，与中华译学馆的立馆宗旨应该是一致的。

朱含汐：学界对于"中国特色翻译理论"的理解和阐释有不同的侧重，有人强调"民族性"，有人强调"特殊性"，有人强调"地区性"。您认为什么是"中国特色翻译理论"呢？"特色"体现在哪里呢？

许　钧："中国特色翻译理论"的命题无疑是复杂的、深刻的，因为这一命题涉及一系列原则性问题，如：翻译学是不是科学？科学有无国籍？中西语言、文化、学理的差异是否影响翻译理论的适用？如何平衡翻译学科的特殊性与普遍性、人文性与科学性？所以，我们必须以思辨的、包容的、发展的眼光来看待这一问题。

关于"特色"，我觉得至少可以体现在三个方面。第一，中国文化的特色。我们若想发展中国自己的翻译理论，必须从"转述他者"转向"表达自己"。汉语的独特性、中国两千余年的翻译历史，以及中国博大精深的文化遗产，从某种程度上就决定了中国的翻译研究必然具有中国特色。张柏然曾指出："任何一个文化大国，它在建设自己的翻译理论体系的时候，都是要以本国的翻译经验作为自己最基本的认知材料，作为整个知识体系的骨架和网络。"（张柏然、辛红娟，2016：61）中国若想建设独具特色的翻译理论，必须基于自己独特的翻译实践经验，像中医的翻译、武术的翻译、传统文论的翻译，这些都具有独特性。要阐释中国翻译历史上的许多独特的翻译现象，深刻认识翻译的本质与作用，西方的翻译理论难以发挥指导性作用，中国翻译学术界应该有自己的思考与探索。第二，中国历史的特色。"特色"一定是由历史积淀起来的。季羡林曾用河流作比，指出中华文化之所以能长葆青春，万应灵药就是翻译。中国的翻译实践历史悠久，孕育了无数宝贵的翻译思想遗产。这些翻译理论很多都是从中国传统哲学、美学、文论的思想或观点发展而来的。例如严复在阐释"信达雅"时，就用了孔子关于"修辞立诚"的命题。再如，我们谈论的很多有关翻译的忠实性问题，都离不开道家的"信言不美，美言不信"的辩证思想。所以，中国特色翻译理论应该对中国悠久的历史有所观照，应该植根于我国深厚的语言史、思想史、文化史、哲学史、美学史等。第三，中国现实问题的独特性。回顾中国翻译史，不同时期的翻译理论关注的焦点并不相同。佛经翻译凸显"文质之争"，所以当时的译论大多围绕文与质的关系，如道安的"五失本""三不易"和玄奘的"五不翻"。而在西学翻译中，国人更关注翻译的"自强"或"启民"功能，所以前有徐光启的"会通超胜论"，后有梁启超的"翻译强国论"。新文化运动之后，中国的文人开始关注翻译的效果和审美价值，便有了鲁迅的"硬译"、茅盾的"神韵"、郭沫若的"风韵"、傅雷的"神似"、钱锺书的"化境"等。所以，中国的翻译理论具有鲜明的时代特色。在当下，我们探讨中国特色翻译理论不能一味沉醉在中国的历史译论之中，也要关心现实问题，关注国内外最新的翻译现象和翻译技术。正如我们在不同的历史时期推进马克思主义中国化一样，我们也要用发展的眼光构建新时期的翻译理论，使翻译理论在现实社会"落地"，指导当下的翻译实践，着眼于亟待解决的翻译问题。

至于你提到的"什么是中国特色翻译理论"，我认为，由中国学者基于中国独特的翻译实践经验，或利用中国传统的理论话语资源，提炼出能够阐释中外相关翻译现象、指导中外互译实践的理论，都可以称为中国特色翻译理论。

朱含汐：关于构建中国特色翻译理论，学界不乏反对的声音，认为强调"特色"可能会陷入狭隘民族主义的泥潭。您是如何看待这一问题的呢？为什么西方国家在构建理论时不强调"英国特色""法国特色"，而我们要强调"中国特色"呢？

许　钧：关于是否会陷入狭隘民族主义的泥潭，我觉得这种担忧无甚必要。我们探索的中国特色翻译理论并不排外，只是强调对中国独特的翻译实践的关注，以及对中国传统哲学、文艺美学思想的转化和利用。这种探索是传承中国优秀文化的一种表现，是中国学者的理论觉醒，而非宣告文化的占有或霸权。另外，为什么别人不提，中国就不能提？为什么要跟着西方亦步亦趋？中国有着悠久的翻译实践史和翻译思想史，有着众多优秀的翻译作品、翻译家和翻译理论研究者。但是，中国译学在国际上却发不出中国独特的声音，这是很不正常的。

我想强调，一种理论有没有国别特色并不是理论本身所追求的学术目标，重要的是要在发展中逐渐形成一种共识或力量。正如王东风（1999：22）所言，"一旦以某一个国家为基地，形成一个流派、一种思潮，人们在提到这个流派和思潮时，也就自然会想到这个国家，于是便形成了国别特色"。当中国学者有意识地以中国翻译经验探索翻译问题时，这种"特色"就会形成。中国译学若想在国际译界获得话语权，发出自己的声音，就不应单纯地模仿和"尾随"西方，而是要发出中国的声音，表明中国的观点，努力探索具有中国特色的翻译理论话语体系。

二、探索中国特色翻译理论可行吗？

朱含汐：既然我们已经明确了构建中国特色翻译理论的必要性和重要性，那么，您觉得构建中国特色翻译理论可行吗？

许　钧：关于可行性的问题，我想翻译学界已经用40多年的实际行动做出了强有力的回答。首先，罗新璋（1983：9）的文章《我国自成体系的翻译理论》就论证了探索中国特色翻译理论的可行性，"于浏览历代翻译文论之余，深感我国的翻译理论自有特色，在世界译坛独树一帜，似不必妄自菲薄"，并提出了案本、求信、神似、化境四个渐次展开的概念，作为中国翻译理论体系的核心组成部分。当然，罗新璋在中国两千多年的翻译史中挑选出这四个概念，具有他主观预设的成分，划分不见得完全合理，但是这篇文章勾画出了中国翻译理论的大致轮廓，为我们探索中国特色翻译理论提供了信心和路径，在学界具有极其重要的意义和影响。其后，不少学者旗帜鲜明地呼吁建立中国特色翻译学，提出了各具特色的译学设想。作为建构中国特色翻译理论的旗帜性代表，张柏然在1997年正式提出建立"中国翻译学"的主张，呼吁译界在引进西方翻译理论的同时，结合当代学理，思考中国的翻译理论，总结翻译研究的中国经验与中国智慧。通过多年的探索，张柏然不仅提出了建设中国特色翻译理论的构想、原则和路径，同时还指导他的学生们将这一构想落地。何刚强（2015）也提到，中国译论应当在世界上独树一帜的理论自信至少源于我们的三个传统：中国的文字文化传统、哲学思维传统和艺术表现传统。同时，他以儒家"仁"学思想的确立、"信达雅"的构建过程、中国特色社会主义理论的逐渐形成为例，说明中国翻译理论的构建可走一条与西方不同的路径。

一个构想是否可行，要靠时间和实践的检验。改革开放以来，中国学者提出了不少具有一定原创性的理论、学说、主张、方法，如胡庚申的生态翻译学、黄忠廉的变译理论、周领顺的译者行为批评、潘文国的文章翻译学等等。他们的努力，说明探索中国特色翻译理论并不是空洞的口号，而是可行的，并在一步步推进。

朱含汐：如您所说，近几十年来，一批中国学者开始探索原创性的翻译理论，包括您刚刚提到的胡庚申、黄忠廉、周领顺等学者的理论探索。但是，有些学者认为这些理论的中华文化基因并不突出，算不上是中国特色（冯全功，2021），您是如何看待的呢？

许　钧：这个问题的核心还是在于对"中国特色"的理解。说到底，"特色"就是我有而你没有的东西，或者是同样都有，但在我身上更突出的东西。在翻译研究中，"中国特色"就是中国学者特别关注，而别的国家和民族的学者相对忽视的东西。除了刚才提到的几个学者努力创立的理论，我觉得许渊冲的文学翻译理论、刘宓庆的翻译美学，都具有一定的中国特色，都可以算作广义上的中国特色翻译理论。至于它们的"中华文化基因"是否突出，对中国传统思想与理论话语的利用是否充分，是理论发展过程中要面对和解决的问题，需要不断探索。

朱含汐：2023 年年初，方梦之（2023：87）先生曾撰文批评大多数中国学者自创的跨学科翻译学接受度差，影响力弱，"给翻译研究带来不堪承载之重"，您是如何看待这一现象的呢？鼓励构建中国特色翻译学，是否会导致翻译学研究范围的无限拓展，冲淡本体研究和中心问题的研究？

许　钧：我对学界的这些探索总体上持包容和鼓励态度。无论是做翻译还是研究翻译，都须兼备更广的视野与跨学科的思维，各种不同的视角为我们认识翻译和理解翻译提供了新的可能。构建中国特色翻译理论也是如此，我们都是在不断地摸索，尝试与其他学科或思想相结合，寻找融会贯通的可能。诸如文章翻译学、大易翻译学、和合翻译学等都是与中国传统哲学思想与文艺美学相融通的尝试。改革开放后，我们大量地引进、学习和使用西方的翻译理论。随着"引进"的持续，国内很多学者意识到，并非所有外来的翻译理论对我们都是适用的，所以开始思考适合中国的语言文化传统和现实的理论。相较于 20 世纪 80 年代的"引进来"，我们不妨把如今这些各色翻译学看作中国翻译学界从守成心态到创新心态的一种转变，这也在一定程度上反映出中国学者的理论自觉、自信与追求。

至于"学"的问题，我认为，"话语"在"理论"之前，"理论"在"学"之前。我们在探索中国特色翻译理论的时候，确实没有必要都上升到"学"的高度，但也无须过分纠结是"学"还是"理论"，或是"方法"。就像张佩瑶在翻译史研究中，基于太极拳理论提出的"推手"路径，就是一种具有中国特色的研究方法。朱纯深从功夫、推手、孟子的"浩然之气""以意逆志"和纯语言等方面论析的翻译的阴阳诗学，也是具有中国特色的翻译主张。还有张保红借用中国传统绘画和书法来解读翻译，冯全功基于刘勰《文心雕龙》提出的"六观说"，构建了中国古典诗词翻译批评的操作框架。他们虽然还没有上升到"学"的高度，但在理论的探索中展现了"中国特色"。我们需要踏踏实实地探索，合情合理地阐释，长期不断地深入思考。

三、如何探索中国特色翻译理论？

朱含汐：我们对中国特色翻译理论的探索已经走过了40多年的历程，您觉得目前我们的探索处于什么阶段呢？目前学界在构建中国特色翻译理论方面存在哪些问题，或面临什么样的发展困境？

许　钧：虽然学界探索中国特色翻译理论的热情高涨，也产生了很多具有影响力的成果，但我认为，"构建中国特色翻译理论"这个课题尚处在发展阶段，仍然面临着很多问题与挑战。有三点值得关注和思考。

第一，对中国传统知识的挖掘和阐释不够深刻。我曾说过，"人文学科的一个突出特点就是理论传承、拓展与深化"（许钧，2018：72）。受中国传统文化知识类型影响，中国传统译论的范畴体系呈渐进式的发展样态，后来者在继承前人成果的基础上，再做一些补充。除极少数传统译论外，大部分译论在发展过程中一般没有质的改变，而是在逐步丰富和完善。从这个角度来说，我们现在探讨的中国特色翻译理论，也应该是从中国传统译论中发展而来的。我们若想在中国特色翻译理论方面有所建树，必须扎根于中国的传统文化，踏踏实实地挖掘中国的哲学与文艺美学思想。由于历史的原因，有相当长的一个时期，我们翻译学界着力于借鉴西方翻译理论，对中国传统文化和思想学习不够，理解不深，对中国特色翻译理论的资源研究不充分，有不少认知或理解方面的障碍。在我看来，挖掘和阐释中国传统译论资源需要见识与胆识，也需要时间和耐心，就像生态翻译学在探索初期对中国传统思想的借鉴力度不够，但经过胡庚申及学界同人20多年的不断努力，加强了对中国传统哲学思想的借鉴和创造性转化，其理论话语逐渐完善和精细，基本形成了一套生态翻译学话语体系，特色尤为鲜明，如生态翻译环境、翻译适应选择、生态理性、译者中心、译者责任、关联序链、文本生命、绿色翻译、"四生"理念、"生生之谓译"等。我们也应该看到，如今有的学者往往坐不住冷板凳，急于求成，提出的理论比较牵强，特色不足，空有外壳，这些问题需要警惕。

第二，缺少对翻译实践的深度理论思考。诚如罗新璋（2013：79）所言，"任何一种翻译主张，如果同本国的翻译实践脱节，便成无本之木，无源之水，没有渊源的崭新译论，可以时髦一时，终难遍播久时"。一个全面的、系统的翻译理论至少要做到以下几点：对翻译实践的经验总结、对翻译现象的客观描述、对翻译现象的原理解释，以及对翻译本质的哲学认知。早期的中国译论往往是自下而上的，即从翻译实践中进行经验归纳，总结出规律规范，反过来指导中国的翻译实践，像"信达雅""神似""化境"等。而国内翻译学界目前提出的不少翻译理论，直接挪用哲学、美学概念，甚至切断了与实践的联系，少有对翻译实践与翻译历史的思考，闭门造车。理论建构必须关注历史，关怀现实，对实践有深度的理论思考。我们对中国特色翻译理论的认知首先应该来自对本民族翻译实践的深刻理解。中华文化在"走出去"的过程中，有着丰富、复杂和具有创造性的翻译实践，如文学外译、学术外译、中国传统文化外译，这些开拓性的实践，应该成为中国特色翻译理论的探索之源。在翻译人才培养方面，我们有先进的理念、丰富的经验，还有多方面创新，学界也需要在这一方面加强理论思考与探索，提出具有中国特色的翻译教育理论。

第三，缺少在国际翻译界产生重大影响的原创性研究成果。我们提倡探索中国特色翻译理论，一个很重要的目的，就是希望中国译学可以在国际翻译学界发出声音，但是近年在国内提出的绝大多数理论都没有走出国门，只在国内范围讨论和应用，缺乏具有国际影响的原创性研究成果。如果不走出国门，长期下去，我们探索的意义将大打折扣。20 世纪 90 年代，我发现国内流行的翻译理论几乎都是西方的，便萌生了一个想法，希望能把中国两千多年来的翻译实践和翻译研究做个梳理与总结，让西方翻译学界了解中国的翻译理论和研究现状，促进交流与合作。我就给著名翻译期刊 *META* 的主编写信，希望就中国的翻译理论与实践做个专栏，让国际译界听到中国翻译学者的声音，这一愿望得到了主编的理解和大力支持，得以实现，可以说是为中国翻译理论国际化迈出了重要的一步。在新时期，中国特色翻译理论如何被国际翻译学界所认可？如何使中国探索的翻译理论变成具有世界影响的翻译理论？这些都是我们翻译学界需要反思的问题。应该看到，近些年来，中国翻译学界与国际翻译学界的交流越来越深，如王宁、孙艺风等学者，为中国翻译学界创造了不少机会，在国际译坛不断发出中国的声音。在口译研究方面，中国学者的成果可以说已经具有引领性。据任文等 2023 年出版的《国家翻译能力研究》一书的统计，中国学者近年在国际翻译学术刊物发表的论文数量也越来越多。我的判断是，在翻译史、文学翻译基本问题、翻译批评、学术外译、翻译教育等研究领域，中国翻译学界将会继续深化探索，产生具有国际影响的重要学术成果。

朱含汐：如您所言，中国特色翻译理论的构建任重而道远，针对这一课题目前面临的发展困境，您觉得构建中国特色翻译理论的基本原则是什么呢？学界未来应该朝哪些方向发展？有哪些重要的论题值得深度挖掘？

许　钧：你提到的这些问题其实都是关于"怎么做"。构建中国特色翻译理论可以有不同的路径，我非常鼓励年轻的学者去探索与西方、与前人不一样的方式和方法。但是，在这之前，我们应该明确中国特色翻译理论的立足点或基本原则。在宏观层面，很多学者都提出了自己的看法，例如刘宓庆（1996：2）提出译学研究要"本位观照、外位参照"，张柏然提出要"坚持本来，吸收外来，面向未来"（张柏然、辛红娟，2016：1），潘文国（2020：36）提出"三位一体"的道路——"立足时代需要，继承中国传统，借鉴外来新知"。我觉得，他们的看法有共通之处，那就是中国学者在积极借鉴域外理论资源的同时，必须保证自我文化的本位观。这一点很重要，无论如何探索中国特色翻译理论，都不应该偏离这一原则。

在实践的层面，2016年习近平总书记主持召开哲学社会科学工作座谈会时指出，中国特色哲学社会科学应该体现三方面的特点：继承性和民族性；原创性和时代性；系统性和专业性（习近平，2016）。我想这三点就可以用来指导我们的中国特色翻译理论建设。

第一，建设中国特色翻译理论，必须坚持以中华优秀传统文化为根，继承和融通古今的各种知识、观念、理论以及方法资源。建设中华民族现代文明，必须不断地对中华优秀传统文化进行"创造性转化"与"创新性发展"，使其成为民族的精神支柱。我认为，这"双创"对我们建设中国特色翻译理论有很大的启发价值。一方面，对中华优秀传统文化中存在的一些不适应时代发展要求的形式进行创造性转化，使其与现代文明相适应，产生更易于理解和接受的表达形式。另一方面，结合现代元素，以新的观念、新的手段、新的技术和新的表现形式，激活中华优秀传统文化的价值观念和哲理精神，使其随时代的发展不断补充、扩大、完善，从而更具有影响力。就像马建忠受刘向的"善说"启发而提出的"善译"，许渊冲基于孔子的"知之者不如好之者，好之者不如乐之者"创造出的"三之论"，潘文国基于中国古代文章学发展出的"文章翻译学"，都是一种创造性的转化、继承和发展。翻译学界应该继续加强对中国传统译论资源的挖掘、阐释和创造性转化，"抢救"那些被时代遗忘的思想结晶。为什么我说"抢救"呢？我这里可以举两个例子。其一，佛经翻译中，"文"与"质"这两个核心术语贯穿于整个有关佛经翻译的讨论史。但是，在现代译学语境中，这一对极具中国传统译学话语特色的本土原创术语却往往要借助"直译"与"意译"才为多数人知晓。其二，严复的《〈天演论〉译例言》被认为是中国现代译论的开篇之作，"译事三难：信、达、雅"也被视为中国人提出的翻译的三原则。在内容上，严复的"译事三难"与英国泰特勒的"翻译三原则"有很大的相似之处，但"信达雅"却几乎没有进入国际译学之中，甚至还有很多学者致力于证实严复的"三难"抄袭了泰特勒的"三原则"。"文""质"和"信达雅"可以说是中国译学史上最重要的核心术语，但在西方译论的强大冲击下，在学术话语不断的更新迭代中，它们的文化与思想之源都逐渐被疏忽，甚至消解了。事实上，不只是译论，中国古代的哲学、文论、书论、画论等等都有很多宝贵的术语资源，如"道""气""诚""信""心""本""和""自然""阴阳""形神"等等。若要结束中国理论"失语"的局面，对中国传统思想的挖掘和利用至关重要。

第二，中国的翻译理论是否可以独具特色，归根到底要看有没有原创性和时代性。我们早已认识到，并非所有的西方翻译理论对我们都是适用的，或有价值的，有的翻译理念进入中国后可能会水土不服。如果生搬硬套，恐怕只会是方枘圆凿。所以，中国特色翻译理论的构建必须以我国的翻译历史和翻译现实为研究起点，发挥中国学者的主观能动性，提出具有主体性、原创性的观点，而且这些观点或者理论能够切实回答中国目前面临的一些涉及翻译的重点问题。但是，强调主体性并非要排斥其他国家的理论成果，而是在对比、学习、反思、升华的基础上，去粗存精，融会贯通，保证我们提出的翻译理论既具有全球视野和科学性，又彰显民族的独特的思想文化和言说方式。另外，理论的生命力在于创新，而创新必须从问题开始。翻译不是在真空中进行的，不同的历史时期会凸显出不同的翻译问题和翻译现象。清末民初、五四运动前后、改革开放以来的翻译问题必然不同，所以每个时期都有人提出了不同的翻译思想、翻译理论、翻译方法。当下，翻译逐渐被提高到国家文化战略的高度，无论是文学翻译、应用翻译，还是外交翻译，有关翻译的新现象、新问题层出不穷，学界应该及时提出与时俱进的新思想、新观点。就像我曾经所说的，"翻译活动在新的历史时期趋于复杂，出现了新现象、新问题，必然会催生新理论"（刘云虹、许钧，2023：11）。

第三，构建中国特色翻译理论一定要注重系统的、科学的阐释。"译学话语体系是译学言说自我的方式，是学科学术面貌的反映和理论水平的体现。"（蓝红军、许钧，2018：4）对于学者而言，掌握学术话语体系是其走向成熟的必经之路。而对于学科而言，建构出稳定的、专业的、系统的、科学的话语体系则是其在整个人类知识领域中拥有独立学科身份的标志。基于此，我们在探索中国特色翻译理论的时候，必须清楚地认识到中西之间、古今之间在文化传统和思维模式方面有很大的不同。例如，中国早期译论往往受中国文论的影响，重论点不重论证，重实用不重思辨，重体悟不重言说。中国传统译论通常以语词的形式概括，缺少系统性的解释，如"案本""善译""信达雅""神似""化境"等。这就导致这些话语和观点很难上升到理论的高度，很难具体地指导翻译实践。所以，现代学者在挖掘和再度阐释中国传统知识资源时，应当充分意识到中西在文化、思维以及表述方面的异同，不妨少一点悟性思维，多一点理性思维，提炼出有学理性、有规律性、体系化的理论。当我们遇到传统译论话语在概念范畴上存在不严谨的地方时，需要对其进行批判性思考；当传统知识范式与现代学术范式有较大差异时，需要进行创造性转化；当传统译论与现代理论存在断裂和分歧时，需要进行现代化阐释；当自我与他者碰撞时，需要有正确的认知，善于取其所长，补己所短。

改革开放以来，我见证了译学界从翻译有无理论的争论，到翻译理论有无中国特色的探讨，再到构建多元的、跨学科的翻译理论的努力。我们对于理论的认识不断提升，对理论的阐发日益深入。未来，我希望中国的翻译学者继续对理论研究葆有热情和动力，扎根中华文化，具备世界眼光，发出中国声音，完成新时代赋予我们的历史使命。

参考文献

陈寅恪. 金明馆丛稿二编. 北京：生活·读书·新知三联书店，2009.

方梦之. 跨学科创学之成败得失——66 种跨学科的翻译学鸟瞰. 外国语，2023（2）：79-87.

冯全功. 中国特色翻译理论：回顾与展望. 浙江大学学报（人文社会科学版），2021（1）：163-173.

桂乾元. 为确立具有中国特色的翻译学而努力——从国外翻译学谈起. 中国翻译，1986（3）：12-15.

何刚强. 自家有富矿，无须效贫儿——中国的翻译理论应当独树一帜之理据. 上海翻译，2015（4）：1-8.

蓝红军，许钧. 改革开放以来我国译学话语体系建设. 中国外语，2018（6）：4-9+15.

刘宓庆. 论中国翻译理论基本模式. 中国翻译，1989（1）：12-16.

刘宓庆. 翻译理论研究展望. 中国翻译，1996（6）：2-7.

刘云虹，许钧. 问题　理论　方法——关于翻译研究的对谈. 中国外语，2023（4）：1+11-16.

罗新璋. 我国自成体系的翻译理论. 中国翻译，1983（7）：9-13.

罗新璋. 译艺发端. 长沙：湖南人民出版社，2013.

潘文国. 翻译研究的中国特色与中国特色的翻译研究. 国际汉学，2020（S1）：5-37.

任文，等. 国家翻译能力研究. 北京：商务印书馆，2023.

孙致礼. 关于我国翻译理论建设的几点思考. 中国翻译，1997（2）：10-12.

王东风. 中国译学研究：世纪末的思考. 中国翻译，1999（2）：21-23.

习近平. 习近平在哲学社会科学工作座谈会上的讲话. 人民日报，2016-05-19（2）.

许钧. 坚守与求索：张柏然教授的译学思考与人才培养. 中国翻译，2018（3）：65-73+79.

张柏然，姜秋霞. 对建立中国翻译学的一些思考. 中国翻译，1997（2）：7-9+16.

张柏然，辛红娟. 译学研究叩问录——对当下译论研究的新观察与新思考. 南京：南京大学出版社，2016.

朱纯深. 走出误区　踏进世界——中国译学：反思与前瞻. 中国翻译，2000（1）：2-9.

（特邀编辑：王若菡）

建设中国特色翻译理论的必由之路
——学习"创造性转化和创新性发展"

潘文国*

摘　要： "创造性转化和创新性发展"是习近平文化思想的重要组成部分，是为继承和弘扬中华优秀传统文化量身定制的重要原则，又是对"继承"和"弘扬"提法的超越。"创造性转化"把"继承"的方法具体化了；"创新性发展"使"弘扬"的目标更明确了。"双创"为继承和弘扬中华优秀传统文化指明了新途径，也为继承和创新中国特色翻译理论指明了路径。发展中国译论，首先要认真梳理中国传统译学话语，实现创造性转化；其次，要在"两个结合"精神的基础上，面对当前现实，借鉴西方译论，实现传统译论的创新性发展，提出翻译理论建设的中国方案，为建设人类命运共同体服务。

关键词： 创造性转化；创新性发展；中国特色翻译理论

Title: The Guiding Principle of the Construction of Translation Theories with Chinese Characteristics—Thoughts on "Creative Transformation and Innovative Development"

Abstract: "Creative transformation and innovative development", an important part of Xi Jinping Thought on Culture and aiming directly at inheriting and carrying forward the fine traditional Chinese culture, is a better term than "inheritance" and "carrying forward", in that "creative transformation" is more concrete than "inheritance", and "innovative development" makes the goal of "carrying forward" more explicit. Putting together, they both have paved a new way for the cause of inheriting and carrying forward the fine traditional Chinese culture, including the culture of translation studies. For the construction of new Chinese translation theories, we must first practice "creative transformation" by seeking and sorting out the traditional discourses on translation, then realize "innovative development" by studying practical needs and absorbing merits from Western theories, based on the spirit of "two combinations" of combing Marxism with Chinese reality as well as fine traditional Chinese culture, and finally turn traditional Chinese translation theory into a modern one, thus making contributions to the building of human community with a shared future.

Key words: creative transformation; innovative development; translation theory with Chinese characteristics

　　2023 年 10 月，全国宣传思想文化工作会议提出了宣传思想文化工作的七个着力点，其中之一是"着力赓续中华文脉、推动中华优秀传统文化创造性转化和创新性发展"，

---

* 作者简介：潘文国，华东师范大学终身教授、博士生导师。研究方向：对比语言学、翻译学、中国文化对外传播等。电子邮箱：wgpan@hanyu.ecnu.edu.cn。

又一次把"创造性转化和创新性发展"（以下简称"双创"）提到了新时代文化建设的高度。"双创"是习近平文化思想的重要组成部分，是指导文化建设各个领域，包括翻译理论建设的重要指南。

一、"双创"的提出及其重要意义

"双创"最早是 2014 年 2 月 24 日习近平总书记在主持十八届中共中央政治局第十三次集体学习时提出的。他指出，"要处理好继承和创造性发展的关系，重点做好创造性转化和创新性发展"（习近平，2014：164）。后来"双创"被正式写入了 2017 年 10 月的十九大报告："文化自信是一个国家、一个民族发展中更基本、更深沉、更持久的力量。必须坚持马克思主义，牢固树立共产主义远大理想和中国特色社会主义共同理想，培育和践行社会主义核心价值观，不断增强意识形态领域主导权和话语权，推动中华优秀传统文化创造性转化、创新性发展，继承革命文化，发展社会主义先进文化，不忘本来、吸收外来、面向未来，更好构筑中国精神、中国价值、中国力量，为人民提供精神指引。"（习近平，2020：18）

从 2014 年以来的 10 年时间里，习近平总书记曾多次提及"双创"。学习这些年来关于"双创"的论述，我有三点感受。

第一，"双创"把弘扬中华优秀传统文化提到了新高度，指明了新途径。就在提出"双创"的 2014 年那次讲话中，习近平总书记说："抛弃传统、丢掉根本，就等于割断了自己的精神命脉。博大精深的中华优秀传统文化是我们在世界文化激荡中站稳脚跟的根基。中华文化源远流长，积淀着中华民族最深层的精神追求，代表着中华民族独特的精神标识，为中华民族生生不息、发展壮大提供了丰厚滋养。"（习近平，2014：164）把中华优秀传统文化看作中国人的精神命脉和立足世界的根基，这种提法在以前很少见。而"创造性转化"和"创新性发展"这对术语就是为弘扬中华优秀传统文化量身定制的。这一提法，比以前单纯地提"继承和发展""传承和弘扬"要明确得多，也具体得多。"创造性转化"要使传统现代化，这就比光讲"继承""传承"要好；而"创新性发展"则强调了传统不是一成不变的，也要与时俱进，这更是使弘扬有了目标，有了方向。

第二，"双创"是实现"两个结合"的必由之路。把中华优秀传统文化看作中国人的根基和精神命脉是传承弘扬中华文化的第一步，第二步就是把中华优秀传统文化与建设中国特色社会主义结合起来，提出中华优秀传统文化是"中国特色"之源。2021 年 3 月 22 日，习近平总书记在访问武夷山朱熹园时有一段振聋发聩的讲话："如果没有中华五千年文明，哪里有什么中国特色？如果不是中国特色，哪有我们今天这么成功的中国特色社会主义道路？我们要特别重视挖掘中华五千年文明中的精华，把弘扬优秀传统文化同马克思主义立场观点方法结合起来，坚定不移走中国特色社会主义道路。"（习近平，2022：315）党内外、社会各界和学术界讨论了多年的"有没有中国特色、要不要中国特色、什么是中国特色"等问题，到此就有了圆满的结论。习近平总书记不仅肯定了"中国特色"，而且明确指明了"中国特色"的来源。同年7月1日在庆祝中国共产党成立100周年大会上的讲话中，习近平总书记就正式提出了"两个结合"的思想："坚持把马克思主义基本原理同中国具体实际相结合、同中华优秀传统文化相结合。"（习近平，2022：10）在2023年6月2日的文化传承发展座谈会上，习近平总书记不仅对中华优秀传统文化的特性做了深刻阐发，更对"两个结合"特别是"第二个结合"的重大意义做了深入论述，指出这"'第二个结合'是又一次的思想解放，让我们能够在更广阔的文化空间中，充分运用中华优秀传统文化的宝贵资源，探索面向未来的理论和制度创新"（习近平，2023：8）。而在这次座谈会上，总书记再次提到"双创"："只有全面深入了解中华文明的历史，才能更有效地推动中华优秀传统文化创造性转化、创新性发展，更有力地推进中国特色社会主义文化建设，建设中华民族现代文明。"（习近平，2023：4）可以说，"双创"和"两个结合"已成了当今时代的主题，而"双创"就是实现"第二个结合"的必由之路。

第三，"双创"也就是"讲好中国故事，传播好中国声音"。这"两好"的提出比"双创"略早，是习近平总书记在2013年12月30日十八届中共中央政治局第十二次集体学习时提出的，实际应该是"三好"——"要加强国际传播能力建设，精心构建对外话语体系，发挥好新兴媒体作用，增强对外话语的创造力、感召力、公信力，讲好中国故事，传播好中国声音，阐释好中国特色"（新华社，2014），可说是"双创"的前身。"双创"向上是传承，向外是"传播"，关键是"讲好"，也就是"转化"，与"两好"完全是一致的。"两好"是更通俗化的说法，而"双创"更具学理性。"两好"提出了构建对外话语体系的问题，这就与中国传统翻译话语的建设产生了关系。"双创"的结果要为"两好"乃至"三好"服务，也就是说，"中国传统翻译话语的创造性转化和创新性发展"最终不仅是要建设具有时代特色、中国特色的中国译论话语体系，也要与世界译学对话，发出中国译学的声音。这是时代赋予我们的使命。

二、深入理解"双创"

"双创"的提出已有10年的历史。到底什么是"创造性转化"和"创新性发展"？认真学习10年来的相关论述，我觉得有两段话讲得最清楚。一段是2014年9月24日习近平主席在纪念孔子诞辰2565周年国际学术研讨会开幕会上说的："要坚持古为今用、以古鉴今，坚持有鉴别的对待、有扬弃的继承，而不能搞厚古薄今、以古非今，努力实现传统文化的创造性转化、创新性发展，使之与现实文化相融相通，共同服务以文化人的时代任务。"（习近平，2017：313）另一段出自2016年5月17日习近平总书记在哲学社会科学工作座谈会上的讲话："要加强对中华优秀传统文化的挖掘和阐发，使中华民族最基本的文化基因与当代文化相适应、与现代社会相协调，把跨越时空、超越国界、富有永恒魅力、具有当代价值的文化精神弘扬起来。要推动中华文明创造性转化、创新性发展，激活其生命力，让中华文明同各国人民创造的多彩文明一道，为人类提供正确精神指引。要围绕我国和世界发展面临的重大问题，着力提出能够体现中国立场、中国智慧、中国价值的理念、主张、方案。"（习近平，2017：340）

据我的理解，上述前一段话解释了之所以要"创造性""创新性"，是为了防止滞古、泥古、食古不化，后一段话则具体阐释了实行"双创"的方法。后一段话中"要推动中华文明创造性转化、创新性发展"的前后句子正是对"双创"具体内容的阐发。前面讲的就是"创造性转化"："加强对中华优秀传统文化的挖掘和阐发，使中华民族最基本的文化基因与当代文化相适应、与现代社会相协调，把跨越时空、超越国界、富有永恒魅力、具有当代价值的文化精神弘扬起来。"其中有五个关键词："挖掘、阐发、适应、协调、弘扬"。而后面讲的就是"创新性发展"："激活其生命力，让中华文明同各国人民创造的多彩文明一道，为人类提供正确精神指引。要围绕我国和世界发展面临的重大问题，着力提出能够体现中国立场、中国智慧、中国价值的理念、主张、方案。"核心是"同各国人民创造的多彩文明一道""围绕我国和世界发展面临的重大问题""提出中国主张和方案"。这就是"双创"研究的具体路线图。

总体来看，"双创"实际上提出了五项具体要求。前两项由"创造性转化"提出：挖掘、阐发；适应、协调、弘扬。后三项由"创新性发展"提出：同各国创造的文明一道，这是吸收外来智慧的问题；围绕中国和世界发展面临的重大问题，这是时代性和现实性的问题；提出中国主张和方案，这是"双创"的最终目标。

三、"双创"与中国特色译论的建设

把"双创"的要求落实到中国译论的建设上，我想同样可以从这五个方面打开思路，明确具体的方法和途径。

（一）挖掘和阐发中国传统译论的优秀资源

首先要展开对传统译学资源的发掘。2023 年 11 月 24 日，习近平主席向世界中国学大会·上海论坛致贺信，提出："溯历史的源头才能理解现实的世界，循文化的根基才能辨识当今的中国。"（新华社，2023）建设当代中国翻译理论也是如此，首先要充分重视对传统译学思想的发掘和阐发，否则谈不上继承和转化。20 世纪在这方面最早的开拓者是梁启超和陈寅恪。梁启超先后于 1920 年与 1921 年写了《佛典之翻译》与《翻译文学与佛典》二文，后收入他的《佛学研究十八篇》。陈寅恪分别于 1930 年、1933 年写了

《〈大乘义章〉书后》《支愍度学说考》《〈几何原本〉满文译本跋》等多篇文章，分别收入他的《金明馆丛稿初编》和《金明馆丛稿二编》。改革开放以后翻译研究得到重视，先后有马祖毅的《中国翻译简史——"五四"以前部分》（1984）、罗新璋的《翻译论集》（1984）、陈福康的《中国译学理论史稿》（1992）等专著或资料集出版。进入21世纪以后，上述三位的书都有了新版，此外，更出现了一些新的专题著作和资料集英译著作，例如王铁钧的《中国佛典翻译史稿》（2006），张佩瑶的《中国翻译话语英译选集》（2010），朱志瑜、黄立波等的《中国传统译论——译名研究》（2013）等，而以朱志瑜、张旭等编的六卷本《中国传统译论文献汇编》（2020）为集大成之作，其中第一卷主要是传统部分。

对上述成果我有两点看法。

第一，上述成果涉及资料性和研究性两类著作，对于研究者来讲，哪一类更重要？无疑是资料性的，因为只有从原始的第一手资料入手，深入发掘，才能得出自己的结论。研究性著作是学者运用相关资料以后，深入思考，得出的自己的结论。这些结论可能会引向正确的方向，也可能会误导人。这不能说是作者有意的，因为从研究的本质来说，尽管材料是客观的，但由于使用者有不同的理解、选择、解释，甚至先入之见，其结论却必然是主观的。因此把研究性著作引用的材料当作资料时一定要慎重，特别是只引用只言片语时，就更要设法回到原始材料，结合上下文及时代背景来重新思考。

第二，中国古代典籍浩如烟海，再怎么收集也难以穷尽，比如佛经翻译的材料有相当部分来自《出三藏记集》和四大《高僧传》的"译经"，但再全的资料集也不可能把其中的篇目全收（因为有的只有寥寥数言涉及翻译）。何况还有《高僧传》"译经"以外的部分，以及《高僧传》以外的大量材料，都需要认真收集。而收集之后重要的就是鉴别、选择和扬弃。我的《中籍英译通论》中有两章（第四、五章）是讲"中国翻译与中国翻译理论简史"的，材料有许多是别人用过的，也有我自己寻找的。经过重新解释和梳理，我得出了与前人不完全相同的结论。这两章写了十几万字，实际是重写了一部中国翻译学史。

（二）对传统译论和译学话语进行现代化阐释

这也是"双创"中"创造性转化"的核心内容——"转化"。只有经过"转化"的传统文化才能为今天所用。所谓"转化"是在正确理解原典的基础上，用现代人懂的话语来解释和传播，以便更好地被接受。所谓"创造性"说明这不是一件简单的事，需要下功夫。从翻译学角度来讲，这本身也是一种翻译，即所谓"语内翻译"。许多人觉得语内翻译很容易，其实不然。由于历史和文化语境的隔阂，现代人理解古代话语，并不比理解外语容易。在这方面我们其实是有过教训的，也就是百年来一面倒的"以西律中"。20世纪以来，在一浪高过一浪的"西化"浪潮冲击下，所谓"整理国故"，所谓"重建中国文化史"，事实上就是用西方的学术体系、学术话语，把中国古代的学术体系打乱重组。说得好听些，是使中国学术融入了世界；说得不好听些，便是使中国学术成了西方学术的旁支和注释。这是整个中国社科学术界的情况，而不仅仅是翻译界的现象。例如用西方总结的社会发展史观来解释中国社会发展史，硬要从中寻找奴隶社会，而把中国的"封建社会"无限拉长；文学上用简单的"现实主义—浪漫主义"两分法去解释中国历史上的文学家和文学作品；哲学上则将西方的唯心主义、唯物主义、自然主义、不可知论、神秘主义等术语去一一套在中国古代的思想家头上，从而把一部中国思想史变成了西方哲学史的儿童版（所谓"朴素"的辩证法、"朴素"的唯物主义之类，看似谦虚，实是自我贬低）。在翻译研究上影响最大的莫过于用"直译—意译"去解释中国历史上的"文质之争"，以及对"信达雅"的逐步消解，最后变成幼稚的"忠实、通顺"的翻译标准。我曾发表过多篇文章讨论这两个现象，例如《译学研究的哲学思考》《中国译论与中国话语》等，这里就不展开了。

那么，怎么进行真正的转化？我的体会是，第一就要避免以西律中，避免西方话语权支配下的"格义"式研究。第二就要回到中国历史和现实的语境，发现真问题，做出新解释。我的五万字长文《翻译研究的中国特色与中国特色的翻译研究》就是这样的尝试。我在梳理了汉唐以来数千年翻译史的基础上，总结出"立高标""正译名"和"重文采"三个"翻译研究的中国特色"，通过中国历史上四个时期的翻译理论与实践予以验证，并且从历史、文化和语言的背景论述了这些何以是翻译研究的中国特色，最终在这三个特色的基础上提出了中国特色的翻译理论——文章翻译学。

（三）了解、研究西方译论中的精华，通过比较进行吸收和融合

在谈到"创新式发展"时，习近平总书记提到了中国传统文明要与世界各国创造的文明一道，为人类提供正确的精神指引。可见中华优秀传统文化的创新式发展并不局限于中华文明自身的发展，还要吸收各国文明的长处。对于译论建设而言，我们不但要继承并发扬中国优秀译论的传统，也要从外国古代和当代的译论中汲取于我有用的精华。在《中籍英译通论》一书中，我除了用两章的篇幅梳理了中国的翻译和译学史外（其中20世纪以来的译学理论发展史用了与前人完全不同的视角），也花了一章（五六万字）的篇幅重新梳理了西方翻译学史，不仅对西方翻译学史进行了重新分期，还特别着重发掘各时期翻译理论家的独特贡献、对其前人的超越和自己的发明，从中吸取有益的观点作为我自己创建新理论的依据和旁证。该书中提到的启发不少，这里我想提出对我来说最重要的两条。一条是当代翻译理论家勒菲弗尔（Lefevere, 1990）最早提出并得到康诺利（2004）、弗米尔（Vermeer, 1992）等支持的观点，即西方社会自古以来就是个双语社会。这使我联想到，中国社会自古以来直到20世纪初都是个单语社会。这正是以"忠实论"和"直译—意译"为代表的西方译论传统，以及以"文质之争"为

代表的中国译论得以产生的社会基础。另一条是西方当代译论的先驱霍姆斯（Holmes, 1988: 101）针对西方译论两千年来追求的 "identity—sameness—equivalence" 提出的 "correspondence, or matchings"（对应或匹配）的概念，作为他对翻译研究的期望。可惜几十年过去了，他的这个期望在西方似乎没有得到呼应，而我却发现他的主张与多年后文章翻译学提出的 "译文三合义体气" 不谋而合。我对 "三合" 的 "合" 的解释就是 "对应、匹配"（潘文国，2014: 95），而其英译文也正是选择了 "matching" 这个词。

这个事实告诉我们，对于外来的理论，全盘吸收固然不对，完全排斥也没有必要，最好的办法是择善而从。这就要求在继承传统、实现创造性转化的同时，也要认真研究外国理论及其发展，从中寻找于我们有用的东西。

（四）当代翻译发展现状和对翻译理论的期望

双语社会和单语社会概念的提出对翻译理论的产生有重要的解释意义。双语社会的最大特点是，翻译是做给懂原文的人看的；而单语社会的最大特点是，翻译是做给不懂原文的人看的。双语社会的译者、读者以及评论者大多懂双语，在翻译和评论过程中头脑里常有双语在比较，在转换。这就是 "忠实" 论、"模仿" 论、"直译" 论、"竞赛" 论、"超越" 论，乃至 "隐身" 论、"异化" 论等产生的土壤，从而形成了西方的译学传统。而单语社会的读者大多不懂外语，译者和评论者所懂亦有限，常需要源语①者的帮助才能完成翻译（这也是中国翻译史上合作翻译特别多的原因），因而其译论重在文化的传播及其效果，语言只是一种媒介。这是中国古代 "文质之争" 的由来，由此形成了中国传统译论。当代社会是个什么社会呢？我曾经提到，19 世纪 20 世纪之交对中国翻译研究来说是个转折点，在那以前中国还是个单语社会，因此严复的译论基本上还是单语社会的译论，"信达雅" 可说是传统译论的殿军；但严复时代懂外语的知识分子开始多起来了，有了双语社会的萌芽，因而 "信达雅" 又是新式译论的开端。进入 20 世纪以后，由于大量留学生回国，占领了翻译和翻译评论的舆论阵地，中国进入了一个准双语社会。因而整个 20 世纪西式译论占据了主流，而中国传统译论则成了暗流，只是因为译者自身知识修养中难以摆脱的文化背景不自觉地反映了出来。

这一情况正在起变化，中国和世界的翻译出现了两大变化。在中国，以往的 "译入" 为主变成了 "译出" 占重要地位；在世界上，以往由英语出发的 "译入" 虽然还占主要地位，但正如勒菲弗尔指出的，由于美国英语的 "一超独霸"，世界正变成一个 "准单语社会"。中国的崛起和影响的扩大，使从中文出发的 "译入" 需求将越来越大，特别是在共建 "一带一路" 的背景下，从而形成另一种 "准单语社会"。这些情况合在一起，就使 "准单语社会" 正成为世界的主流。与此相应，世界正呼唤 "准单语社会"

---

① "源语" "原语" 在学界通用，本书中尊重各作者的用词习惯，各文自行统一用词。

的翻译理论。"准单语社会"的翻译更重视翻译的效果和读者的接受，更重视文化的传播而不是语言的转换，这正是 20 世纪 90 年代以来翻译的文化转向产生的时代背景。而进入新时代的中国，从自身的发展需求出发，也更期望能产生服务于这个"准单语社会"的翻译理论。

（五）建设具有中国特色的新时代中国译论和译学话语体系

2017 年在接受一次访谈时，我说过这么一句话："立足当前实践，继承中国传统，借鉴外国新知，发展中国学术。这才是中国学术发展的根本之路。"（赵国月等，2017：10）后来出版的《中籍英译通论》里，我把第一句改成了"立足时代需要"（潘文国，2021：337）。现在看来，这四句话与"双创"的精神是完全符合的，即前文所说的五项具体要求。"立足时代需要"就是我所理解的"双创"精神的第 4 条，"借鉴外国新知"就是第 3 条，"继承中国传统"就是第 1、2 条，只是"双创"把"转化"的要求说得更明确了，而"发展中国学术"就是第 5 条。文章翻译学正是在这个背景下产生的。它更多地继承了中国译论传统，因为两者同样较多以单语社会作为背景，所以更为亲近；它也从国外译论中较多地吸收了国外文化学派的观点，因为后者同样是"准单语社会"的产物。

参考文献

Holmes, J. *Translated! Papers on Literary Translation and Translation Studies*. Amsterdam: Rodopi, 1988.

Lefevere, A. Translation: Its Genealogy in the West. In Bassnett, S. & Lefevere, A. (eds.). *Translation, History and Culture*. London: Pinter Publishers, 1990: 14-28.

Vermeer, H. J. *Skizzen zu einer Geschicte der Translation*. Frankfurt: Verlag für Interkulterelle Kommunikation, 1992.

康诺利. 圣经是怎样写成的. 杨道，译. 北京：世界知识出版社，2004.

潘文国. 译文三合：义、体、气——文章学视角下的翻译研究. 吉林师范大学学报（人文社会科学版），2014（6）：93-101.

潘文国. 中籍英译通论. 上海：华东师范大学出版社，2021.

习近平. 习近平谈治国理政. 北京：外文出版社，2014.

习近平. 习近平谈治国理政（第二卷）. 北京：外文出版社，2017.

习近平. 习近平谈治国理政（第三卷）. 北京：外文出版社，2020.

习近平. 习近平谈治国理政（第四卷）. 北京：外文出版社，2022.

习近平. 在文化传承发展座谈会上的讲话. 新长征，2023（10）：4-9.

新华社. 习近平在中共中央政治局第十二次集体学习时强调 建设社会主义文化强国 着力提高国家文化软实力. 人民日报，2014-01-01（1）.

新华社. 习近平向世界中国学大会·上海论坛致贺信. 人民日报，2023-11-25（1）.

赵国月，周领顺，潘文国. 翻译研究的"中国学派"：现状、理据与践行——潘文国教授访谈录. 翻译论坛，2017（2）：9-15.

（特邀编辑：朱含汐）

翻译大变局与中国学者的理论自信谫谈

——兼议许渊冲八字释翻译之意涵

何刚强*

摘　要：中国改革开放凡四十余载，创造了发展奇迹，一跃成为世界第二大经济体。奇迹的背后，翻译发挥了重塑中国的开路作用。但是，我们应当意识到过去几十年的翻译大多为外译汉，而进入新时代的中国，汉译外已成为翻译的主项，我们的翻译思维当随之调整。今天无论在理论还是实践上，中国译界都正面临如何与时俱进的新挑战，急需翻译理念与策略的鼎新。为此，中国的翻译学者在借鉴西方译论的同时，更应侧重从中国的文化与文论典籍中去深入发掘相关的论述，去获取智慧与灵感，助力翻译理念与范式的创新，以适应翻译的新变局。在这方面，已故翻译巨擘许渊冲先生的翻译思想与成就给我们提供了一个典范。

关键词：理论自信；翻译的新"境""界"；外译汉；汉译外；许渊冲翻译思想

Title: Embrace the Changing Landscape of Translation with Emboldened Confidence in the New Era: Taking Xu Yuanchong's Translation Concepts as Exemplary Guidance

Abstract: China's reform and opening-up policy in the past forty years and more has made wonders, rendering the country the second largest economy in the world. Behind this miracle is, among other things, translation that has played a pivotal role in starting China's monumental self-reinvention. Looking back, however, we realize that the lion's share of the translation in the past several decades is endotropic in nature. Now we have entered a new era in which exotropic translation becomes a major endeavor, calling for a new translation mindset. Translators are in need of fresh principles and strategies to cope with the mounting challenges technically and otherwise. To dish out new concepts of translation in the new era, we have to turn to Chinese cultural and literary classics for wisdom and inspiration, soaking up enlightening gems, so to speak, that could help form fresh translation concepts to fit the new translation landscape. In this respect, the late Xu Yuanchong's translation thinking and achievements could offer us much food for thought.

Key words: theoretical confidence; the changing landscape of translation; endotropic translation; exotropic translation; Xu Yuanchong's translation concepts

一、引言

改革开放 40 多个春秋，我国的翻译事业（包括翻译教育与研究事业）获得了空前

---

*　作者简介：何刚强，复旦大学外国语言文学学院教授。研究领域：翻译理论与策略。电子邮箱：gqhe8@fudan.edu.cn。

的发展，相关论著可谓汗牛充栋。然而细察其中，一个突出的现象不容忽视：这期间，我国的主流翻译理论基本都是从西方引进的，换句话说，我国翻译研究取得的丰硕成果，大多依赖于西方翻译理论的支撑。一个明证就是：迄今为止，我国翻译学者所撰绝大多数文章、著作后附的重要参考文献基本来自或引自西方学者的研究成果。诚然，这种情况的出现有其历史与现实的必然性与合理性。

曾记否，20 世纪 80 年代末，我国的翻译学者发现，国外特别是西方的翻译理论已经得到了极大的发展，相关文献令我们顿觉目不暇接。盖因我们与外界隔离已久，"理论补课"遂成为第一要务。与此同时，改革开放，发展经济，追赶世界，我国急需引进西方的科技、经管、金融、贸易、文教等各个领域的先进理念与相关信息，以直接有效地为我国新的建设和发展事业提供借鉴与参考。现在回过头来看，我国相当长一段时期的翻译理论"补课"与当时改革开放、向外部世界学习、从外部世界大量引进的大势是合拍的。

再往前追溯，晚清以降的 100 多年，一部中国近现代的翻译史，总体而言就是一部外译汉的历史，是一部主要"向别国索取东西"，而不是"给予别国东西"的历史。在这样的格局之下，中国翻译的理论研究当然也只能是以学习甚至依附外国的相关理念为主，"理论自信"一说根本摆不上台面，也不具备生长的土壤。

星移斗转，从 21 世纪开始，中国的经济、科技等事业在规模与水平上开始显著提升，国力大大增强，进而一跃成为世界第二大经济体。中国国际影响力的日益扩大，也使中国的文化随着各种资讯的对外传播而开始大量外涌，被有意无意地传播至世界各地。与此同时，一方面，外部世界也出现了越来越多了解中国历史、文化、国情与现状的需求；另一方面，中国各个领域也产生了主动向世界宣介自身的动力。中国开始通过翻译主动"给予别国"（与外国人分享）属于自己的东西，而且这种逆向翻译渐成主流。

二、逆向翻译呼唤理念与研究范式的鼎新

在这个逆向翻译（汉译外）实践的过程中，我们不难发现，以往我们所熟悉的翻译原则或理论不够用，甚至用不上了。大规模、全方位且与日俱增的汉译外实践已经使越来越多的译学界人士体悟到，当今的汉译外所派生出的许多问题、难题要处理得好，或者说各个领域里的汉译外要真正达到最佳效果，是一件极不易做得圆满的事。主要原因在于，这个逆向翻译频频因两种语言的不对称、文化上的难兼容而引起冲突，其尖锐程度有时会远超外译汉，也常常使得翻译的处理更为棘手。这方面的例子可谓俯拾皆是。就拿"江山"一词做个例子，它在英文里起码可以对应五个不同的意思（图 1），在翻译过程中需要精准拿捏。

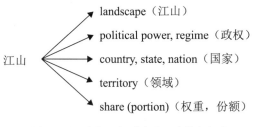

图 1 "江山"一词对应的五个英文解释

此外，在具体的语境中，对"江山"的处理可能还要做灵活的变通方能妥帖传达出其含义，因为在许多情况下，文句不仅表层结构与深层结构有区别（surface structure vs. deep structure），表层对应与深层意指也会有不同（surface equivalent vs. deep implication）。这种区别往往需要译者细致体悟方能把握，从而给出符合逻辑的译写对应，试比较：

> 原文：江山就是人民，人民就是江山。
> 译文 1：The country is the people and the people are the country.
> 译文 2：The nation is composed of people, and people are all that matter to the nation.

译文 1 只顾及文句的表层结构与意涵，未能准确达意，译文 2 则较好把握住了原句的深层意涵。面对层出不穷的诸如此类的具体翻译问题，我们的翻译工作者，尤其是翻译学者与相关的翻译教师，都应对汉译外问题重新进行一番深入的思考，以求总体上的一个解决之道。我认为今天的中国翻译学者无论是在理论层面还是在实践层面都需要特别注重以下两点：

第一点是翻译理念更新，它要求我们的翻译学者以智慧的眼光看待西方的相关理论，即虚心学习但不盲从，择其善者而借鉴之；同时眼睛向内，从中国丰富的传统文典中去挖掘、发现有价值的与翻译相关的理论遗产，推陈出新。

第二点是研究范式转换，它要求我们的翻译学者努力以中国的翻译理论来阐述中国的翻译实践，以中国的翻译实践来丰富中国的翻译理论，也就是要在我们脚踏实地的翻译实践基础上，真正用实际的作为来逐渐树立起我们的翻译理论自信。

三、清醒认识当代翻译的"境""界"之嬗变

面对新的翻译现实，三四十年前的所谓"翻译理论补课"当然不再是我们的主要关注点，而"翻译理论鼎新"倒是成了一个我们不能回避的任务。事实上，从一个更宽阔的视角来审视问题，新时代我们面临的已经是一个翻译的全新"境""界"。

（一）"境"之变

第一，翻译处境已经由被动转为主动。以前我们做翻译，基本目的是向别人"索取"可资利用借鉴的东西，处境当然是被动的。现在我们是通过翻译积极向外部世界提供、传播中国特有的物质与精神产品，开始处于翻译的主动地位。

第二，翻译语境不再主要囿于文学领域。长期以来，外国文学的翻译在我国始终是翻译的主项，因而文学翻译家在我国翻译界主领风骚也是一个不争的事实。如今，虽然文学翻译依然保持其影响力与吸引力，但外国文学翻译一家独大的格局已不再，外国文学的译入与中国文学的外译现在是并驾齐驱，而且后者的分量有不断上升的趋势。从一个更大的格局看，文学翻译比重的减少，非文学翻译（包括各类应用翻译）比重的显增是有目共睹的现实。

第三，翻译场境闯入两位新锐玩家，分别是人工智能与大数据，使得chatbot（聊天机器人）的横空出世成为可能。以前我们所熟悉的翻译场境构成无非就是原作与译作、作者与译者，关系相对比较简单。翻译之中的所有问题、争论都源自这两对关系的处理过程，由此产生的许多翻译理念、原则、方式方法等成为我们做翻译的一般准绳，这也是事实。然而，由于近些年来人工智能与大数据对语言与翻译领域的强势介入，它们俨然成为闯入翻译场境的新锐玩家。现在看来，我们根本赶不跑它们，我们只能接受它们，并要努力与它们和谐相处，共谱翻译的新型图景。在这个过程中，一定会产生一系列涉及翻译本质、翻译伦理、翻译理念等方面新的乃至带有颠覆性质的问题需要我们思考与对待。我认为，面对这两位新进来的玩家，我国的翻译（教育）与研究界要给予高度的重视，合力形成积极的对策。解决问题的关键在于人机的合理分工，在于翻译人的智慧、灵感与独有的艺术之魂仍然占据翻译的主导地位。

（二）"界"之变

第一，翻译的疆界已经大大拓展。过去我们谈论何谓翻译，只说它是把一种语言的意思用另一种语言来表达。现在我们对于翻译的理解早已越出语言的边界。今天的翻译不仅与语言相关，还与其他表现形式相关，翻译的定义也因此有了更大的包容性：将一本20万英文单词的技术资料译写成6万字加20张图表的小册子是翻译，将莎士比亚的戏剧移植成为中国的京剧，将中国典籍《论语》以英文的绘本推出，将越剧《梁山伯与祝英台》改编成一部交响乐，等等，也都可以视为翻译。翻译的广义性正在多媒体与新技术时代得到生动的印证。

第二，翻译的界限划分越来越细。由于自然科学、技术科学、社会科学及人文科学的各自分叉发展，邃密群科显得越来越庞杂与精细。每一派生出来的学科新枝干一般都会划定自己特有的领地，因而也同时有自己专门的翻译要求。术业不同，术语各异，对于相关的翻译人才当然也就有不同的资质期待。

第三，翻译的跨界成为司空见惯的现象。翻译与翻译研究的跨界现象已逐渐成为一种常态。本来，做翻译的人就需要具备一定的杂学知识，这就意味着一定程度上翻译的默默跨界（包括学问跨界、知识跨界、思维跨界等）不可避免。而今天随着新文科建设的兴起与交叉学科（新型一级学科）的正式登场，翻译与翻译研究的跨界性质会更加凸显，而这种跨界将导致的最终图景（包括语言和翻译专业及相关教师是否会转移到新的安身立命之处）我们现在恐怕还无法预料。根据教育部相关文件精神，新文科建设是指哲学社会科学与新一轮科技革命和产业变革交叉融合形成的交叉学科、交叉融合学科及交叉专业的建设工作。国务院学位委员会颁布的首批交叉学科，即"国家安全学"与"集成电路科学与工程"，就具体体现了我国的高等教育与学科建设的与时俱进。近年来，香港科技大学广州校区的学科模块式设计的推出，对于翻译在实践与理论上的未来普遍性跨界或许也是一种范式先兆，值得我们继续关注。

要而言之，翻译的新"境""界"也必然催生翻译的新理念、新理论。

四、树立中国翻译理论自信的三个前提

我国的翻译工作者正是在上述翻译大变局之下承担起对外讲好各种中国故事的使命的。与此同时，翻译工作者还要努力以中国翻译的全新实践为鼎新中国的翻译理论提供真切的理据，以至于最终要以新的理论来阐释新翻译实践的合理性。我们所谓的翻译理论自信也最终将在这个过程中树立。而要真正树立起中国翻译的理论自信，我认为还必须有三个前提。

（一）要尽力包容、借鉴（吸收）国外相关译学理念

各国的语言不同，相互之间的转换亦即翻译是必不可少的。在这方面，国外学者特别是西方学者有长期的实践与研究，留下了丰富的相关原则、理念与理论，可资我们学习、吸收或借鉴。我们的理论自信绝对不是要排斥别人的理论，而恰恰是要继续虚心认真地学习、吸收、借鉴别人的理论。做不到这一点，我们的理论自信就会陷入狭隘思维而行之不远。强调这个前提，就是强调我们应当对西方翻译理论做到包容与吸收兼具。

十分要紧的是，须真正读懂、弄通西方的经典译论之精髓、要义，进而消化，或择善而从，或批判性地接受。这应该是我们对待西方翻译理论的正确态度。据我的观察，国内的翻译研究界与翻译教育界在学习、传授西方翻译理论方面确实有不尽如人意之处，如因浅尝辄止而不得要领，因泛泛查阅而出现误读误解，更因学风浮夸而闹出新版"郢书燕说"。这些都是我们需要竭力避免的。总之，对于外来的译论，我们一定要认真学习、研究，得其精髓，为我所用。这是要下功夫的，而认真阅读与消化原著（而不是

原著译本）怎么强调都不会过分。

（二）要合力聚焦、研究当今的新型翻译实践

一般而言，实践总是走在理论之前。我们要树立翻译的理论自信，首先要积极面对我国新时代已经大量涌现出来的新的对外翻译实践，主动接触各方面或各领域的对外翻译的处理方式方法，仔细观察当今各种媒体千姿百态的翻译景观，尽可能多阅读或浏览相关的文献对外翻译的实例（这当中有众多的译例是国外同行提供的）等等，这些翻译的新感知会为我们的翻译新思维或新悟道带来新启示。

翻译学人不仅要观察别人今天怎么在做翻译，自己也一定要有相当程度的亲力亲为才行。回顾我国老一辈的翻译大牌学者，他们不仅留下宝贵的翻译理论遗产，而且个个都是翻译领域的骁将，多能"左右开弓"，大量佳译至今让读者赞叹不已。他们当中有些还是学术界的山斗，如钱锺书、王佐良、陆谷孙等。

同时，非常重要的一点是，我国翻译研究界与翻译教育界一定要正视这样一个现实：在多媒体、多模态信息传播的背景下，翻译的形态早已告别了单调的纯语言表述模式。当年欧洲著名语言学家罗曼·雅各布森（Roman Jakobson）提出的符际翻译概念在当今世界获得了前所未有的用武之地，也带来了这个概念的内涵新延伸。面对海量的文学与非文学翻译，只要我们下点功夫，就不难发现，新时代对外翻译的丰富实践与实例正在无声地但又非常确切地告诉我们：翻译的意涵已经大大扩充，何为翻译，在今天绝对需要重新定义。这其中相当重要的，也可能至今尚未引起我国译学界与翻译教育界普遍重视或关注的是，即便是翻译的纯文字处理，在许多情况下也并非只靠"译"就能成其事，而是需要"译"与"写"双管齐下方能有效传递原文的神与魂。

认真聚焦、研究当今翻译的新景观，毫无疑问会触发我们对于翻译本质性问题的再思考。翻译的理论自信必须建立在对翻译新现实认知的基础之上，而这或许会引发我们对以往一些固有翻译理念的重新审视。例如，所谓翻译的"原汁原味"之说是否值得商榷，至少"汁"与"味"还得要区分开来；再如，对于翻译的"忠实"观或忠实原则在今天是否需要一种更具包容性的理解与阐述，以适应新的语言与文化对外交流的现实需要。这就要求我们的翻译理论工作者进行踏踏实实的思考与探索，从大量鲜活的、有说服力的翻译实践材料中总结、梳理或整理出新的且是管用的翻译原则、理念乃至理论。中国翻译的理论自信一定要在一步一个脚印的基础上才能逐步树立起来。实事求是地说，目前我国翻译理论研究界对此恐怕还真谈不上有普遍的、认真的关注，主流的翻译研究文著对此的着墨似乎并不多。

（三）要努力探寻、获取中华传统文化智慧灵感

在聚焦与研究当今中国主流翻译新实践的基础上，思考乃至梳理、总结出新的翻译

理念，这对我国的翻译理论工作者来说是一项富有挑战性的任务。我们当然可以继续寻觅、借鉴西方一些相关的、有参考价值的论述和观点为我所用，但在我看来，这方面真正有用的存量已不多，我们急需新的理论开源。

既然我们的任务是创建有中国特色的并能更好地服务于对外传播与翻译中国资讯与文化的理论，我们完全可以从中国的传统文字、文化、文论（我这里指的是广义的文论，包括艺术、书画论等）中，从中国的传统文章学中汲取智慧，激发起有意义的想象或联想。这些中国传统的文字、文化、艺术典籍是一个巨大的富矿，至今在我国的翻译研究界少有人去系统探宝。而在这方面，我国已故翻译巨擘许渊冲先生为我们树立了一个令人折服的榜样。

五、对许渊冲八字释翻译的解读

许渊冲先生可谓是我国翻译界的旷世奇才，译作远超"等身"的程度，而且跨数种语言，还善于"左右开弓"（即外译汉与汉译外都能手到擒来），其翻译速度之快、质量之优、效率之高，少有人能与之比肩。他所译的大多为中外名家巨著或世代不朽经典，其译笔之锋利，译思之敏锐，达意之传神，都值得我们后世翻译学人追摹。许先生的翻译功夫了得自不必说，而其翻译思想的火花四溅，翻译智慧的灵妙独到，更为他伟大的翻译生涯增添了神奇色彩。特别值得称道的是，许渊冲先生在论及其翻译之道时，似乎从不像其他一些学者那样喜欢引用西方的有关理论来为自己的观点做支撑，而是立足中国的翻译实际，借鉴中国传统文化、文论乃至艺术经典之中可资参考利用的论说与概念来阐述他本人的翻译思想，且总是以生动、简洁的语言将翻译的真谛揭示出来，多让人过目或过耳而叠叠难忘。

许渊冲先生曾以八个字解释（或定义）"何谓翻译"（参见：蒋童，2021），这八个字读来新鲜、简锐，与众不同。我认为许氏的这八字释翻译不经意间为新时代中国翻译理论的鼎新提供了一种尝试，特别是为通过翻译对外讲好中国故事提供了一种有力的理论或策略参考，盖因许氏的这八个字内涵丰富，完全可以做更多的引申，可为我们的汉译外（译写）提供合适的理据。借助这八个字，我们的翻译想象思维也许可以得到更大的拓展，我们的翻译（译写）工作者可以更加思想解放，手脚放开。许先生的八字释翻译如图2所示。

这八个字读音一致，只是声调不同。它们似从不同的角度分别对翻译的本质、策略、功能、特色及翻译思维等给出简洁的定位（定义）。这八字释翻译不仅展现了汉字的神奇与魅力，更为我国新时代的翻译，特别是创造性地对外译写好中国故事提供了广阔的技术想象空间与多彩的操作可能。

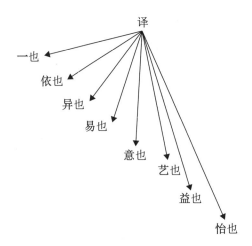

图 2　许渊冲八字释翻译

"一也"："一"鲜明点出翻译的内容与主旨须与原作具有同一性，即译文应当在篇章与文化的层次上求得与原文的一致，这是译者从一开始就必须牢记的翻译追求。

"依也"："依"是对"一"在技术上所做的补充说明。这个"依"可理解为：（1）译文须依原文的基本内容与精神而出，不允许有译者自己的思想情感的宣泄；（2）译者应尽力依据原文的风格与修辞来炼词锻句，不能随意越出一定的语域。

"异也"：因为"译写"毕竟是翻译与写作双管齐下，所以译写出来的文本肯定有"异"于原文，某种程度的文字添加、内容裁减，甚至形式上的标新立异（尤其对于创意类翻译，如广告翻译与宣传性篇章的译写而言），在所难免，当然也须掌握一定的分寸。

"易也"："易"的本意是"交换"或"替代"，这两层意涵在翻译（特别在译写）过程中一定会有明显的呈现，因为对同一事物或概念，两种语言的表达在词汇与形式上都会有所不同，同一内容的叙事翻译或译写给不同文化层次的外国读者看，语言的雅俗、形式的选用都可以有区别，换句话说，针对不同的读者群，翻译或译写的文字样式要允许"易"，无"易"则"译"（"写"）难有作为。

"意也"：这个"意"字，可以使我们自然联想起美国著名翻译学者尤金·奈达（Eugene A. Nida）曾说过的一句被广为引用的话："翻译即意译原文"（"Translating means translating meaning"）（Nida, 2004: 103）。要真正做到传原文之情，达原文之意，已不容易做好，何况原文之中的"言外之意""弦外之音"更是需要译写者在特别细心地去体悟后，再设法曲达出来。理想的"译意"需要译写者准确判定、理解原文的意涵，并选用恰当的文字对应。需要强调的是，中国人的译写文笔除一般意义上的意思传递之外，还讲究"韵味"与"传神"，这应当被视为"意译原文"的最高境界。

"艺也"：翻译是对文字的技术操作，人们现在正越来越多地利用机器来完成翻译，然而，纯由机器翻译的文本（特别是汉译外文本）在许多情形下是大有缺陷的，更不能成为定稿本。这是因为，翻译本身具有艺术性，特别是人文、社科领域翻译的艺术性处理至关重要。艺术性缺失，则翻译难成其为翻译。机器并不具备艺术细胞、艺术想象力以及所谓的"诗情画意"或"思接千古"的神驰遐想能力。这些能力只有那些具备丰富生活实践经历，或长期受到文化（经典）浸润，又有特殊创作天赋的人才可能呈现出来。质而言之，艺术只属于人，是人类专有的，只有人类才能产生它，体悟它，共享它。在很大程度上，翻译是否成功，取决于译（写）者思维的艺术性与文字的艺术性是否得到适当的发挥。因而对译文进行必要的艺术加工，对文字进行润色以彰显译与写的文采都是"艺"的题中应有之义。

"益也"：这个"益"我认为主要是指，翻译的目标取向应有益于人民大众（他们的物质与精神文化生活），有益于国家，有益于各国、各民族、各文明之间的交往与互鉴。一句话，翻译要做的一切总体上都是要有益于正能量的壮大与发挥，而不是相反。近代以来，中国翻译工作者所做的一切努力，都是为国家的强盛与中华民族屹立于世界民族之林服务，为改革开放服务，为中华民族的伟大复兴服务，为满足中国人民日益增长的物质与精神文化需求服务，为增进与外部世界的往来、交流与友谊服务。翻译之于中国、之于世界真可谓"益"莫大焉！当然，这个"益"字也同时提醒我们，翻译应当注意必要的选择，什么应当翻，什么不提倡译，译（写）者都要心里有数。

"怡也"：这个"怡"应是对"益"的补充，它首先针对的是翻译的受众。所谓"怡"，可以有两重含义：一是翻译及其产品本身具有教化功能，阅读或使用翻译产品，可以使受众在获取信息或得到精神享受的同时，获得明理悟道的某种启示，无论是科技进步、人文熏陶，还是视野拓展、哲思自省等翻译文本，这种教化功能都可能包括在其中；二是这个"怡"也同时对译（写）者提出要求，即翻译的作品或成果的呈现形式应尽量做到让受众喜闻乐见，盖因不同国度的翻译受众有着不同的文化惯习，他们的阅读期待不完全是一样的，翻译或译写应当尽量关照到这一点，以便使翻译或译写的效果达到最佳。晚清时期被称为"译才并世称严林"的严复和林纾之所以能在译写西洋社科与文学作品方面获得巨大成功，除了他们饱读诗书、学养丰赡的程度常人极难企及外，他俩译笔的出神入化能打动当时的主流读者群绝对是首要因素。从当时的社会文化背景看，严、林的译写可以说是达到了翻译之"怡"的最高境界，他俩的译作能风靡一时，很大程度上就是他们笔端流淌出来的文字委实"怡人"！今天，从我们笔下流淌出来的外文也应尽量"怡"外国读者才是。

我认为，以上许渊冲先生的八字释翻译的主要意涵对新时代我国对外译写的谋篇、策略应用都有直接的参考价值，我们完全可以继续挖掘它们的内涵而充分利用之。许渊冲的翻译思想也启示我们，树立新时代中国翻译的理论自信有必要从源头上，即从中国悠久的文化、文学、文字、文论、艺术论的典册中去发现与挖掘可资利用的论述与观点，汲取灵感，古为今用，整理出新鲜的、适用于指导对外译写与讲好中国故事的理念与策略。

六、译事臻境未致，同人尚需努力

现实的情形是，国内研究翻译的学人基本集中于外语界或外语系科里，而当今外语界与外语系科里的学者，特别是很多年轻一代的学者，由于人所共知的原因，对于中国的文字文化与文论传统恐怕是生疏的，他们遇到中国翻译出现的理论与实践新问题时，似也只能从西方人的文著中去寻觅答案，因而写文章时提出的观点或得出的结论往往难免方枘圆凿。然而我相信，只要我们承继老一辈翻译学问大家的优良学术传统，同时在理论与实践两方面持之以恒下苦功夫，新老学人完全可以同享这样一种翻译的学术信念：深谙中国文字文化传统、熟知中国文章学的理念、具备厚实的中国艺术源流认知，加上精准把握并借鉴西方译论的要义，再结合当代中国丰富多彩的翻译实践，我们完全可以总结出、创造出新时代中国对外翻译与传播的成体系理论。

中国的文字文化博大精深，特别是其起源的甲骨文与金文蕴藏着丰富的中国文字基因信息，包括中国人的文字观、文字形成的规律、象形文字的特点等，而且每一个字都可能包含中华先民观天察地、体悟生活的具体叙事，对今天我们讨论翻译问题可以产生完全不同于西方语言的思绪联想。中国的文章学是无数代文人学者在将文字落笔成文的长期实践中提炼或归纳出来的文章之道或文章正轨，明显有别于西方拼音文字的撰文套路。对此，我们在创建新的对外翻译与传播理论时必须给予足够的重视，而且特别应当据此同时持一种逆向思维来照应到西方语言文字（这里主要是书面文字表达）的"textual grids"（我译为"文本格栅"）。就新时代汉译英的操作而言，我主张要尽最大努力将现代通行的盎格鲁-撒克逊（Anglo-Saxon）英文的地道表达形式、方式与生动丰富语汇借用过来。在这一点上，我国的译界与译学界似乎都重视不够，下的功夫更不够，这也可能是我国不少汉译英的文著英文味道欠佳，影响翻译效果的一个主要原因。

同时，中国的书画与艺术典籍也隐藏着不少独具慧眼、极具洞见的论述，可以直接或间接对我们真正做好对外翻译与传播带来启发，甚至带来解放思想的豁然开朗。例如，中国画论中强调的不是以画得"像"为能事，而是要画出"神韵""神气""神采"与"神妙"来，特别提醒"画者谨毛而失貌"。将诸如此类的论述有机地移用到当代中国翻译理论构建中来，并给以必要的学理引申、阐述，用以指导新时代对外翻译与传播的实践是完全可行的。质而言之，只要我们努力扎实地做到融通中西译论，拥抱翻译实践，"采铜"于中华典籍，就可能逐步真正树立起中国翻译的理论自信，才可能真正有效对外讲好各类中国故事。

然而，面对我国高校与学术界的格局现状，具备前述三个前提一时恐怕还难实现，原因有两个：第一，我国现有外语（翻译）系科的翻译理论课程仍基本以西学为主，绝大多数研究性文著，包括海量的硕博论文，"言必称希腊"仍是主调，对中国数千年的译学进行系统的挖掘性研究在外语学院的小院高墙内普遍是不受重视的，更谈不上在课程设置上体现中西译论的融通思辨；第二，学翻译与教翻译的人中真正对自己国家的语言文字与文化艺术传统有浓厚兴趣、有相当知识积淀者并不多，古汉语底子薄是我国外语与翻译专业师生的一个共同软肋。正因为如此，要让学子从相关中国传统文论与艺术类典籍中探寻理论宝藏，哪怕只是去发现能启发智慧灵感的"零珠碎玉"也不可能。如果说，一个人的汉语水平是其外语水准的"天花板"，那么一个翻译学者的古汉语与典籍的阅读广度与深度也在相当程度上决定了其是否能真正树立起中国翻译的理论自信。

总之，中国翻译的理论自信要靠中国翻译学人共同的长期努力才能最终树立起来。虽然任重而道远，但只要我们，尤其是年轻一代的学者，下定决心，踔厉奋发，勇于实践，探索不辍，相信这个目标最终一定能够实现。

参考文献

Nida, E. A. *Language and Culture: Contexts in Translating*. Shanghai: Shanghai Foreign Language Education Press, 2004.
蒋童. 关于"译"字的现代阐释. 光明日报，2021-11-04（11）.

（特邀编辑：万亨悦）

从"文—人—境"关系论视角看生态翻译文化建设*

胡庚申　陈怡飞**

摘　要：文化具有精神性、集合性和独特性。从"文—人—境"关系论视角出发，即以"文"为质、以"人"主行、以"境"酌情，分别来看生态翻译学理念成果、生态翻译学研究队伍智源和生态翻译学建设发展背景，生态翻译学同样显露出了精神性、集合性和独特性同频共振、互动共进的文化迹象。本文试图从"文—人—境"关系论视角出发，对生态翻译文化现象进行描述和演绎，以探寻和揭示在翻译理论与实践建构中生态翻译文化的发生和发展。值此全球生态发展向好之际，希冀"顺势—外向""聚力—包容""向'生'—趋'原'"的生态翻译文化能够引起国内外和业内外的关注与互动，或能为其他学科领域的文化建构提供有益的借鉴与思启。

关键词：生态翻译学；文化建设；"文—人—境"关系论；交流互动

Title: On the Construction of Eco-Translatology's Culture from the Perspective of the "Textual Ecology-Translator Community-Translational Eco-environment" Relationship

Abstract: Culture has the characteristics of spirituality, collectivity and uniqueness. In light of the "Textual Ecology-Translator Community-Translational Eco-environment" relationship, textual ecology (Text) refers to the textual essence of translating, translator-community (Translator) refers to persons involved in translating, and translational eco-environment (Environment) means translating contexts. From the above perspective, the cultural signs of spirituality, collectivity and uniqueness can also be revealed through investigating the Eco-Translatology's theoretical tenets, research team's intelligence and the academic background. This paper, describing and deducing the phenomenon of Eco-Translatology's culture, attempts to explore its emergence in Eco-Translatology's construction and practice from the perspective of the "Textual Ecology-Translator Community-Translational Eco-environment" relationship. In view that the global eco-civilization is rapidly developing and improving, it is expected that Eco-Translatology's culture, including "Internationally-oriented R & D", "Integrative Compatibility" and "Eco-life Inclination", will attract the attention and interaction at home and abroad, and provide useful references and inspiration for other disciplines' cultural construction.

Key words: Eco-Translatology; cultural construction; "Textual Ecology-Translator Community-Translational Eco-environment" relationship; communication and interaction

* 本文系国家社科基金项目"生态翻译学：译学的生态视角研究"（08BYY007）、"生态翻译学的理论创新、国际发展及数据库建设研究"（18BYY022）的后续成果。

** 作者简介：胡庚申，郑州大学外国语与国际关系学院终身教授、博士生导师，郑州大学生态翻译学研究院首任院长。研究方向：生态翻译学、口译学、跨文化／国际交流语用学。电子邮箱：zzuhugs@zzu.edu.cn。陈怡飞，郑州大学外国语与国际关系学院博士研究生。研究方向：生态翻译学。电子邮箱：1064074558@qq.com。

一、引言

生态翻译学诞生于 21 世纪之初,迄今已走过了 20 余年历程,聚集了一批有志于该领域研究的国内外学者,形成了充满活力的生态翻译学学派。截至 2022 年年底,中国知网已收录生态翻译学相关学术论文 3000 余篇,另有相关博士学位论文多篇、硕士学位论文 1300 余篇;国际期刊已收录生态翻译学相关论文 200 余篇;国内已获批的生态翻译学相关研究课题逾 100 项,出版了各类生态翻译学著作 20 余部。生态翻译学"以新生态主义为指导,以翻译文本生态、翻译群落生态、翻译环节生态为研究对象,致力发掘翻译文本和翻译活动中的生态理性和生态意义"(罗迪江、胡适择,2023),作为中国三个翻译理论之一被列入《中国大百科全书》(第三版)。此外,据方梦之(2023)统计,在中国翻译界 66 个创新学科排名中,生态翻译学的认可度位列榜首。生态翻译学已成为我国翻译研究中的客观存在,是具有"中国特色、中国风格、中国气派"的学术自主性译学话语(傅敬民,2023:26),"是我国创立的有着顽强生命力的显学"(方梦之,2021:29),是"中国学术走向世界的排头兵之一"(王宁,2011:10)。其主观建构与客观实现之间互明、互鉴、互惠,表现出精神性、集合性和独特性的文化特征。

"文化"一词自古就具有深刻的内涵,最早可以追溯到《周易》中的"观乎人文,以化成天下",即通过观察人文可感化天下。近代以来,人们对文化有了更深入的认识,赋予了其精神性、集合性和独特性的表征。在文化的精神性层面,余秋雨(2011)指出,"文化,是一种精神价值和生活方式。它通过积累和引导,创建集体人格"。在文化的集合性层面,张岱年、程宜山(1990:2)指出,"文化是人类在处理人和世界关系中所采取的精神活动与实践活动的方式及其所创造出来的物质和精神成果的总和,是活动方式与活动成果的辩证统一"。在文化的独特性层面,美国人类学家克莱德·克鲁克洪(Clyde Kluckhohn)指出,"文化是在历史上所创造的生存式样的系统,显型文化存在于事实和文字构成的规律中,可以通过观察直接总结;隐型文化是一种二级抽象,由纯粹的形式构成"(克鲁克洪,1986:9)。就具体的文化而言,大到国家文化、区域文化、城市文化,小到校园文化、社区文化、饮食文化、网络文化等,文化浸透了社会中的每个角落,这在翻译研究领域也不例外。

刘宓庆(2005:1)指出,应该"从文化战略的高度来看待翻译,一如我们译界前辈"。亨利·梅肖尼克(Henri Meschonnic)认为翻译"是一场文化革命的关键"(Meschonnic,2007:48)。翻译文化对译事发展有着重要的推动作用。翻译传递文化,创造文化,也拥有自身的文化。如果说,在翻译研究领域还需要一个更高的追求,那么应该就是翻译文化建设了。劳伦斯·韦努蒂(Lawrence Venuti)在接受专访时谈到,要在每一种语言、每一个国家中建设翻译文化,翻译文化是发展、支持和鼓励翻译研究和翻译实践的一种文化，可以教会读者欣赏翻译作品（郭建中，2010：298）。基于此，翻译文化指围绕"翻译"这一现象而形成的翻译成果、普遍的社会认知与价值认同的总和，而翻译文化影响着翻译自身的健康发展，产生了翻译应有的"语言价值、文化价值、社会价值、创造价值与历史价值"（许钧，2003：13）。

《生态翻译学：建构与诠释》一书的前言中指出了生态翻译学话语体系的核心内容，即对"翻译生态、文本生态和'翻译群落'生态三者关系的探讨与揭示"，所研究的是"'三者'关系"（胡庚申，2013：xxv，95）。这里的"文—人—境"关系论"将翻译活动视为一个由'译本+译者+译境'所构成的因果互动"（胡庚申，2020：5），形成了"文"（文本）、"人"（译者）、"境"（译境）三效合一的翻译共同体（胡庚申，2021a：174）。当我们把"文—人—境"作为生态翻译文化建设的对象进行分解时，这里的"文"指的是生态翻译文化成果，包括"生态范式""三生论域"等；"人"指的是生态翻译学研究队伍，包括生态翻译学派建设、确立的生态译者形象等；"境"指的是生态翻译文化建设的大、中、小环境，包括生态文明建设背景、生态翻译学国际教育氛围等。结合生态翻译学出现、发展的实际，本文遵循"从外到内"的逻辑，拟依照"境""人""文"的顺序来探讨生态翻译文化建设问题，试图解析生态翻译学何以在近四分之一世纪里不断成长的"基因密码"，也是探索生态翻译学何以能够"为相关领域的其他理论体系创新和国际发展提供一个可资借鉴的范例"（孟凡君，2019：43）、成为"新时代中国译学中的一门显学"（田传茂，2020：61）的出发点。以此为导向，本文探讨了生态翻译文化建设的样态和机理，以期促使译界对翻译文化建设的理解从感性认识、价值认同转化为实践行动。

二、以"境"酌情：形成"顺势—外向"的生态翻译文化

（一）生态文明发展激发生态翻译文化兴起

"生态"一词源自古希腊，意思是家园或我们的环境（张乐、徐靖惠，2023：56）。生态意识是人类在生态文明发展史中产生的以人与自然关联为核心的概念认知。自人类社会开始逐步从工业文明向生态文明迈进，加上经济的快速发展和环境问题的日益恶化，人类的生态意识开始不断觉醒，生态意识的形态开始显现。1973年，挪威生态哲学家阿恩·内斯（Arne Naess）提出了深层次生态学（Deep Ecology）理论（Naess, 1973），生态学理论随之被推广至伦理学、哲学等领域。哲学领域出现的这一交叉融合趋势使生态认知开始涉入越来越多的学科领域，并与多个学科产生了化学反应，诸多可持续性研究（如美学、经济学、文艺学、有机化学等）相继引入了生态学理念，国外的生态思潮开始兴起。

我国在 20 世纪 80 年代之后逐步重视生态环境问题，先后提出了可持续发展战略与科学发展观。在这一背景下，来自生态环境的"生态"关怀同样促使翻译研究者们从"翻译生态"视角来对翻译活动进行审视，生态翻译文化就是在生态文明大环境的"孕育"与"洗礼"中，不断受到激发，从而进步、积累，最终得以形成的。一方面，生态文明的宏观布局为生态翻译学研究提供了利好条件，顺应时代发展方可"译有所为"；另一方面，生态翻译文化成果的产出亦能反哺生态文明建设，使生态文明思想在"生生之谓译"中得以发展。对生态翻译学而言，其理论与实践的持续发展，不仅是东方生态文明智慧作为本土哲学理据来指导翻译实践的"正当性辩护"，也是生态文明与翻译实践之间达到知行合一的具体体现，而生态翻译学理论中的生态价值意识作为与生态文明建设大环境的价值联结点，有利于在东方生态智慧和西方生态理性之间交流融通，顺应生态文明之势。

（二）国际学会发展营造生态翻译文化氛围

2010 年，经中华人民共和国澳门特别行政区政府主管机构批复，国际生态翻译学研究会（The International Association for Eco-Translatology Research）宣告成立，中国学者胡庚申担任创始会长，国际权威期刊 *Perspectives* 原主编、丹麦哥本哈根大学翻译研究中心主任凯伊·道勒拉普（Cay Dollerup）和中国学者许钧担任顾问委员会联合主席。该会主办了《生态翻译学学刊》，举办了系列性的国际生态翻译学研讨会。在 2018 年的第 6 届国际生态翻译学研讨会上，欧洲科学院院士迈克尔·克罗宁（Michael Cronin）受聘担任研究会副会长，德国功能翻译学派理论家克里斯蒂安·诺德（Christiane Nord）担任研究会顾问，杨明星、欧阳珊婷（Ouyang Shanting）、亚拉·伊斯梅尔（Yala Ismail）和润东·昆杜（Rindon Kundu）担任各重要研究方向和地区分支机构的负责人（赵玉倩、杨明星，2018）。目前，国际生态翻译学研究会中国总部秘书处设在郑州大学。研究会旨在"促进生态翻译学的发展""联系和沟通各国和地区生态翻译学研究者"和"举办各种学术交流活动"。近年来，研究会的官方网站与微信宣传平台也应运而生，与生态翻译学相关的跨地区、跨学科研究的桥梁正式搭建，形成整体合力，共促自身与相邻学科的合作共赢、繁荣发展。迄今，研究会先后于澳门、上海、重庆、武汉、台南与郑州召开了 6 届国际生态翻译学研讨会，研究主题涉及生态翻译学的内涵与外延发展、回顾与前瞻、深化与拓展，会议所涉及的议题以及形成的相关成果在各类期刊、网络平台传播。国际研讨会的召开，帮助研究者更加深入探寻生态翻译学领域，促进学术成果的交流、转化，获得更广阔的认识，同时也为来自世界各地的研究者们提供了学习、分享及展示的机会，激发各国学者之间的学术探讨与合作。正是通过不断探索、交流，生态翻译学理论的学术创新价值和求异发展潜力才得以不断呈现，并吸引了越来越多的追随者加入该领域的研究，为生态翻译文化建设营造了"外向化"的氛围。

（三）生态翻译学国际教育扩散生态翻译文化

仅从"地利"的视角来看，生态翻译学在全球生态思潮的感召和促动下，萌发于北京的清华大学，诞生于香港，拓展于澳门，并在创始之初即确立了"国际化取向"（胡庚申，2013：xiii；胡庚申，2021a：180）。长期以来，生态翻译学注重内涵与外延发展，积极推介生态翻译文化，不断发出中国译学之声，扩大中国译学的国际影响力。国际生态翻译学研究会长期坚持举办国际生态翻译学研讨会，吸引了大批来自亚洲、欧洲、美洲、非洲等世界各地的翻译界学者参与研讨交流。通过国际教育的影响，研究会有望为中西翻译理论的平等对话打开窗口，加深文化交流互鉴，实现正本固源。与此同时，经济全球化为生态翻译学适应全新的教育生态提供了契机，来华留学生人数呈逐年攀升趋势。近年来，郑州大学生态翻译学研究院开始招收国际博士生和博士后，生态翻译学系列课程也吸引了一批又一批的留学生慕名前来学习，形成了跨越不同国家的研究梯队，共同传播生态翻译文化。除了国内教学，生态翻译学还先后走进了英国、澳大利亚、芬兰、俄罗斯、印度等国外高校的课堂，成为日常翻译教学内容之一。

留学生的"学习—思考—践行—创新"，为生态翻译学研究注入了新动力。河南国际传播中心与郑州大学生态翻译学研究院也联合推出了"从生态翻译到生态家园"（Hugs-class[①]→Global Family）的系列报道。这些都进一步增进了留学生对生态翻译文化的认同，使他们由生态翻译文化故事的学习者到生态翻译文化故事的讲述者这一身份转变成为可能。与此同时，留学生的"他者镜像"，也是中国学者感知生态翻译文化发展的重要参考。作为国际社会直接了解和传播生态翻译文化的重要群体，留学生对生态翻译文化有最直观、最真实的亲身感受，对生态翻译文化的认知也呈现出了正面、积极的特征。部分留学生已经成为生态翻译文化的良好传播者，并以此为桥梁，促进了本国同事、朋友、家人对生态翻译文化的认识和应用。可以说，留学生已成为生态翻译学国际发展的"活名片"，不断向世界传播生态翻译文化。

三、以"人"主行：形成"聚力—包容"的生态翻译文化

（一）生态翻译学派推动生态翻译文化发展

钱冠连（2007：29）曾指出，"个人的学术最高成就是创造出一个学派"。创建学派是一门学科繁荣发展的重要标识。生态翻译学自创设以来，先后涌现了很多追随者与志同道合者，致力于生态翻译学的相关研究，形成了翻译研究的生态范式与学派特色。诚

---

① Hugs-class 组建于 2017 年，设在郑州大学外国语与国际关系学院，由胡庚申教授领衔，成员主要包括致力于生态翻译学研究的学者和郑州大学生态翻译学研究院招收的国内外硕博研究生。

如冯全功（2019：38-39）所言，"相对而言，生态翻译学的学派特色最为明显，学术队伍最为庞大，有自己的学术阵地与定期召开的专门会议，在国内产生了较大影响，国际知名度也逐渐增强，并具有较大的学术活力与发展空间"。蓝红军、冯丽霞（2022：106）也指出，"在最近20多年产生的中国本土译论中，已经颇具影响并初步形成独立学派的突出代表，显然有胡庚申教授创建的生态翻译学"。可以说，学派建树作为生态翻译文化建设的显性特征，推动了生态翻译文化的发展。许钧（2018：138）在为《生态翻译学：建构与诠释》所写的序言中，将生态翻译学创始人胡庚申致力于生态翻译学学派建设和文化建设的努力，概括为"一种'敢为人先'的精神，一种'创新进取'的精神，一种'执着追求'的精神"。

随着学派的日益发展壮大，生态翻译学取得了一定成果，既关涉生态翻译学的嬗变与解读，也涵盖了理论的应用与阐释。在国内，多所高校的博士研究生以生态翻译学为主要理论框架开展了学位论文研究。2003—2017年，上海外国语大学就以5篇博士学位论文位列第一，其他开展相关博士学位论文研究的高校有山东大学、南京中医药大学、华东师范大学和苏州大学（王建华等，2019：134）。此外，生态翻译学不断向国际社会辐射，"多数本土译论的相对能见度与国外译论已不相上下，生态翻译学高居榜首"（刘泽权、孙媛，2023：87），为世界译学理论发展贡献出中国翻译理论智慧，具有"世界性意义"（魏向清、刘润泽，2022：9）。国际权威期刊 *Babel*、*Perspectives*、*Target* 等先后发表了以生态翻译学为主题的系列文章。欧洲科学院院士、*Perspectives* 主编罗伯托·瓦尔迪昂（Roberto A. Valdeón）评价道，"生态翻译学代表着一个拥有巨大研究和学习潜力的新兴的翻译研究范式"（转引自：Liu & Hugs, 2015: 169）。德国翻译理论家朱利安·豪斯（Juliane House）称生态翻译学提供了"一个超越了原有翻译研究途径的新范式"（转引自：胡庚申，2021a：176）。成果的产出加速了生态翻译文化的建设进程，也是生态翻译学蓬勃生命力的体现。

在学术阵地方面，《生态翻译学学刊》（*Journal of Eco-Translatology*）于2011年正式出版，2017年获批国际标准刊号（ISSN 2520-7911）。该刊物由国际生态翻译学研究会主办，外语教学与研究出版社出版，旨在搭建交流平台，传播研究成果，凝聚研究队伍，促进生态翻译学的研究与发展。同时，《中国翻译》《上海翻译》《中国外语》《外语教学》等外语类核心期刊多次开辟生态翻译学研究专栏/专题，为生态翻译文化成果的产出提供了更加宽阔的平台。理论之树依托学术阵地而常青，结出了生态翻译文化的果实。

（二）生态译者形象促进生态翻译文化建设

译者形象的确立经历了漫长的阶段，从最开始的"二维说"，认为译者应当具备语言能力与专业知识，到后来的"三维说"，将百科知识也吸纳其中，再到"译者八备"

等多维度的素质要求，译者的身份属性不断增补，被赋予了更高的要求与责任。生态译者强调译者对翻译生态环境的适应与选择，是基于生态翻译学对译者的形象定位，这种定位体现在时间维度和空间维度上。从时间维度上看，翻译过程被分为三个阶段：译事前、译事中和译事后。在译事前阶段，译者通过考察外界环境因素，接受翻译委托，只有适应翻译生态环境且能够胜任翻译任务的译者才能进入下一个阶段；在译事中阶段，生态译者整体把握翻译资源，将原语"生命"不断地移植到译文当中，输出翻译作品；在译事后阶段，译者接受读者、出版者、评论者等的评价、评判。总之，生态译者在三个阶段中需要完成不同的身份转换。从空间维度上看，生态译者身处原文与译文生态空间的中心位置，这一位置也决定了译者在翻译过程中要负起更重要的责任，协调环境、文本、群落之间的关系，促成具有最佳适应选择度的译文。从时间维度和空间维度上来看，生态译者的适应与选择贯穿整个翻译过程并处于中心的"生态位"，译者捕捉原文中的声音，对原文"生命"进行移植，使"生命"存活于译文当中，尝试形成一个平衡、和谐的翻译生态环境，这种身份变换是译者身份的一种选择。对译者身份变换的研究是东方智慧在翻译研究中的再现，推动着翻译研究的进步。

生态译者的身份对译者的翻译实践具有制约作用。这种身份认定既是一种自我创造、自强不息的精神活动，同时也是一种语言存在、文化存在和生态存在，凸显了译者与翻译生态环境的关系。在翻译生态环境中，生态译者获得了翻译活动展开的必需要素，就要当仁不让地将责任意识融入翻译进程，推动翻译发展。"在考察与对待译者问题上，生态翻译学既关注译者主导，又考察译者责任，更要关怀译者生存，以实现译者发展为翻译价值的追求。"（罗迪江，2020：14）这种基于译者生态觉醒的身份认知，以绿色意识与绿色观点来思考"翻译之用"，更有助于塑造译者的人格品性，形成译者自觉的人格修养与职业伦理道德，从而锚定并延展出生态译者推动"文—人—境"和谐关系的意义场域。从这一点看，生态译者形象的确立也为生态文化建设提供了坚实的精神支撑和内在动力。

学起于思，思源于疑。生态翻译学是在"解惑释疑"的过程中不断发展的，特别是立论之初，或因理论思想自身尚需完善，或因语言文字表述缺失，或因理论全貌一时未能被窥得，一些学者对相关问题的"商榷质疑"在一定程度上也起到了鞭策督促生态翻译文化建设、成长的作用。生态翻译学研究者在给出必要回应的同时，也不断对该学科进行反思、改进、完善。我们曾召开会议，专门邀请持不同意见者面对面切磋交流，也多次向国内外多年来积极参与和鼓励支持生态翻译学研究发展的志同道合者，特别是对生态翻译学提出批评谏言的同行学者表示诚挚的谢意。实践表明，生态翻译学已得到越来越多的关注和认可，生态翻译文化的包容性特征愈加凸显，理论文化也愈加明晰，并朝着可持续发展的光明大道前进。

四、以"文"为质：形成"向'生'—趋'原'"的生态翻译文化

（一）"生态范式"观照生态翻译文化

生态翻译学是在反思语言学转向与文化转向的基础上，将翻译研究目标直指传统翻译理论的研究范式，以独特的"生态理性"视角、特定的"三生"（文本生命、译者生存、翻译生态）研究对象、科学的生态话语体系以及系统的生态研究内容，建构了具有生命力与解释力的生态范式（胡庚申，2021a：176）。生态翻译学的立论、倡学、创派的发展正是对这种翻译"生态范式"的显性探索与实践。这种来自外界的生态认可形成了学术研究者的文化需要和学术需要，呈现出的"外向"特征进一步推动了翻译文化建构。"生态范式"对生态翻译文化的观照主要体现在以下几点：（1）拓宽了翻译理论的研究视域，翻译研究的着眼点由语言文本、文化交际向翻译研究的"生命形态"扩展，成为一种全新的研究视域；（2）延展了翻译理论的哲学立场，作为对传统二元对立哲学立场的突破，"生态范式"变革了传统译学研究中原文与译文各执其事的立场，构建出了一种多维整合的研究进路；（3）增进了翻译研究的价值论取向，对翻译的追求从语言转换走向多重价值的复合，凸显了追求整体和谐的生态翻译观。

生态范式顺应了全球性生态学术的趋向（胡庚申，2019：26）。绿色翻译作为生态翻译学发展的一个新的实践形态，是生态翻译学"实指"研究的自然形态，更是当代绿色发展的时代要求（胡庚申等，2020：47）。在后疫情时代，绿色翻译的专业方向不仅平衡了翻译行业和社会需求，同时也落实了生态伦理责任。作为生态翻译学中"实指"研究的重要抓手，绿色翻译兼并翻译之道与翻译之器，输出绿色翻译内容，观照生态翻译文化，已成为推动生态翻译学研究进一步向纵深发展的重要课题。

（二）"三生论域"深化生态翻译文化本原

胡庚申（2021b）将文本生命的"生"、译者生存的"生"、翻译生态的"生"，一"生"以蔽之，概称为生态翻译学之本；从"生态""生命""生存"的视角来系统地审视和解读翻译（杜玉生、郝霞，2017：121）。从理论构建和发展来看，生态翻译学对"三生论域"的理性认识指引着生态翻译学的后续发展，"三生"融合成以"生"为核心的关怀，并逐步成为生态翻译文化构建的指南，而基于"三生"视域来审视翻译活动全过程，指引译者全景式的"生命移植"，审视全方位的"翻译生态"，恰是长久以来中国翻译研究在自我理解和发展中有待进一步加强的。

生态翻译学以文本生命、译者生存和翻译生态为研究对象，衍生出了三大核心理念："翻译即文本移植""翻译即适应选择"与"翻译即生态平衡"（胡庚申、王园，2021：2）。这是生态翻译学对翻译本质的理性认识，赋予其"移植"的对象——"文

本"以生命特征。生态翻译学从"三生论域"聚焦具体的译本现象，通过"翻译活动"与"生态环境"的交叉融合，形成了"平衡和谐""适者生存""事后追惩"等生态翻译原则，产生了"翻译生态环境""翻译生态系统""生态群落""生态移植"等一系列特色鲜明的术语体系，为生态翻译文化的发展注入不竭的动力。这不仅助推了当代生态翻译学的理论创新发展，同时进一步启发、预测了翻译实践，塑造了译者在翻译实践中"生"的意识，同时采取"生"的译者行为选择，形成了一切向"生"的研究指向和向"生"叙事的文化特质。"三生论域"的出场是生态翻译学的一个创新发展，也是深化生态翻译文化本原的具体表征。

（三）生态翻译文化实践维度的趋"原"之势

"原生化"译法作为生态翻译学实践转向（胡庚申，2020）的策略之一，"强调原语生态"（胡庚申，2021b：12），主张将原文的生命特性作为生命移植的重心。原文的生命特征既表现为文本本身的外在元素，也指向文本的内里生命。实现原文生命特征的对外呈现、生长的趋"原"之势，是生态翻译学在实践操作层面对原文生命内涵的本质观照，也是基于"十化"方法论体系（胡庚申，2021b：13）理性认知的总结与归纳。

从价值观来看，生态翻译的实践和译法是趋"原"的，即趋向"原生态的"、侧重"原语原文的"、追求"原汁原味的"翻译。也就是说，生态翻译主张生态译者在翻译的全过程中，自觉、积极而又清醒地运用生态词汇，力求剥开原文的语言外壳，再现原文中的生命本质元素，探析原文精神内核，移植文本的生命本真，旨在使原语生态的生命体能够在译语生态里存活、再生、长存，以此形成趋"原"的实践指向和译法集成。这不仅是生态翻译学"实指"层面问道于行"实景图"的新开拓，也是生态翻译文化实践维度的提炼与具体表征，对生态翻译文化的研究与发展来说将具有长期性、概括性和指导性。

五、结语

聚焦前沿，学术才俊畅言译学文化；同步国际，中外学者论道生态翻译。文化建设需要时间与实践的长期润养，自《翻译适应选择论初探》一文于2001年在国际译联第三届亚洲翻译家论坛上被宣读至今，生态翻译学走过了20余年历程，在融合创新上敢为人先，清晰地展现了研究团队深耕细作、上下求索的治学精神。在学派创始人的引领、研究团队孜孜不倦的努力，以及他人关注、评论、共建的合力驱动下，生态翻译学不断整合、凝聚学术资源力量，结合抽象知识与具体研究，融通国内与国际，从无到有、从小到大、从弱到强，弦歌不辍，形成了"顺势—外向""聚力—包容""向'生'—趋'原'"的生态翻译文化，简括可如图1所示。

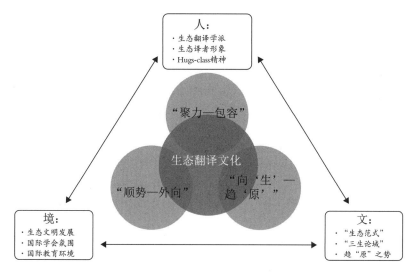

图 1　基于"文—人—境"关系论的生态翻译文化建构

生态翻译文化蕴含着生态翻译学的发展历程，为生态翻译学提供了砥砺前行的历史借鉴，彰显了新生态主义的生态价值取向，为生态翻译学的内涵与外延发展提供了价值指引，体现了学派创导者的学术执着精神，为学派发展打造出了良好的范例。这种创新的文化精神具体表现为扎根传统与创新求异相统一、创导者精神与学派意识相统一、批判思维与兼容思维相统一、理论发展与实践运用相统一、民族性与世界性相统一，由此呈现出生态翻译学的学术价值与发展潜力，希冀引起学界进一步的探索和互动。

参考文献

Liu, E. M. & Hugs, S. (eds.). *Eco-Translatology: Voices from Western Scholars*. Taipei: Bookman Books, 2015.

Meschonnic, H. *Ethique et politique du traduir*. Lagrasse: Editions Verdier, 2007.

Naess, A. The Shallow and the Deep, Long-range Ecology Movement: A Summary. *Inquiry*, 1973(16): 95-100.

杜玉生，郝霞. 复杂性与翻译理论多元共生——翻译研究中的新思维范式. 西安外国语大学学报，2017（2）：121-125.

方梦之. 我国译学话语体系的勃兴之路. 当代外语研究，2021（1）：1-2+29-37.

方梦之. 跨学科创学之成败得失——66 种跨学科的翻译学鸟瞰. 外国语，2023（2）：79-87.

冯全功. 翻译研究学派的特征与作用分析——以生态翻译学为例. 上海翻译，2019（3）：38-43.

傅敬民. 行动・系统・功能——生态翻译学研究. 中国翻译，2023（5）：26-34+190-191.

郭建中. 翻译：理论、实践与教学. 杭州：浙江大学出版社，2010.

胡庚申. 生态翻译学：建构与诠释. 北京：商务印书馆，2013.

胡庚申. 翻译研究"生态范式"的理论建构. 中国翻译，2019（4）：24-33+188.

胡庚申. 文本移植的生命存续——"生生之谓译"的生态翻译学新解. 中国翻译，2020（5）：5-12+190.

胡庚申. 生态翻译学的理论创新与国际发展. 浙江大学学报（人文社会科学版），2021a（1）：174-186.

胡庚申. 以"生"为本的向"生"译道——生态翻译学的哲学"三问"审视. 中国翻译, 2021b（6）: 5-14+190.

胡庚申, 罗迪江, 李素文. 适应"绿色发展"选择"绿色翻译"——兼谈服务于生态文明建设的相应翻译专业设置. 上海翻译, 2020（4）: 46-51+95.

胡庚申, 王园. 生态翻译学研究范式: 定位、内涵与特征. 外语教学, 2021（6）: 1-6.

克鲁克洪. 文化与个人. 高佳, 何红, 何维凌, 译. 杭州: 浙江人民出版社, 1986.

蓝红军, 冯丽霞. 翻译理论建构的多元融合——生态翻译学 20 年（2001—2021）之启思. 中国外语, 2022（1）: 105-111.

刘宓庆. 中西翻译思想比较研究. 北京: 中国对外翻译出版公司, 2005.

刘泽权, 孙媛. 中国翻译理论"失语症"的程度、症候及疗法. 外语教学, 2023（2）: 86-92.

罗迪江. 译者研究的问题转换与生态定位: 生态翻译学视角. 中国翻译, 2020（5）: 13-19+190.

罗迪江, 胡适择. 生态翻译学. (2023-06-22)[2023-12-01]. https://www.zgbk.com/ecph/words?SiteID=I&ID=442879&Type=bkzyb&SubID=205658.

孟凡君. 论生态翻译学在中西翻译研究中的学术定位. 中国翻译, 2019（4）: 42-49.

钱冠连. 以学派意识看外语研究——学派问题上的心理障碍. 中国外语, 2007（1）: 28-30.

田传茂. 基于生态翻译学的重译动因研究. 上海翻译, 2020（4）: 57-61+95.

王建华, 周莹, 蒋新莉. 近 20 年国内外生态翻译学研究可视化对比. 英语研究, 2019（1）: 130-143.

王宁. 生态文学与生态翻译学: 解构与建构. 中国翻译, 2011（2）: 10-15+95.

魏向清, 刘润泽. 生态翻译学"术语革命"的理论价值意蕴. 上海翻译, 2022（1）: 9-15.

许钧. 翻译论. 武汉: 湖北教育出版社, 2003.

许钧. 开发本土学术资源的一面旗帜——《生态翻译学: 建构与诠释》序//许钧. 译道与文心——论译品文录. 杭州: 浙江大学出版社, 2018: 133-141.

余秋雨. 艰难的文化. 解放日报, 2011-03-11（17）.

张岱年, 程宜山. 中国文化与文化论争. 北京: 中国人民大学出版社, 1990.

张乐, 徐靖惠. 生态问题意识形态化探考. 江南论坛, 2023（8）: 55-60.

赵玉倩, 杨明星. 构建生态翻译学理论体系, 推动中国译学国际化发展. 中国社会科学报, 2018-12-11（3）.

（特邀编辑: 枣彬吉）

翻译方法与文学翻译生成

刘云虹*

摘　要：翻译方法是翻译实践必然要面对的现实问题，也是翻译研究绕不开的核心话题，其重要性不言而喻。翻译方法不仅直观地作用于译本的形成，而且介入整个翻译过程，构成促进文学翻译生成的核心要素。立足文学翻译生成，从翻译之"生"与翻译之"成"两个阶段对文学译介领域内翻译方法与翻译生成的相互作用进行探讨，有利于我们突破文本的局限，从过程和关系的双重维度，更为深入地认识翻译方法，也更为合理地评价翻译方法。

关键词：翻译方法；文学翻译；生成

Title: Translation Method and the Becoming of Literary Translation

Abstract: Translation method is one of the inevitable practical issues in translation practice and one of the core topics that translation research cannot bypass, which proves its undeniable importance. Translation method not only acts directly on the production of a translation but also plays a crucial role throughout its entire process. Thus, it constitutes one of the core elements in facilitating the becoming of literary translation. Focusing on the becoming of literary translation, this paper tries to explore the interaction between translation method and the becoming of a translation. This kind of exploration is conducive to breaking textual limitations and rationally evaluating translation method by providing a more in-depth understanding of translation method from both dimensions of process and relationship.

Key words: translation method; literary translation; becoming

翻译在形式上是一种语言转换活动。实现翻译转换，必然依赖于一定的方法，翻译价值能否实现很大程度上由翻译方法[①]的选择与运用所决定。因此，古往今来"翻译方法一直是我国翻译研究的焦点之一"（方梦之，2022：1）。在当下学界关于中国文学外译的各种讨论中，翻译方法也受到普遍关注，可以说"伴随着葛浩文式翻译所引发的各种观点的对立与交锋，翻译方法问题已经成为中国文学外译语境中一个重要的现实问题"

---

* 　作者简介：刘云虹，南京大学外国语学院教授、博士生导师。研究方向：翻译理论与实践。电子邮箱：ningyunhan@126.com。

① 　"翻译策略"与"翻译方法"是意义相近的一对概念，如方梦之（2022：2）所指出的，两者"有天然的联系，中外论者在运用时流变不居"。根据 2019 年商务印书馆出版的《翻译学辞典》，翻译方法主要指两个方面：一是译者在翻译过程中对传达原作内容和形式的总的设想、途径和策略，以及美学态度；二是在翻译过程中解决具体问题的办法，也称"翻译技巧"。鉴于"翻译方法"概念的包容性和开放性，本文选用此概念，其内涵包括翻译的策略、方法和技巧。

（刘云虹，2019：106）。翻译方法的实践意义和理论价值无须赘言，而无论开展实践还是探讨理论，关键都在于深入认识翻译方法并把握其合理性与有效性。直观来看，翻译方法与译本生产密切相关，但翻译方法的选择和运用依赖一定的主客观条件，同时经由译本对文学接受与文化传播产生深刻影响，而文学接受与文化传播的效果反过来又会作用于译本自身的成长。因此，翻译方法实际上介入整个翻译生成过程，构成促进文学翻译生成的核心要素。近年来，翻译研究呈现出一个趋势性特征，即从关注翻译的静态结果走向关注翻译的动态过程，更为注重对翻译之"生"与翻译之"成"的全面考察。基于此，在对翻译方法的探究中，我们有必要从翻译生成的角度出发，将翻译方法置于翻译活动的动态过程与关系场域中加以考察，力求对其做出更为科学、全面的认识与评价。

一、翻译方法是促进文学翻译生成的核心要素

翻译是语言转换、意义再生、原作生命拓展和延续的一个生成过程，具有动态性与系统性。作为一种文本生命的存在方式，翻译不是简单的，而是复杂的，不是凝滞的，而是发展的，其最重要的本质特征是生成性。翻译之"生"的阶段，即在原作新生命的诞生过程中，翻译应原作的呼唤、应语言与文化发展的呼唤而不断超越语言形式，不断探寻并建构文本意义，以实现对原作的生命馈赠。翻译之"成"的阶段，即在译本生命的传承及翻译自身的成长过程中，翻译通过译本的更新与完善，通过自身可能性的拓展，不断追求其存在之"真"。"生成，贯穿文学翻译的整个过程，它是译作从无到有的一种生成，是翻译不断抵抗不可能性的一种生成，也是原作超越自身走向生命拓展的一种生成。"（刘云虹，2022b：598）

翻译方法参与翻译生成的各个阶段并在其间发挥作用，构成促进文学翻译生成的一个核心要素。首先，翻译方法促进翻译之"生"。无论在实践经验还是理论研究层面，我们都深知，翻译不可能是机械的语言转换或文本复制，而必然是对原文进行某种改造和更新的创造行为。尽管翻译活动有着社会、文化、历史等多重属性，与社会交流、文化沟通、思想传承、知识传播等多个方面密切关联，但就创造而言，主要涉及文本语言形式，关乎语言及语言间差异所导致的局限与挑战。刘宓庆（2005：173）指出，翻译过程中主体面临着"一个最基本、可谓无所不及的限制，即双语（SL-TL）之间的差异"，其中有语义、语法、表达法、思维等各个方面的差异，不仅是表层的，也是深层的。正由于这种种差异的客观存在，"双语转换才成为颇费周章的、多层面的、高难度的分析工作，才吸引着一代一代的人倾其才情、竭其心智地探索以求"（刘宓庆，2005：173）。涉及文学翻译，还难免会遭遇文字的特殊意义，朱光潜（2009：534）在《谈翻译》中曾说："文字是有生命的东西，有时喜欢开一点玩笑，要一点花枪。离奇的比譬可以使

一个字的引申义与原义貌不相关，某一行业的隐语可以变成各阶级的普通话，文字游戏可以使两个本不相关而只有一点可笑的类似点的字凑合在一起，一种偶然的使用可以变成一个典故"，此类字义"了解既不易，翻译更难"。可见，即便不论两种语言背后的社会、文化、传统、意识形态等方面给翻译造成的障碍，仅就文字层面而言，译者也须"竭其心智"去探索如何选择与运用恰当的方法，克服翻译中遭遇的种种差异，以成功实现双语转换。译作承载着原作来世的生命，翻译方法促成语言符号的创造性转换，这一方面确保译本得以诞生，另一方面构建译作与原作之间的一种伦理关系，从而使原作得以超越时空的制约，获得新的生命。

其次，翻译方法促进翻译之"成"。作品的生命力需经由读者的阅读才能被赋予，正是目的语读者的创造性阅读与阐释推动着译作生命不断延续、不断丰富，因此，翻译方法对翻译生成的驱动作用必然体现在读者的理解与接受过程中。一方面，翻译始终面向读者，即便译者秉持为原作服务的翻译观，他在选择和运用翻译方法时也不会完全不考虑目的语读者的接受，相反，一个追求翻译之真的译者必然力图在对原文的忠实与译本的可接受性之间寻得平衡。能否通过恰当的翻译方法实现这样的平衡，使译作既不背离原作，又能兼顾读者的阅读习惯与审美期待，这对于译本能否在目的语语境中构建并拓展其生存空间至关重要。另一方面，读者反应批评所关注的核心问题"意义来源于读者，还是文本？"（本尼特，2014：6）在翻译范畴内也与翻译方法息息相关。对此问题的回答林林总总，莫衷一是，但文本在阅读过程中的引导作用毋庸置疑，纯粹的个人阅读并不存在，阅读总是经由读者与文本的互动而展开，如保尔·德·曼（2008：19）所言，"阅读不是'我们的'阅读，因为阅读仅仅利用文本本身提供的语言成分；把作者与读者区别开来是阅读所证明的错误区别之一"。当涉及外国作品的阅读时，译者通过一定方法的运用而进行的语言转换工作便在很大程度上决定着文本的样貌以及读者对文本的接受。

翻译方法促使译本生命在目的语社会文化语境中得以延续和丰富，这种驱动作用尤其体现在经典著作的复译过程中。复译被视为"译本生命传承的一种重要方式"（刘云虹，2022b：592），其必要性源自翻译不断自我更新、不断拓展原作生命力的诉求。具体而言，复译的价值可以体现在多个方面，如纠正前译在语言表达上的不足或谬误、增强时代气息以满足当代读者的审美需求、丰富对原作意义的理解、深化对原作文学特质的认知等等。很多时候，这些价值正是通过翻译方法的运用来实现的。著名翻译家钱春绮（2005：31）在谈及重译《查拉图斯特拉如是说》的原因时，曾表示："既然已有过3位大家的译本，我为什么还要重译呢？一句话：就是要在译本中附上大量译注。……本书原文虽然句子简短，没有德文著作中常见的那种连环套式冗长的复合句，但却富含深意，绝非一看就懂，而且有许多晦涩之处，就连德国的学者也感到捉摸不定。"添加注释是一种常见的翻译补偿方法，此方法有助于译者尽可能准确地传达原作的语义，再现原作的风格，促使译本在不断的更新与完善中获得新的生命力。在这个意义上，翻译无定本，这不是翻译的遗憾，而是翻译生成的重要表征，也不是原作的遗憾，而是原作在翻译生成中持续迸发生命光彩的动力。

可以说，无论翻译之"生"，还是翻译之"成"，都与译者所选用的翻译方法紧密关联。论及译者，应特别关注的是，作为翻译活动中的核心行动者，译者的主体性介入贯穿翻译的整个过程，而译者要成为真实主体并发挥其主体作用必须基于一定的条件，其中最关键的是译者在翻译行为过程中的主体意识、伦理立场和创造行动（刘云虹，2022b：593）。这三个方面，尤其是创造行动，显然离不开译者在策略与方法层面的能动选择。

二、从翻译之"生"看翻译方法

"无论在中国还是在西方，翻译都是一项极其古老的活动。事实上，在整个人类历史上，语言的翻译几乎同语言本身一样古老。两个原始部落间的关系，从势不两立到相互友善，无不有赖于语言和思想的交流，有赖于翻译。"（谭载喜，2004：1）翻译之所以历史悠久并在发展中不断丰富其活动形态，根本原因在于翻译具有沟通功能。通过翻译，世界范围内人类思想的传播、文化的交流、文明的互鉴成为可能。具体到文学领域，翻译开启了作品在异域的生命历程，使文学"超越语言、地域、民族和文化的区隔而产生直抵人心的力量"（刘云虹，2022a：58）。如上文所述，翻译方法是形成译本并赋予原作新生命的核心要素，因此在认识与评价翻译方法时，应从翻译之"生"的角度出发，着重关注以下两个方面。

第一，考察翻译方法的选择与运用是否有助于原作新生命的形成。翻译因不同民族、不同文化之间客观存在的各种差异而在人类发展进程中扮演着重要角色，始终是促进文化交流、思想沟通进而推动文明进步的一种不可或缺的力量。无论是某种语言和文化自身的成长，还是文化间的交流与互鉴，抑或是对人类文化多样性的维护，都离不开翻译，更呼唤着翻译。要发挥翻译的作用，首先要保证译本得以诞生并由此赋予原作崭新的生命，倘若译本无法真正形成或没能将原作带向新的生存空间，那么翻译所承载的价值、所肩负的责任便只能是空谈。这样的情况在文学翻译实践中确实存在。据作家高尔泰在《文盲的悲哀——〈寻找家园〉译事琐记》中所述，哈珀·柯林斯出版社计划出版其著作《寻找家园》的英文版并邀请葛浩文担任翻译，葛浩文在没有同作者取得任何联系的情况下以极快的速度将作品译出，并对原作进行了较大程度的调整和删节。高尔泰（2014：92-93）表示："葛译与原文最大的不同，是加上了编年：1949、1956、1957、

1958……并且根据这个先后顺序，调整和删节了原文的内容。由此而出现的问题，不在于是否可以在直译和意译之间进行再创造，也不在于是否可以按照历史的原则，而不是文学的原则来处理文本。问题在于：所谓调整，实际上改变了书的性质；所谓删节，实际上等于阉割。"最终，高尔泰拒绝了这个在他看来"不真实的译本"（高尔泰，2014：96），并另请译者来进行翻译。尽管美国翻译家葛浩文对中国现当代文学的译介与世界性传播做出了极为重要的贡献，但在此例中，他所采取的删改策略没有得到作者的认可，最终也没能为原作带来面向读者的新生命，其对翻译方法的选择无疑是导致译事失败的根本原因。

第二，考察翻译方法的选择与运用是否有助于构建译作与原作之间的伦理关系。翻译注定要在自我与他者之间建立关联，成为文本关系、文学关系、文化关系等各种关系的缔造者，其中最显见的便是原作和译作的关系。从纯粹的语言转换层面来看，将原作译为另一种语言便为它带来了一个全新的生命，但实际上，生命形式之"新"并不具有绝对意义，原作能否真正获得其"来世的生命"在根本上取决于译作与原作之间能否形成一种血脉相连的伦理关系。本雅明（2005：5）在《译者的任务》中明确表示，"如果翻译的终极本质是努力达到与原作的相似性，那么，任何翻译都是不可能的"。也就是说，从原作到译作必然经历某种改造和更新，翻译不可能是某种以趋同为目标的工作，译作与原作"同源而不同一"（许钧，2017：86）。因此，只有保证译作与原作的"同源性"，才能维护两者之间"不可能割断的血缘关系"（许钧，2017：89）。对于翻译方法，我们有必要从译作与原作的关系维度认识其合理性与科学性。

本雅明（2005：4-5）指出，"生命并不仅仅局限于有机的形体"，"生命的一切目的性显示，包括其自身的目的性，归根结底不在于生命，而在于生命本质的表达，在于其含义的再现"。就文学翻译活动而言，译作与原作的血缘关系的建立有赖于物质的译文文本，但更加取决于译作对原作本质属性也即其文学性的呈现。尽管文学可被视为一种文化现象，"需要在其历史语境中进行分析，并与文化的、政治的、经济的和社会的许多现象联系起来"（阿特里奇，2019：3），但不可否认，文学是语言的艺术，"文学的文学性是通过语言的运用而创造出来的。我们在日常生活的交际中使用了同一种语言，但我们的日常语言并没有创造出文学性来。显然，在文学创作中，作家在文学意识的引导下，已经悄悄地对语言作了改变，因此文学语言不同于日常语言，也不同于科学语言"（贺绍俊，2023：27）。因此，构建文学性"离不开语言，这不仅因为文学性必须通过语言才能体现出来，而且还因为语言本身就是文学性的发端"（贺绍俊，2023：30）。再现原作的文学性，在很大程度上意味着再现其语言风格与特质。这就要求，译者以一种美学态度对待原文，深入认知并忠实传达作品在词语、句法、修辞等层面的特点，在译文中充分彰显其文学性。然而，这并非易事。许钧（2021：94）在论及文学翻译的语言问题时指出："在文学翻译中，恰恰就是这种文学性，这种让语言信息变成艺术品的东西往往难以把握，在语言的转换中，经常被翻译者所忽视，或者因为具有很强的抗译性，而被'改造'，被大而'化'之。更有甚者，以通顺、流畅为名，被随意改变。"译者是戴着镣铐的舞者，在很多不可为而为之的困境中做出适当变通是翻译再创造的体现，但译者主观地去美化原文的做法就另当别论了。这样的例子并不鲜见。米兰·昆德拉是一位很有特点的作家，对其作品的语言风格有着明确追求："我的言语要朴实、准确，仿佛透明一般。"（布里埃，2021：171）昆德拉作品最好的评注者之一克维托斯拉夫·赫瓦吉克（Květoslav Chvatík）就昆德拉写作的"朴实"之风做了更详细的论述："我所了解的作家中，没有其他任何一个如此彻底地执着于每个词的精确、节奏的严密以及句子的语调和节奏，也没有其他任何一个如此敏感于令人不舒服的隐含意义……他要求表达清晰，在语义上绝对只有一种可能，这就排除了语言的晦涩、模糊与含混不清（这丝毫不意味着必须断定文本在整体上具有单义性）。"（布里埃，2021：170-171）然而，这种以朴实和"作为审美意图的简练"（布里埃，2021：171）为特点的写作风格在一个名叫马塞尔·艾莫南（Marcel Aymonin）的法译者那里却被改变了。艾莫南在翻译昆德拉的《玩笑》时，"认为应该对文本进行改写，以便使它更符合'法式优美风格'的标准。因此，他在翻译中过度使用了被昆德拉称为'美化的隐喻'的描写：于是，原文中一句'树是彩色的'在艾莫南的笔下变为'充满多种色调的树'"（布里埃，2021：154-155）。更有甚者，由于原作语言风格的改变，主要人物的性格也被随意歪曲。昆德拉指出，"卢德维克是小说三分之二内容的叙述者，在我这里，他用一种朴实而清晰的语言进行表达；在译文里，他变成一个做作的哗众取宠之人，把隐语、故作风雅和古语混杂在一起，目的是不惜一切代价地让他说的话变得有趣"（布里埃，2021：155）。在昆德拉看来，从原作"朴实而明朗"的风格到译作"绚丽而怪异"的风格，译者"不是在翻译小说，而是在重写"（布里埃，2021：154）。无论是出于客观上审美意识和能力的欠缺，还是出于主观上赋予原作"法式优美风格"的愿望，《玩笑》法译者对翻译方法的选择与运用都可谓失当。显然，这样的翻译方法所形成的译本无法重构作品的文学性，更遑论塑造译作与原作应有的伦理关系并在此基础上赋予原作一种真实的新生命。

三、从翻译之"成"看翻译方法

译本的诞生为原作带来新的生命样态，但这并不意味着翻译过程的完结，相反，翻译在异质语言文化中的成长历程将由此开启。翻译活动在本质上具有沟通与建构功能，文学翻译生成的根本指向也就在于经由译作生命的延续与拓展为原作不断注入新的生命活力，从而真正实现通过文学交流促进文化传播、文明互鉴的目标。从翻译之"成"看翻译方法，应立足于这一基本认识，对以下方面给予特别关注。

首先，考察翻译方法的选择与运用是否有助于读者对译作的接受。如同原作一样，译作也始终面向读者，通过读者的阅读和阐释获得其存在意义，彰显其生命价值。因此，译作能否为目的语读者所广泛接受是译者在选择翻译方法时应予以考量的一个重要方面。这在很多翻译家身上都有明显体现，最典型的例子便是林纾的翻译。林纾之所以选择以文言文翻译西方小说并采用归化翻译策略，主要原因之一是为了迎合清末民初那个既定时代语境中读者的阅读品位和审美期待。如有学者所言，"清末民初，中国读者开始接触西方文学，他们对西方小说的阅读期待和文化上的巨大差异决定了林纾必须使用特定的翻译策略或翻译程序，达到翻译西洋小说的教化目的"（金明，2020：8）。我们知道，林纾怀有强烈的爱国热情，以译书为开启民智的实业，出于这样的翻译动机，他必然要通过一定的翻译方法加强译作在语言和文化层面的可接受性，使其能有效地引发读者的阅读兴趣，从而获得尽可能多的读者的认同。林译《巴黎茶花女遗事》问世"不久即风靡全国，读者反响热烈"，大部分林译小说"深受当时读者喜爱"（金明，2020：2-3），这样的接受效果显然离不开林纾对翻译方法的合理选择。因此，尽管林纾的翻译方法在彼时反对旧文学、提倡新文学的新文化运动背景下受到刘半农等人的严厉批判，并在某种程度上有悖于翻译的忠实性原则，但从读者接受的角度来看，林译小说充分体现出翻译在促进中西文学交流与文化沟通中的作用，正如钱锺书（2009：776-777）所说，"林纾的翻译所起的'媒'的作用，已经是文学史上公认的事实"，"它是个居间者或联络员，介绍大家去认识外国作品，引诱大家去爱好外国作品，仿佛做媒似的，使国与国之间缔结了'文学姻缘'"。同样，郭沫若（1958：113-114）在谈及林纾的翻译时，表示林译小说对自己"后来在文学的倾向上有一个决定的影响"，并以亲身阅读体验表明了林纾翻译的"媒"与"诱"及其成功之处：《迦茵小传》"怕是我所读过的西洋小说的第一种。这在世界的文学史上并没有什么地位，但经林琴南的那种简洁的古文译出来，真是增了不少的光彩"；《撒克逊劫后英雄略》"这书后来我读过英文，他的误译和省略处虽很不少，但那种浪漫派的精神他是具象地提示给我了。我受 Scott 的影响很深，这差不多是我的一个秘密……我读 Scott 的著作也并不多，实际上怕只有 Ivanhoe 一种，我对于他并没有甚么深刻的研究，然而在幼时印入脑中的铭感，就好像车辙的古道一般，很不容易磨灭"。从翻译之"成"的维度认识翻译方法，我们有必要衡量既定翻译方法所形成的译作是否有助于引发目的语读者的阅读兴趣、有效促进读者对异域文学与文化的接受。但必须指出，生成是一个动态发展的过程，在生成视域中看待文学翻译，就意味着要用一种历史的目光去认识翻译、评价翻译，深刻把握文学译介活动的阶段性和发展性。也就是说，在认识和评价翻译方法时，必须明确，所谓"读者接受"不应被孤立或机械地加以理解，唯有将其置于既定历史文化语境中并结合翻译价值目标予以考察，才能做出科学、合理的评判。

　　其次，考察翻译方法的选择与运用是否有助于翻译文学经典的生成。在文学译介领域探讨译作生命的延续与拓展，有一个特别值得关注的方面，即翻译文学经典化。翻译文学经典能否得以生成与翻译方法、文学接受息息相关，正如有学者指出的，"站在翻译文学经典的高度，翻译研究可以面向超越传统的新领域，关注译作的影响传播空间、译语读者的审美期待和接受与反应，并由此反观翻译主体再创作活动中的选择、取舍、变通等处理方法及原则"（宋学智，2020：3）。翻译是受主客观多种因素共同影响和制约的复杂活动，翻译文学经典"同文学经典一样是纯诗学和政治诗学协调下的产物"，其生成也有内因和外因，既取决于"文本外部风调雨顺的译入语文化政治气候"，也离不开"文本内部译者不遗余力的再创作实践"。（宋学智，2020：18）无疑，文学内部的再创作实践在很大程度上依赖译者对翻译方法的有意识的选择和运用，在这个意义上，从翻译之"成"来探究翻译方法，有必要重视翻译方法对于促进翻译文学经典生成的作用，从翻译文学经典化的角度认识其合理性与有效性。试以傅雷的翻译为例。傅译《约翰·克利斯朵夫》是公认的翻译文学经典，柳鸣九（1993：273）指出，"在中国，凡是有文化教养的人，对《约翰·克利斯朵夫》这部作品，几乎无人不晓，其中相当大一部分人还是这部作品热烈的赞美者、崇拜者"；宋学智（2022：1）认为，"傅译《约翰·克利斯朵夫》在我国广大读者尤其是知识分子中所产生的影响，从其普遍性、深刻性和持久性来说，远远超过同类其他的外国文学译作"。这样一部翻译文学经典的生成必定得益于傅雷对翻译方法的恰当运用以及由此导向的合理有度的翻译再创作。仅从原作开篇第一句的翻译来看，两者之间的紧密关联便可窥见一斑。对于原句前半部分"Le grondement du fleuve"（直译为"江水的轰隆声"），傅雷没有局限于字面意思，采取与原文完全对应的译法，而是将其创造性地译作"江声浩荡"。傅雷在翻译实践中主张译作与原作"神似"，力求"要把原作神味与中文的流利漂亮结合"（傅雷，2006：579），这不仅是一种翻译追求，也是他在翻译过程中实实在在遵循的实践原则与方法。基于这样的选择，他从整部作品的精神内涵与文学特质出发来进行翻译再创造，通过有力的译语表达再现原著开篇所蕴含的那种英雄横空出世的恢宏气势。在 1937 年初译本的《译者献词》里，傅雷评价原著道："它是千万生灵的一面镜子，是古今中外英雄圣哲的一部历险记，是贝多芬的一阕大交响乐"（转引自：柳鸣九，1993：274）。在 1952 年重译本的原著简介里，傅雷同样写道："它不但成为主人翁克利斯朵夫的历险记，并且是一部音乐的史诗"（转引自：柳鸣九，1993：274）。对于这样一部震撼人心的音乐史诗，应该说，"江声浩荡"确实比其他译者的译法，如许渊冲所译的"江流滚滚"、韩沪麟所译的"江河咆哮"，更能体现出"一种气势"、一种"排山倒海的力量"（许钧，2002：23-24），也更能给中国读者的心灵带来猛烈冲击，引发强烈的情感共鸣。甚至可以认为，正是这"永远回响的'江声浩荡'"（宋学智，2022：156）助力傅译《约翰·克利斯朵夫》成为一部值得一代又一代读者铭记的翻译文学经典。如许钧（2002：23）所指出的，"这四个字，不仅仅只是四个字，在许多中国读者的脑海中，它已经成为一种经典，没有这四个字形成的英雄出世的先声，便没有了那百万余言、滔滔不绝的长河小说的继续和余音"。试想，若没有译者对翻译方法的合理选择，恐怕难以产生能长久激荡于读者心灵深处的创造性译文，也就难以实现翻译文学经典的生成。

再次，考察翻译方法的选择与运用是否有助于文本阐释空间的拓展。如果说翻译之"生"是原作经由译本的形成而获得新生命的过程，那么，翻译之"成"则是译本生命在新的历史文化语境中不断得以延续和拓展的过程。如上文所述，在文学翻译生成中，文学复译是一种不容忽视的生命延续和拓展方式，对推动翻译生成进程具有重要而特别的意义。复译绝不等同于简单的重复，只有在更新和完善中复译才能体现其合理性与存在价值，这就决定了"文学复译，要面对新的时代、新的读者，需要对原作有新的理解、新的阐释，对原译有新的超越，促使翻译在不断更新与完善的译本中实现自身的丰富与成长"（刘云虹，2022b：592）。因此，立足翻译之"成"来把握翻译方法的合理性与有效性，尤其当涉及文学复译活动时，一个主要的方面就在于考察译者采用的翻译方法能否为文本阐释拓展空间，进而为原作新生命的传承和丰富带来新的可能。在中国的外国文学译介史上，《小王子》可谓文学复译的一个极具代表性的个案，其复译热潮从20世纪80年代一直延续至今，译本数量相当可观，目前已接近200种。柳鸣九译《小王子》便是其中之一。在翻译实践中，柳鸣九不主张盲目求"信"，认为"对'信'的绝对盲从，必然造成对'雅''达'的忽略与损害"（江胜信，2019），因此他推崇钱锺书的"化境说"，以"化"为翻译追求。基于这一翻译原则与目标，柳鸣九对翻译方法有独特的理解和明确的选择，在他看来，翻译就是"先把原文攻读下来，对每一个意思、每一个文句、每一个话语都彻底弄懂，对它浅表的意思与深藏的本意都了解得非常透彻，然后，再以准确、贴切、通顺的词语，以纯正而讲究的修辞学打造出来的文句表达为本国的语言文字"（江胜信，2019）。在翻译《小王子》的过程中，柳鸣九一方面力求准确把握小说蕴含的情感与精神，另一方面注重通过锤炼文学语言进一步渲染原作中细腻真挚的情感，突出原作深刻的精神内涵。试举一例：

原文：Quelle drôle de planète ! Pensa-t-il alors. Elle est toute sèche, et toute pointue et toute salée. Et les hommes manquent d'imagination. Ils répètent ce qu'on leur dit... Chez moi j'avais une fleur : elle parlait toujours la première...（Saint-Exupéry, 2007: 80-81）

柳译：这时，小王子心想："这个星球真古怪，它贫瘠枯燥，瘦骨嶙峋，苦涩发成。还有，那些地球人，完全没有个性，没有想象力，只会重复别人对他们说过的话……还不如在我那颗星球上，好歹我还有一朵花儿，她总是主动先跟我说话……"（埃克絮佩里，2012：89）

这段话写的是小王子来到地球，登上一座高山的顶峰欲与群山"对话"，却只收获一阵阵回音后的心理活动。原文语言质朴、情感内敛，描写小王子对地球的印象时所用的三个形容词sèche（干的）、pointue（尖的）、salée（咸的）都是法语中常见的、意义较为单一的普通修饰语，也容易由中文对应译出。柳鸣九却将它们悉数译为四字格并在译语中增添了"贫瘠""苦涩"等原文字面上没有的情感色彩。此外，"完全没有个性""只会""还不如""好歹"等直接彰显情感的表达也是译者通过增译法加诸译文的。柳鸣九将如此处理称为"添油加醋"，并明确表示，"把全篇的精神拿准，再决定添油加醋的轻重、力度、分寸与手法，而绝不是随心所欲，为所欲为"（江胜信，2019）。通过这样的翻译方法，柳译尽管相较原文呈现出一定程度的偏离，也不似其他更为贴近原文的译本那般忠实，但却生动展现出译者心目中小王子的纯真形象，使读者能真切感受小王子对他的星球、他的玫瑰花的那份强烈感情，也深刻领会作品中关于爱与责任的哲理内涵。可以说，译文在不违背原著意蕴的前提下丰富了读者对原文的理解，拓展了文本的阐释空间。

最后，考察翻译方法的选择与运用是否有助于翻译自身的成长。从生成视域来看，翻译既是一个动态的发展过程，也是一个复杂的关系场域，因此翻译生成有两个基本面向，一是"面向未来"，二是"面向翻译居于自我与他者关系中的无限可能性"（刘云虹，2017：616）。两者具有内在关联性，共同关涉的一点便是翻译所涉关系的演进为翻译自身成长带来的驱动力。翻译方法参与翻译整个生成过程，也直接介入翻译场域内各种关系的构建，因而对推动翻译行为本身不断获得更大的实践与发展空间发挥着不容忽视的作用。具体而言，文学译介活动经由恰当的翻译方法所导向的文本接受与传播的良好态势，可以更为有力地促进原语文化和目的语文化之间的交流、沟通与互鉴，推动两种文化缔结更为紧密、和谐的关系，从而为翻译在语言、文化、社会、历史等诸多层面超越障碍、打破局限提供可能。以莫言作品在法国的译介为例，法国是世界范围内译介中国当代文学的重镇，也是翻译出版莫言作品最多的国家，甚至被认为在莫言走向世界的进程中扮演着某种"必要中转站"的角色（刘云虹，2022a：53）。杜特莱（Noël Dutrait）是莫言作品的主要法译者之一，他在翻译实践中一贯秉持翻译忠实性原则，主张译者应尽可能忠实于原作，竭力表达出作者想说的话，同时也充分考虑译本的可读性（Karaki & Carbuccia, 2013: 7）。基于这样的翻译原则，杜特莱对翻译方法有着理性的认识和选择，他明确表示："对我来说，要使翻译取得成功，唯一的方法在于不要定下过于僵化的基础原则。当译者可以完美地翻译一句话，又丝毫不违背原文的意思时，一切都没问题。如果一个句子中包含某些对法语读者来说难以理解的词，那就必须努力找到一个对等词，可能的话，还要加上一条尽量简短的注释，以便帮助读者理解。在我看来，译者应该以灵活的方式来应对每一种情况，首先为作者服务，其次为读者服务。我们知道，翻译一定有所损失（例如，在对难以转换的文字游戏的翻译中），但我们也可以找到一些能展现作者想法的准确的词或词组来进行'补偿'。"（刘云虹、杜特莱，2016：39）基于此，杜特莱在翻译莫言作品时，没有机械固守某种绝对的翻译忠实观，而是在异化翻译和归化翻译之间努力保持平衡，并根据所译文本灵活选择具体的处理办法。此外，如杜特莱所言，莫言的其他法译者，如林雅翎（Sylvie Gentil）、尚德兰（Chantal Chen-Andro）、尚多礼（François Sastourné），对翻译几乎持同样的看法，正是这种忠实而不僵化的翻译方法促使莫言作品的法译本获得巨大成功，即使在莫言获得诺贝尔文学奖之前也同样如此（刘云虹、杜特莱，2016：41）。总体来看，莫言作品的法译本不仅力求最大限度再现莫言独特而多元的创作风格，而且力求符合法国读者的审美期待和阅读习惯。这样的翻译不仅对促进莫言在法国的真实接受发挥了至关重要的作用，也经由翻译的建构性力量促进了中法文学文化关系的发展，从而在更广泛的意义上借助自我与他者关系的积极演变，反过来为翻译自身的成长创造更为适宜的外部环境与客观条件，进一步拓展翻译活动的可为空间，推动翻译场域内各要素之间形成良性循环。

四、结语

翻译方法是翻译实践必然要面对的现实问题，也是翻译研究绕不开的核心命题，其重要性不言而喻，相关研究成果因而也十分丰富。探究翻译方法的路径多种多样，语言学、社会学等理论途径以及语料库技术等翻译新技术的应用都有助于对翻译方法的考察与评价。以往的翻译方法研究多针对翻译静态过程，集中于文本对比分析，结合翻译动态过程尤其是翻译场域复杂关系而展开的讨论并不多见。翻译不仅直接关涉静态的结果，也指向动态的过程，以生成性为其本质特征。立足文学翻译生成，从翻译之"生"与翻译之"成"两个阶段对文学译介领域内翻译方法与翻译生成的相互作用进行探讨，有利于我们突破文本的局限，从过程和关系的双重维度更为深入地认识翻译方法，也更为合理地评价翻译方法。在当下的中国文学外译中，翻译方法因其重要的实践意义与理论价值而备受关注，激发了翻译界、文化界和媒体等各方的热议和争论，这迫切需要译学界进一步把握翻译方法问题的复杂性，从翻译本质、翻译价值目标、译者主体性、文学译介和文化接受的阶段性与不平衡性等多方面对翻译方法的选择和运用进行更为深入全面的探讨，同时澄清对于中国文学外译中翻译方法问题的某些功利性或绝对化的认识。将翻译方法置于翻译生成视域下进行探析正是对这一需求的回应，以期能为翻译方法问题研究带来些许新的思考。

参考文献

Karaki, E. & Carbuccia, C. Entretien avec Noël Dutrait, un traducteur « principalement fidèle » . *Les chantiers de la création*, 2013(6): 1-16.

Saint-Exupéry, A. de. *Le petit prince*. Paris: Editions Gallimard Jeunesse, 2007.

阿特里奇. 文学的独特性. 张进，董国俊，张丹旸，译. 北京：知识版权出版社，2019.

埃克絮佩里. 小王子. 柳鸣九，译. 北京：外文出版社，2012.

本尼特. 文学的无知：理论之后的文学理论. 李永新，汪正龙，译. 郑州：河南大学出版社，2014.

本雅明. 译者的任务. 陈永国，译//陈永国. 翻译与后现代性. 北京：中国人民大学出版社，2005：3-12.

布里埃. 米兰·昆德拉：一种作家人生. 刘云虹，许钧，译. 南京：南京大学出版社，2021.

德·曼. 阅读的寓言——卢梭、尼采、里尔克和普鲁斯特的比喻语言. 沈勇，译. 天津：天津人民出版社，2008.

方梦之. "翻译策略"何以成为我国翻译研究的第一高频词. 上海翻译，2022（2）：1-6+95.

傅雷. 傅雷文集·书信卷. 北京：当代世界出版社，2006.

高尔泰. 草色连云. 北京：中信出版社，2014.

郭沫若. 沫若文集（第六卷）. 北京：人民文学出版社，1958.

贺绍俊. 重建文学性先从语言性做起. 当代文坛，2023（5）：27-31.

金明. 导言//中华翻译家代表性译文库·林纾卷. 杭州：浙江大学出版社，2020：1-24.

江胜信. "翻译家"柳鸣九：无心插柳柳成荫. 光明日报，2019-01-02（13）.

刘宓庆. 翻译美学导论. 北京：中国对外翻译出版公司，2005.

刘云虹. 试论文学翻译的生成性. 外语教学与研究，2017（4）：608-618.

刘云虹. 关于新时期中国文学外译评价的几个问题. 中国外语，2019（5）：103-111.

刘云虹. 莫言作品在法国的译介及其启示. 扬子江文学评论，2022a（5）：53-58.

刘云虹. 文学翻译生成中译者的主体化. 外语教学与研究，2022b（4）：590-599+640.

刘云虹，杜特莱. 关于中国文学对外译介的对话. 小说评论，2016（5）：37-43.

柳鸣九. 罗曼·罗兰与《约翰·克利斯多夫》的评价问题. 社会科学战线，1993（1）：270-275.

钱春绮. 我为什么要重译《查拉图斯特拉如是说》//郑鲁南. 一本书和一个世界. 北京：昆仑出版社，2005：31-34.

钱锺书. 林纾的翻译//罗新璋，陈应年. 翻译论集（修订本）. 北京：商务印书馆，2009：774-805.

宋学智. 傅雷与翻译文学经典研究. 杭州：浙江大学出版社，2020.

宋学智. 翻译文学经典的影响与接受——傅译《约翰·克利斯朵夫》研究（修订本）. 杭州：浙江大学出版社，2022.

谭载喜. 西方翻译简史（增订本）. 北京：商务印书馆，2004.

许钧. 作者、译者和读者的共鸣与视界融合——文本再创造的个案批评. 中国翻译，2002（3）：23-27.

许钧. 江苏社科名家文库·许钧卷. 南京：江苏人民出版社，2017.

许钧. 关于文学翻译的语言问题. 外国语，2021（1）：91-98.

朱光潜. 谈翻译//罗新璋，陈应年. 翻译论集（修订本）. 北京：商务印书馆，2009：529-537.

（特邀编辑：朱含汐）

汉译生命气息同义再现原则论*

黄忠廉　黎雅途**

摘　要：汉译与原作同样应具有生命气息，文学翻译尤其如此，可通过形象的词语、丰富的修辞手法、生动的语气等实现。采用汉语同义手段再现原文生命气息，语用、语义、语形三者出现矛盾时，往往遵循语用首选、语义次选、语形末选的原则。

关键词：汉译；生命气息；同义再现原则

Title: On the Principles of Reproducing the Breath of Life of the Original Text in Chinese Translation

Abstract: The breath of life of the original text should be preserved in its corresponding Chinese translation through diverse lexical, rhetorical and modal approaches, especially in the case of literary translation. In order to reproduce the breath of life of the original text, the pragmatic, semantic and morphological values are followed in the order of decreasing importance in translation.

Key words: Chinese translation; breath of life; the principles of reproducing the breath of life of the original text

一、引言

国外研究汉译生命气息的专论几乎未见，只在论及其某个要素时涉及，且多从宏观上涉及翻译规范和译作的生命等（Benjamin, 1996; Nida & Taber, 1969; Newmark, 1988; Baker, 1993）。国内百余年来虽未直接提出汉译的生命气息问题，但许多学者在论述中均有涉及，如马建忠的"善译"、茅盾的"神韵"、郭沫若的"风韵译"、朱生豪的"神味"和"神韵"、金岳霖的"译味"，微观上从修辞、译技层面探讨生命气息某些元素的翻译，表述未能术语化，思想亦未上升至学理层面。刘士聪（2002）明确指出文章的韵味，尤其是散文的韵味主要表现为声响和节奏、意境和氛围、个性化的话语方式；余光中（2002）则对汉译诸多破坏生命气息的现象进行了批评；毛荣贵（2005）认为，汉

---

*　本文系国家社科基金重大项目"中国翻译理论发展史研究"（20&ZD312）阶段性成果。

**　作者简介**：黄忠廉，广东外语外贸大学翻译学研究中心专职研究员、博士生导师。研究方向：变译理论、翻译学、汉译语言和汉外对比。电子邮箱：zlhuang1604@163.com。黎雅途，广东外语外贸大学高级翻译学院博士研究生，广东财经大学外语学院讲师。研究方向：翻译理论与实践。电子邮箱：interpreterchris@163.com。

语是感性的语言，强调经验及其提升，强调审美及其语感，汉语能力与其音形义审美判断力密切相合是汉语的生命力之所在；潘文国（2008）更是哀叹文言和方言之消逝，呼吁发掘汉语的特色。黄忠廉、焦鹏帅（2011）开始引入"生命气息"术语，认为情节可定译文生命气息的强弱，而生命气息决定艺术手法，艺术手法决定语气词使用的频率高低。冯全功（2022）则赋予形式以生命气息，将其视为作者或译者生命的外化，认为形式意义和内容意义的完美契合催生出了作品的神韵。在翻译给汉语带来纯洁性危机和翻译研究关注译语文化的语境下，"汉译生命气息"概念的提出与界定、从文学翻译至非文学翻译领域的拓展，一方面有助于提升译学研究术语化意识，另一方面可提供翻译研究与文化研究融合的范式。本文欲进一步厘清汉译生命气息研究的内涵和外延，并进一步探索其同义再现的关涉要素及其取舍原则。

二、汉译生命气息同义再现的内涵辨析

将翻译视作行为过程，可将其拆分为理解、转换、表达三大阶段；"同义再现"指保持原作生命气息所采取的表达行为，而"同义再现原则论"即指导翻译表达行为的原则。汉译生命气息进一步限定了同义再现的范围及翻译方向，表明研究对象是外汉翻译，即译入。基于此，本文先对术语内涵及其所涉要素予以界定。

（一）"汉译生命气息"术语要义

"汉译生命气息"实为喻指用法，指汉译时所再现的原作的生命气息、原作的生命律动、原作的情趣或风格。具言之，生命气息研究实际上关注原作的情趣或风格如何历遍、往返于全译的理解、转换和表达三阶段（黄忠廉，2008；黄忠廉等，2009），如何在译作中得以再生、重现。

在具体领域研究中，汉译生命气息研究以不同术语面貌展示，也可按照不同逻辑进行拆分。如文学翻译的"文学性"，实际关涉汉译如何再现原作的文学性及展示汉语本身的文学性，按文学性可将生命气息分成原作生命气息和译作生命气息。在文学翻译中的生命气息研究实在不少，其术语变体主要有三类：（1）"神""韵""气""味"等单字为词的术语；（2）它们与动词组合的现代词，如"传神""译味"；（3）以它们为词根的双音词，如"神韵""风韵"。此类术语均可纳入汉译生命气息研究范畴。这些术语变体在描述文学翻译时游刃有余，而非文学翻译不具备"文学性"，但仍存"生命气息"。因此，"生命气息"的使用不仅意在术语表征的统一，本质上更可统摄文学翻译与非文学翻译。

（二）全译同义再现金字塔概说

生命气息研究从文本类型来说，含"文学"与"非文学"；从翻译类型来说，关注的是全译。全译根据翻译过程分成理解、转换和表达三大阶段。同义再现指在准确理

解、正确转换原作的语义和语用之后，表达正确且美好（黄忠廉，2011），这种"美好"于文学翻译而言是文学性的再现，于整个翻译而言是生命气息的再现。这说明同义再现聚焦于表达阶段，是生命气息研究的一个重要组成部分。查尔斯·莫里斯（Charles Morris）以意义关系为基础把符号学划分为语构学、语义学和语用学三个分支，广为业界接受。翻译的本质是符际运动，汉译生命气息的同义再现主要涉及三大要素：语用（语用价值）、语义（语里意义）、语形（语表形式）。

这个构型从正向来看，从上到下展示了三者的地位高低、取舍顺序，即三者出现矛盾时，往往遵循语用首选、语义次选、语形末选的原则，呈金字塔形（如图1所示）。但倒过来看，从下往上意味着三者的层层前提关系，没有语形作为基础和支撑，就不会有语义，没有语义对内容的表达，语用价值也就无法实现，要知道空中楼阁只能是幻想。双向结合纵观金字塔，三大要素孰轻孰重，不但要依据基本理论，还要看具体的语境而定，三者既有绝对顺位排列形式，也会发生地位上升或下滑形成相对地位。

图1　全译同义再现要素金字塔

三、汉译生命气息同义再现三原则

同义再现要素的权重取舍构成了汉译生命气息同义再现的原则体系。本文以艺术性最高的文学翻译与日常生活中最具普遍性的公示语翻译为例，在具体语境中全面论述三原则的具体内容。

（一）语用首选原则，以达翻译的交际目的

语用指语言的运用，语用学研究符号与使用者之间的关系，专门研究特定情景中特定话语意义的理解和表达，回答语言使用在上下文中有何交际价值的问题。语用原则处于金字塔顶端，实现它是翻译的最终目标，是译者的最高追求，要知道译本能为译语读者接受才是译文成功的根本评判标准。全译的语用价值主要是反映原作风格。

"语用"说可溯源至"动态对等"说（Nida, 2004）、目的论（Vermeer, 2000），后进

一步发展为现代的语用论，最终形成语用学。耶夫·维索尔伦（Jef Verschueren）认为语用是与语言使用相关的语言现象的功能性（即认知、社会和文化）综观（Verschueren, 1999: 1）。斯蒂芬·列文森（Stephen C. Levinson）则从纵向着眼，认为语用扮演着语义前和语义后的角色。语用翻译包括语用语言等效翻译、社交语用等效翻译（Levinson, 2000）。语用语言等效翻译就是在"词汇、语法、语义等语言学的不同层次上，不拘泥于原文的形式，只求保存原作的内容"，用最贴切而又最自然的对等语再现原语信息，以求等效（何自然，1997: 186）。以上学者无不把语言的使用置于社会、文化等更大的背景之下，突破了文本的平面局限，但同时应该警醒，语用学的顺应论产生于单语研究，与翻译结合将发生质的变化，因涉作者、原作、读者、方向等因素，可构成顺应系统（黄忠廉、刘丽芬，2022）。另外，读者通常不会要求作者将一部作品重写，但可以要求一部译作重译（秦洪武，1999），故此，读者既是涉译语用中的要素，也是作品得以生存之基础。因此，涉译语用宜突出读者作用和间性顺应，这是首选原则。

从大处讲，全译要得原文之生命气息，首先得获取原语文化之精华，然后将其融入译语文化。一般情况下，译者必须在传达内容的前提下，在文体上、表达上尽量符合读者的需求，以求文通字顺，有可读性，采用规范的译语形式，避免翻译腔，这些都是语用意义的具体指标。从翻译单位来看，语用意义的实现又可能关乎话题主体、词语、句型等。请看下例①：

（1）Вот человек! Вот учитель. Какие у него глаза и какой приятный задушевный голос! Как он говорит!

原译：了不起的人啊！了不起的老师，他的眼光多么犀利，声音多么真诚悦耳，讲的话都在点子上啊！

试译：了不起的人啊！了不起的老师！他眼光多么犀利！声音多么真诚悦耳！讲的话都在点子上啊！

原文是在夸奖一名教师，除了какой与相应的形容词приятный和задушевный形容голос外，另外三处引导感叹句的是语气词вот和副词как。原文只有两个语气词Вот，而为了表达作者的赞叹语气，汉译增加"了不起的"修饰"人"（человек）；增加"了不起的"修饰"老师"（учитель）。какие修饰глаза，得补上其语境义"犀利"。как修饰говорит，实指"好"，还只是一般性修饰语，译者进一步增译，以更加贴切地表达如何好。"讲的话都在点子上啊！"而非"他说得多好啊！"。另外，原文段首句为感叹句，

---

① 以下例子均为笔者在长期研究中搜集所得，因年份久远，出处未记录完整，敬请读者谅解。

第三、四句也是，第二句其实也是，从标点看也应用感叹号。汉译之后，原译将第二、三句降为复句的三个分句，减轻了原文的语势。试译除保留四句的语气外，还将第三句分译为两个句子，整个原文变成了五个感叹句构成的句群，感叹之意更盛。

老师是汉语常见的夸奖对象之一，通常提到老师人们都有一些固定的印象，感情倾向是正面的。在夸奖老师时，汉语存在常用形容词，如"伟大的""辛劳的"；存在常见比喻，如"春蚕""蜡烛"等；存在普遍关注的方面，如智慧、责任心、爱心等；甚至存在句型，如感叹句连用。试译真正地揭示了原文语境所蕴含的赞叹之意，汉译因此而更加传神，也更便于理解。

除了文学作品外，一般的公示语也讲究礼貌得体，讲究上口，反映生命气息。语用意义的实现常常由常用词和常用句型体现，在翻译中要注意两种语言在这些方面的差异。凡遇 please，都译作"请"字，显然不可取。"请"是汉语的敬词，表示要求或希望对方做某事。please 在英语公示语中常用，或句首，或句中，或句尾。而汉语不一定用，用则有讲究，要看语境，多半用于句首或句中。有时需跳出公示语公示语，跨出形式译语义，甚至是跳出语义，译出语用真意，以达到原语功能要表达的现场效果。如：

（2）Please DO NOT put other types of plastics in the bin.

原译：请勿将其他类别的塑料投入此桶/箱。

试译：其他塑料勿投箱内。

（3）Please pay before returning to your car.

原译：请您在返回车前先付费。

试译：回车前，先付费。

（4）Please do not park here.

原译：请勿在此停车。

试译：请勿停车。/请勿泊车。

例（2）还可试译作"其他塑料请勿投箱内"，此方案中，"请"字的添加使得前后音节数成双，音律整齐，念起来朗朗上口。例（3）中，试译则不能加"请"字，否则前后两句字数不同，会破坏语言的节奏。例（4）译作"请勿停车""请勿泊车"保留了原文的恭敬之意，如果译作"严禁停车"或"禁止泊车"都有失礼貌，失于武断，其相应的英文应是"No parking"。语境亦是汉译语用需要考虑的因素，该通俗时得考虑上口的效果。比如，公示语大都用于社会生活的方方面面，因而必须与大众生活接近，既要通俗，又要上口，所以通常译得简短有力，易于口头表达，以求传播效果。例如：

（5）Please ride slowly and warn pedestrians as you approach.

原译：请慢速骑行，接近行人提前示意。

试译：骑车请慢行，遇人请示意。

（6）Pass along the platform please.

原译：请沿站台过往。

试译：请走站台。

上述两例浅显易懂，能为大众接受。例（5）的试译利用五字结构和对偶，符合汉民族的接受心理。例（6）中，试译没有搬用英语的"沿着……走"的表达方式，而是利用汉语非常规宾语，即"动词+处所宾语"。类似的还有"写黑板""吃大碗"（邢福义，1996：81），如果照印欧语的说法，应该说成"在黑板上写""用大碗吃"。但"请走站台"是汉语中的地道说法。又如：

（7）Please be aware that the door is difficult to open and close.

原译：请注意此门开关费力。

试译：开关费力请当心。

（8）Please buy your ticket before you board the train.

原译：请在乘车前购买好车票。

试译：上车前请买票。

（9）Please close this gate securely on entry and exit.

原译：出入请将门关严。

试译：出入请关门。

例（7）中，原译在汉语公示语中从未见过，而类似于试译的说法汉译中不少见，如"开门请当心""下车请走好"等。同理，例（8）中，试译可进一步简化为"上车请买票"，至于是"上"之前买还是"上"之后买，根据购票处的位置即可判断，在实际语境中不引起歧义。类似于例（7）至例（9）的说法在汉语中更是形成了一定的语言格式，这种格式一旦形成，就充当了一定思维方法的基本框架，即"双音词+请+双音词"，正如王勃《滕王阁序》千古名句"落霞与孤鹜齐飞，秋水共长天一色"中形成的"……与……齐……，……共……一……"的语言格式，同名句一样升华为具有特殊价值的文化现象、思维模式（邢福义，2000：序）。这种文化现象或思维模式反过来又规约外译汉语言格式的选择，进入这种构句模式，也就有助于思想的表达与传播。

（二）语义次选原则，如实传达内容

语义是语形所承载的内容，包括词义、短语义、句义等。语义学研究符号与所指之间的关系，回答意义是按什么方法确定的问题。全译要力争如实地传达原作的内容，得作者之志。语义原则处在中层，其作用相比之下处于中等地位，但基于特定语境，其地位可能上移，成为相对更重要的原则。比如语用价值很弱、可以忽略不计时，语义会像摄政大臣一样跃居金字塔顶端，成为更重要的原则。但这不意味着语用不需要注意，而是语用价值主要通过语义的表达才能实现，比如，信息型文本翻译或交际翻译的关键在于传递信息，只有信息传达准确到位，才能实现语用价值。

一种情况是，明确语义以实现语用效果。这里以几则公示语翻译为例。公示语只有简洁醒目，才能一目扫尽，起到提醒作用或警示作用。倘若啰里啰唆，读来冗长拗口，其公示作用已减一半。英语公示语"语汇简洁，措辞精确，只要不影响公示语准确体现特定的功能、意义，仅使用实词、关键词、核心词，而冠词、代词、助动词等就都可以省略"（戴宗显、吕和发，2005：41）。而汉语历来简洁，更应是如此。请看：

（10）Please note that all luggage are stored at the owner's risk. The hotel will not accept liability for any luggage lost or stolen.

原译：宾客请注意所有存放行李无论丢失还是失窃，均由物主负责，店方概不承担任何责任。

试译：请注意，行李存放，若有失窃，责任自负。

（11）Please press for assistance.

原译：需要帮助，请按按钮。

试译：有需求，请按钮。

关于例（10），在汉语中公示语开头称对方不用"宾客"，"宾客"是对客人的总称，用之一般带有旁观者或第三者言说的味道；而试译中 lost or stolen 译作"失窃"，在此可包含"丢失"和"被盗"之意，试译比原译少 14 个字，更为精练。例（11）中，原译也前后字数对应，但"按按"叠用，很拗口，要剔去一个。受此管控，前面也要用三个字，形成对仗。因为"汉语多对偶，汉文多排骈，也应取决于中国人思维的内在模式"（李壮鹰，1996：64），如"有困难，找警察"。

另一种情况是，为了表现原作的思维过程，语义翻译力求保持原作的语言特色和独特的表达方式，发挥语言的表达功能。表达语义即是传递风格，实现语用。比如，构成全译语用即风格相似的另一要素是内容的奇趣。奇趣可分为事趣、理趣、情趣、景趣。

"事趣"指事件引起读者强烈的好奇心、新奇感，如契诃夫的《变色龙》通过奥楚蔑洛夫对狗主人的态度的变化，讽刺了小市民上谄下骄的行为；理趣指艺术形象耐人寻味的哲理性，如高尔基的《海燕》；情趣是作品所表现的耐人观赏的情感情味；景趣指作品中富有生气和灵性的读起来饶有兴味的景物。如：

（12）Да што! — с благородною небрежностью проговорил Илья Петрович (и даже не што, как-то: «Да-а шат-а!»), переходя с какими-то бумагами к другому столу и картинно передергивая с каждым шагом плечами, куда шаг, туда и плечо.

原译："瞧您说的！"伊里亚·彼得罗维奇豁达而又随便地回了一句（甚至不是"瞧你说的"，而是有些像"瞧—瞧你说哩—哩！"），拿着什么公文朝另一张办公桌走去，每走一步都潇洒地扭一下肩膀，起哪个脚，扭哪个肩膀。（陆永昌，2007：287）

试译："瞧您说的！"伊里亚·彼得罗维奇豁达而随便地说道（甚至不是"瞧您说的"，似乎是"瞧—瞧您说哩—哩！"），拿着几份公文走向另一张办公桌，每走一步，都神气地晃一下肩，迈哪边的脚，就晃哪边的肩。

"起哪个脚，扭哪个肩膀"意思不明确，应该是指同边迈和晃。译者对语境的把握不准，对句式的选择不同，都会使意义的传达产生些微的差别。

上述两种情况都不意味着把语用原则抛之脑后，而是反映了语义、语用两者相联、相关、相顾的状态。在具体语境下，语义地位发生移动，成为相对重要的原则，以确保语义、语用均得以实现。

（三）语形末选原则，受制于语用与语义

语形是语表形式的简称，包括音形和字/词形，音构成语流，字/词构成文本。语形又以话语或文本组织建构中的句法为最，它研究符号与符号之间的关系，回答句子是按什么规则组成的问题。语言变，语形异，这是不争的事实。将语形作为末选的原则，有双重意味。语形原则处于金字塔的底层，地位也最低，因为在具体的翻译过程中常常会为了实现语用、语义这前两个原则而弃语形原则于不顾。但同时，它是金字塔的地基，也就是最为基础的，传达语用和语义要借用语表形式，语用、语义不能完全独立于语形而存在，不符合汉语表达基本规则的语形会从根基上动摇语用与语义传达的实现。

语形末选原则在翻译中主要体现有取意舍形、因意变形和因意造形等。在此，仅以前者为例。取意舍形通常出现在语义要简明的情况中，多据语境加以省略，避用不必要的文字，而这种删除表现在形式上就是减去原文的词或语，甚至是小句。这里的舍形是

对汉语总体结构的精简，无损原意，但更加清爽有力，故语义反而清晰，语用也得到保证。比如，公示语都有一定的语境，语境能为公示语提供省略的背景。英语是形态比较发达的语言，加上语言之间的差异，有时英语一定要交代的信息，在汉语语境作用下不一定显现，这首先表现为省略。省略的对象常有事物、说话的对象、空间等。如：

（13）Please make sure that you collect a ticket for each piece of luggage.

Please stick the second copy of your ticket(s) on each piece of luggage.

原译：存放时请务必索取行李票，请将行李票的第二联粘贴在行李上。

试译：存放时请务必索取行李票，并将第二联贴在行李上。

语境省略一般是承前省，即后面句子的成分依赖前面句子而简省，有时也用到承后省，即前面句子的成分依赖后面句子而简省。如例（13）试译中第二句的"行李票"承前省略，语境下可知第二联是行李票的。同样，"存放"的对象是"行李"，属于承后省。又如：

（14）If this lift is out of order, please call 020 7363 9777 for assistance.

We apologize for any inconvenience caused.

原译：如果电梯出现故障，请拨打 020 7363 9777 请求帮助。我们为给您带来的任何不便深表歉意。

试译：如有故障，请拨 020 7363 9777。于您不便，深表歉意。

公示语是发话人对受话人的要求，语境明确时不一定将发话人和受话人显示出来，必要时才出现，少用人称。例（14）试译去掉了"我们"，但保留了"您"。再如：

（15）Please help us keep it clean and attractive.

Transgressors will be severely punished.

原译：请协助我们保持站区清洁，违者必将严处。

试译：请协助保洁，违者严惩。

（16）Please refrain from dumping rubbish in this area.

原译：请勿在本区域堆弃垃圾。

试译：请勿乱扔垃圾。

公示语用于一定的时空，尤其是一定的区域。汉语公示语对空间的指示如果有特别需求，则要明指，一般语境下所指内容如果不言而喻，则可以暗指，若将暗指转为明指，有时显得冗余。这类词有"本""该""此"等，多用于指自己或己方的地域，在舍形的基础上进行替换和改变，反而能够清晰地表达语义。如例（15）原译既可省去协助的对象"我们"，也可以省去清洁的对象"站区"；例（16）则敬告居民或行人不要在公示语标示区域做某事，完全可以套用汉语的"请勿乱扔垃圾"，发挥互文性作用。

语用决定了语义的取舍，直接决定了形式的变更；变更原文的语言形式，改变原文的表达方式，并不会影响原文内容的表达，并且新造的语形只会在内容和精神实质上更接近原文。如：

（17）Половина луны ещё висела, незаметно бледная над горизонтом, когда в противоположной от неё стороне начала разгораться заря.

原译 I：半边月亮依然挂在天上，在地平线上悄悄地变得淡白了，这时候，跟月亮相对的那一边朝霞开始发红了。

原译 II：半轮明月依然挂在天际，露出淡淡的苍白色，而东方的天际已是红霞满天了。

试译：半轮明月依然挂在天际，泛出淡淡的白光，而东方已是朝霞满天了。

由 ещё 可以断定，月亮仍挂天上，说明时间由夜而昼，由此判断 горизонт 是西而非东，进而可以断定 в противоположной от неё стороне 指东而非西。原译 I 不明晰，表明理解不明确或者表达受原语语形影响而忽略了语义。原译 II 和试译则在理解之后，完全不管原语的形式，直接反映语境之下的时间与空间概念"朝霞"与"东方"，新构的语形使得时间和方位因素直接融为一体呈现。

四、结语

"生命气息"作为翻译的研究对象可统摄文学与非文学翻译领域。此类研究旨在关注原作的情趣或风格如何历遍、往返于全译的理解、转换和表达三阶段而在译作中得以重现，这意味着透过文本关注汉译、关注译作的生命，从哲学的角度探求翻译的主客体关系，揭示翻译生命活动的本质，可以深化翻译本体研究。研究表明，全译的表达阶段多取决于理解与转换的结果，本文对其聚焦，独立考察，以实现同义再现原作的生命气息为目的，涉及语用、语义、语形三大要素：译以为用，语用再现力促译文反映原作的生命气息，需符合译语读者需求、为其所接受的根本要求，语义再现力争传达原作的一切生命信息，语形再现尽量保留原作的生命气息的表现手段。三者出现矛盾时，往往遵循语用首选、语义次选、语形末选的总原则。

参考文献

Baker, M. *Corpus Linguistics and Translation Studies: Implications and Applications*. Amsterdam: John Benjamins, 1993.

Benjamin, W. The Task of the Translator: An Introduction to the Translation of Baudelaire's Tableaux Parisiens. Zohn, H. (trans.). In Bullock, M. & Jennings, M. W. (eds.). *Walter Benjamin: Selected Writings Volume 1 (1913—1926)*. London: The Belknap Press of Harvard University Press, 1996: 253-263.

Levinson, S. C. *Presumptive Meanings: The Theory of Generalized Conversational Implicature*. Cambridge, MA: The MIT Press, 2000.

Newmark, P. A. *Textbook of Translation*. London: Prentice Hall International, 1988.

Nida, E. *Toward a Science of Translating*. Shanghai: Shanghai Foreign Language Education Press, 2004.

Nida, E. & Taber, C. *The Theory and Practice of Translation*. Leiden: Brill, 1969.

Vermeer, H. J. *Skopos and Commission in Translational Action*. Chesterman, A. (trans.). In Venuti, L. (ed.). *The Translation Studies Reader*. 4th ed. London: Routledge, 2000: 221-232.

Verschueren, J. *Understanding Pragmatics*. London: Amold, 1999.

戴宗显，吕和发. 公示语汉英翻译研究——以 2012 年奥运会主办城市伦敦为例. 中国翻译，2005（6）：38-42.

冯全功. 还形式以生命——文学翻译中形神之争的困境与出路. 天津外国语大学学报，2022（3）：11-21+111.

何自然. 语用学与英语学习. 上海：上海外语教育出版社，1997.

黄忠廉. 小句中枢全译说. 武汉：华中师范大学出版社，2008.

黄忠廉. 全译：同义选择艺术研究——以"It is better X than Y"类汉译为例. 外语与外语教学，2011（1）：40-44.

黄忠廉，等. 翻译方法论. 北京：中国社会科学出版社，2009.

黄忠廉，焦鹏帅. 汉译：捕捉原作的生命气息——以《死魂灵》汉译语气助词为例. 外语教学，2011（1）：86-89+93.

黄忠廉，刘丽芬. 翻译顺应机理层次论. 外国语，2022（6）：88-98.

李壮鹰. 对偶与中国文化——启功《汉语现象论丛》读后. 北京师范大学学报（社会科学版），1996（4）：61-65.

刘士聪. 汉英·英汉美文翻译与鉴赏. 南京：译林出版社，2002.

陆永昌. 翻译，要使中国文化走向世界//上海市社会科学界联合会. 人文教育——文明·价值·传统：上海市社会科学界第五届学术年会文集（2007 年度）（哲学·历史·人文学科卷）. 上海：上海人民出版社，2007：190-196.

毛荣贵. 翻译美学. 上海：上海交通大学出版社，2005.

潘文国. 危机下的中文. 沈阳：辽宁人民出版社，2008.

秦洪武. 论读者反应在翻译理论和翻译实践中的意义. 外国语，1999（1）：49-55.

王玉红. 汉译小句的生命气息考察——以叹词well的汉译为例. 汉语学报，2011（1）：86-94.

邢福义. 汉语语法学. 长春：东北师范大学出版社，1996.

邢福义. 文化语言学. 武汉：湖北教育出版社，2000.

余光中. 余光中谈翻译. 北京：中国对外翻译出版公司，2002.

（特邀编辑：王若菡）

中国文学翻译中的"附加值文学劳动"

石江山 文　许诗焱 译*

摘　要：本文运用宏观经济学中的"附加值"概念阐释美国文学体系的特点及其成因，并将美国文学体系与中国文学体系进行对比，凸显中美两国对于作者权、文学性等关键问题的不同理解。在此基础上，通过展示俄克拉荷马大学华语译文研究馆目前收藏的翻译档案和正在开展的"行动者网络翻译研究"，聚焦中国文学翻译中的"附加值文学劳动"，分析中国文学作品在美国翻译、出版和接受时所面临的主要障碍。本文的研究表明，就中美两国的文学体系而言，东西方之间看似坚不可摧的"集体主义"和"个人主义"二元对立其实有可能是完全颠倒的，并且"行动者网络翻译研究"的多重本质也迫使我们去不断地质疑，以期消除弥漫于比较文学和诗学讨论之中的单一认识论的顽固存在。

关键词：中国文学翻译；附加值文学劳动；行动者网络翻译研究；华语译文研究馆

Title: Value-added Literary Labor in Chinese Literature Translation

Abstract: The present essay uses the term "value-added" in macroeconomics to interpret the characteristics of the U.S. literary system and the causes behind the system, thus manifesting the different understandings of such key concepts as authorial power and literariness between the Chinese and U.S. literary systems. On this basis, by presenting the translation archives now collected at Chinese Literature Translation Archive, University of Oklahoma and Actor-Network Translation Studies (ANTS) developed there, the author focuses on the "value-added literary labor" in Chinese literature translation to analyze the major obstacle when Chinese literary works are translated, published and received in the U.S. The research of this essay shows that the reversal of the heuristic dichotomies of "collectivism" vs. "individualism" in the case of the Chinese and U.S. literary systems should reveal the spurious nature of hard and fast East/West dichotomies, and the multiscalar nature of ANTS forces us to question and hopefully do away with stubbornly monolithic heuristics which permeate discussions of comparative literature and poetics.

Key words: Chinese literature translation; value-added literary labor; Actor-Network Translation Studies; Chinese Literature Translation Archive

> 写作很简单。你所要做的，就是把错误的词语划掉。
>
> ——马克·吐温

---

*　**作者简介**：石江山（Jonathan Stalling），美国俄克拉荷马大学教授、国际研究学院院长，*Chinese Literature and Thought Today*（《今日中国文学与思想》）主编，华语译文研究馆馆长。电子邮箱：stalling@ou.edu。
　　译者简介：许诗焱，南京师范大学外国语学院教授、博士生导师，俄勒冈大学亚洲与太平洋研究中心访问学者。电子邮箱：helenhelen99@163.com。

　　几年前，我在久负盛名的艾奥瓦大学作家工作坊短期访问了几天，当时一位知名中国诗人和我一起参加了一个诗歌创作工作坊。这位中国诗人给大家传阅了一首他翻译的自己的诗歌，随后开始了工作坊的常规流程（我将其称为"附加值文学劳动"，即"value-added literary labor"）。参加工作坊的大部分人所提出的建议，只是让诗人解释原诗中一句话或者一个词的意思，这样大家就可以对他的翻译进行修改。但也有一些参与者的建议明显偏离了原诗的所指范围或者"意图"。对于后一种建议，诗人回答，尽管他认为这些建议有可能改进原诗，但他并不认为自己应该考虑修改它。一位参与者随即提问："如果你认为这比原诗好，那你为什么不修改呢？毕竟你是作者，是吧？"诗人看着我，紧张地笑了一下，仿佛想说："我是吗？"然后我们就接着讨论下一首诗了。

　　为什么这位诗人对于在工作坊的情境中修改自己的诗歌略显犹豫？其他被讨论的诗歌都在工作坊中得以"改善"。我本以为他可能相信一种个人诗学，认为诗歌写作是一种萨满式的媒介（shamanic medium）或者自我之外的预言之声，而诗人仅仅是一个导体，让一个句子可以表达他自己，就像杰克·斯派塞（Jack Spicer）那样。但是，在我们进一步对话之后，我意识到，他只是对此感到惊讶：美国人竟然如此习以为常地愿意接受创作过程中其他行动者的干预。翻译显然是能够以工作坊的形式完成的，因为目的语文本中的用词变化能够让翻译"更加贴近"源语文本的意义，或者能够让翻译在目的语社会语言和美学的标准之下显得更有"诗意"，但是原创诗歌怎么能这样呢？由一位诗人创作的一首原创诗作，怎么能够被其他人改进呢？一旦如此，那它就不再是由一位诗人创作的原创诗了。当然这样的想法在美国也曾经出现过。对于大部分的中国诗人而言，创意写作是由个人独立完成的，并且这种观念上的差异在很大程度上影响到美国和中国的文学概念，因为这与两国对于作者权的定义密切相关。在美国，创意写作、小说和诗歌出版行业已经过一个半世纪的稳定发展，文学性的概念已经从单个天才写作天赋的特质，逐渐转向一种根植于以市场为导向的更大范围文学体系的特质；也就是说，美国体系中的文学性已经与更大范围的附加值经济逻辑捆绑在一起。在宏观经济学中，"附加值"这个术语是指一个公司在将产品和服务提供给消费者之前附加其上的额外特征或经济价值。一个产品或服务的附加值越多，公司对产品或服务的收费就越高。美国文学体系是如何被卷入更大范围的附加值经济系统的，这段历史尚未被书写，但可以从美国创意写作行业的近况中收集到一些信息（Abramson, 2018; McGurl, 2011）。

　　中国文学体系则有所不同，它尚未演化出一种附加值经济结构——这一差异至关重要。实际上，中美两种文学体系之间的差异，有可能是英汉比较文学研究和翻译中最为重要的因素，但也是迄今为止最容易被忽视的因素。2018年，"中国现当代文学在海外的译介与接受"国际研讨会在上海举办，我在会上发表了主旨演讲"华语译文研究馆与ANTS[①]（Actor-Network Translation Studies，行动者网络翻译研究）"。我向大家介绍了俄克拉荷马大学华语译文研究馆的驻馆学者们正在开展的研究。该馆目前收藏了亚瑟·韦利（Arthur Waley）、葛浩文（Howard Goldblatt）、叶维廉（Wai-lim Yip）、顾彬（Wolfgang Kubin）、霍布恩（Brian Holton）、凌静怡（Andrea Lingenfelter）等翻译家的纸质翻译档案。在2020年疫情暴发导致跨太平洋旅行暂停之前，有20多位学者曾在研究馆访学，访学时间为6个月至12个月不等，我在主旨演讲中描述了其中几位学者的研究。我所考察和参与的工作运用了一种新的方法论，我将其命名为ANTS。罗纳德·施莱费尔（Ronald Schleifer）与我合作研究这个项目，他所从事的文学批评和跨学科人文研究将翻译置于学科的交界处。我们已经将这些早期的想法加以拓展，表达出一种更加有力的ANTS概念，将翻译网络中的行动者力量（Agential Power in Translation Networks）与言语行为理论（Speech-Act Theory）、行动者网络理论（Actor Network Theory）以及复杂系统理论（Complex Systems Theory）相结合，因为这些理论框架都蕴含于华语译文研究馆所收藏的材料之中，以及研究人员对相关材料的整理与研究之中。

一旦出现了新的原始材料，学者们显然就不能让翻译研究局限于出版的原文与译文之间的对比分析。如果将译者视为独立的行动者，那就忽视了参与文学翻译作品出版的很多其他文学行动者，主要包括出版者、编辑、文学经纪人、营销人员等。华语译文研究馆的驻馆学者们运用大量学术档案，包括手稿、笔记、通信、合同、参考资料和翻译过程中留存的其他资料，得出如下结论：翻译存在于"明显的网络结构之中，复杂系统理论将其描述为'关联度'……不仅涉及语言学、文化、认知和意识形态层面，也涉及不同行动经济之间更大范围的协商。我们认为，那些协商的过程就蕴含在翻译档案之中，一目了然"（Stalling & Schleifer, 2020: 24）。

在本文中，我将更加深入地探讨汉英翻译研究为何需要更好地阐释现代美国和中国文学体系的网络结构，毕竟两者完全不同，在很多方面甚至截然相反。我将以中国小说和诗歌的英译为研究对象，重点关注如何理解附加值文学劳动经济——它已经是美国文学体系的一个惯有特质，并考察与之相关的经济因素如何影响中国文学作品的翻译、出版和接受。

美国的创意写作行业为满怀文学理想的作者提供了他们掌握所需技巧的机会，让他们不仅能够创作出可以出版的文本，而且更加重要的是，能够在美国文学体系[②]的"附加

[①] ANTS是将布鲁诺·拉图尔（Bruno Latour）所提出的"行动者网络理论"（ANT）加以延伸的研究方法。拉图尔用ANT来命名他的结构主义社会学理论，认为所有的社会和自然现象都存在于不断变化的关系网络之中，不能脱离这些关系去理解。ANTS则将翻译视为一种复杂的效果，并且来自运行于其中的不同领域的大量行动者的互动，这种互动经常发生在截然不同的网络之间。但ANTS并不涉及与ANT相关的更大范围的哲学结构主义观点。关于ANT的最新描述，参见Seidman（2016）。

[②] 我所说的"美国文学体系"，仅仅是"属于文学的"小说和诗歌的创作、出版和接受，不包括类型小说——少年小说、幻想小说、浪漫小说、侦探小说、科幻小说等。

值文学劳动"中谋生。在这个体系中，大部分的资金流动并不存在于书籍的销售中，而是存在于附加值文学劳动的相关产品和服务中——附加值文学劳动是指致力于"改善"其他人写作的劳动。我们将会看到，美国文学体系中的"文学性"与附加值文学劳动所提供的服务之间，存在着一种系统性的直接关联。

"附加值文学劳动经济"为美国文学体系中绝大部分的小说家和诗人提供生计，而在中国，很多小说家和诗人从各级作家协会以及其他政府资助的文艺组织获得他们收入中的一大部分。在中国文学体系中，文学行动者一般不通过向其他作者——比如学生、有志于成为作家的人或者职业作家——提供附加值文学劳动谋生。我希望在本文中展示，中国和美国之间截然不同的市场动力如何让我们形成关于"文学性"的不同概念，这些差异又如何对汉英文学翻译产生影响。通过运用 ANTS 的方法，我们可以更好地理解中国的文学性到底如何通过翻译被重新塑造而进入美国文学体系。

中国文学体系中的文学行动者通常不被鼓励去将作者权力让渡给附加值文学劳动者，因此，将作者权力让渡给翻译网络（由译者、经纪人、编辑和其他人构成）的概念，可能被视为一种越界。前文提到的那位中国诗人，在艾奥瓦工作坊修改他的诗歌时感到犹豫，正是出于这个原因。在以市场为导向的美国文学体系中，主要的行动者（比如创意写作项目、文学经纪人和机构、编辑和商业出版社）所拥有的权力，比在中国文学体系中要大得多。在中国文学体系中，文学性的商业化程度低，作者干预的发生时间与美国完全不同——中国作家一般会对所写的内容进行自我审查，而不是在写作完成之后允许其他人来编辑或"改善"他的作品，中美两国作家的作者意图在创作过程中所处的位置差异巨大。在本文中，我们将翻译视为一种协商，它发生于两种完全不同并且在很多方面截然相反的文学体系以及作者概念之间。我还希望通过本文展示，在以评估经济为基础的认识论和美学假设中，翻译文学如何并且为何经常处于不利地位。简而言之，译者不仅没有主体权力去改变源语文本的基本结构，而且经常不得不呈现给读者在完全不同的文学体系内部塑造的文学作品。为了完成这些目标，我将先花一些时间介绍从复杂系统理论中抽取的术语和概念，因为我们有必要在系统层面上探索这些外源性因素。

一、文学网络如何产生附加值

人文学科的"网络转向"，其特征是通过数字人文中常用的大数据分析，将复杂系统理论中的术语引入文学或历史研究（Ahnert et al., 2021）。华语译文研究馆所倡导的，是我称之为"广义"或"多重"的阅读，它与 I. A. 瑞恰慈（I. A. Richards）在 20 世纪早期提出的"细读"以及弗兰克·莫莱蒂（Franco Moretti）提出的"远读"都非常不同。[1]
通过拓展广度，阅读包括草稿、笔记、通信、合同、参考材料和翻译过程中的其他即时
材料——"广泛参与"到翻译之中的文本，华语译文研究馆的驻馆学者们正在探索，在
由美国文学体系内部的"关联度"所建构的历史网络结构中，中国文学翻译作品是如何
生成的。

在复杂系统理论中，一个连接点存在于连接的交界处，它的"关联度"说明了它所
拥有的连接或者"界面"的数量（图1）。

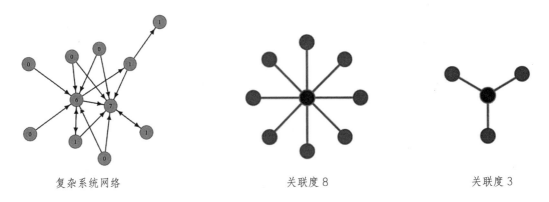

复杂系统网络　　　　　　　　　关联度 8　　　　　　　　关联度 3

图1　复杂系统理论中的"关联度"示例

华语译文研究馆的研究发现，在文学翻译的整体网络中，这些连接点的分布影响了
产出的结果，因此连接的数量——或者说关联度——是至关重要的：它可以衡量一个复
杂系统内部任何一个行动者/行为者的能力和价值。华语译文研究馆的驻馆学者们注意
到一种相关性：翻译作品的接受度与它所累积的关联度的高低有关。这一发现让学者们
可以从一个新的层面去理解翻译：翻译不仅仅发生在语言学和文化因素的层面，而且是
更大范围协商的生成性产物，这种协商在截然不同的行动经济之间持续进行。我和施莱
费尔曾在《解锁莫言档案：基于ANTS和华语译文研究馆》中对此进行阐述（Stalling &
Schleifer, 2020: 24）。我们认为，在美国消费资本主义的不懈努力之下，美国文学网络体
系已经被完全转变，而中国文学在美国文学体系中被翻译、出版和接受时，也将经历这
种转变。我们的结论是，当现代中国文学体系中生成的作品被翻译成英文时，它就从一
个重视"人格价值"的体系转向了一个重视"系统质量"的体系。人格价值指的是，文
学品质完全取决于单独的、自主的文学行动者；系统质量则与美国文学体系所提供的附
加值文学劳动的迭代累积相关。因此，中国小说必须做出选择，或是重新历经附加值网
络从而进入美国体系，或是面临市场的后果（即找不到读者，或无法获得商业或评论上
的成功）。综上所述，系统质量指的是，文学价值并不来自作者的特征，或者说是弗朗

---

[1]　关于细读的新近阐释，参见 North（2017）；关于远读的介绍，参见 Moretti（2013）。

西斯·纽曼（Francis Newman）所说的作者"个性"，而是来自它所经历的附加值经济体系过程，我们认为这个过程最终形成了"共识文学英语"（consensus literary English）。

在中国，文学经济在一定程度上由国家提供支持；与中国不同，美国文学体系内部的大部分资金流动可以追溯到附加值文学劳动所提供的产品和服务。简单地说，美国作家和诗人中的大部分并不以写作的积极劳动谋生（即不依赖书籍销售、国家基金资助或津贴，甚至不依赖文学文本出版之后的朗读活动酬金），而是以改进他人的写作谋生，也就是为其提供附加值——包括教学、编辑、出版、营销、设计和联络/影响力等，这些都是与整体的创作和出版业相关的劳动。[①]写作的积极劳动通常无法被商品化，但为他人提供附加值文学劳动的工作量可以被商品化。这些劳动与营销、公共关系以及显性或隐性的广告（比如作者访谈）非常相似，构成了一种更大范围的"文学过滤经济"。

美国创意写作行业的历史可以追溯到 19 世纪后期，当时美国大学开始流行一种方法，学生们不仅阅读和评价经典文学作品，而且创作作品并相互进行批评。1936 年，艾奥瓦大学正式设立了创意写作艺术硕士学位（MFA）项目；到了 20 世纪 80 年代，这类项目以指数级增长。现在美国有超过 300 个创意写作学位项目，每年有超过 2 万人申请，每年诞生 3000 名新的硕士和博士。[②]当艺术硕士和博士们从创意写作项目毕业之后，他们不一定成为专业作家，但他们拥有一种被认证的（有资质并形成工作关系的）能力去评估和"改善"由他人创作的文学作品。对于刚刚进入美国文学体系的绝大部分文学行动者而言，他们所从事的并不是写作这种主体性劳动，而是为其他作家提供编辑劳动并与之形成工作关系，由此增加他们个人在文学网络中的关联度。如果他们能够充分调动个人资源，就有可能进入创意写作工作坊的评估培训中，然后引导有抱负的作家们逐一经历与企业运营相关的传统步骤：市场研究（研究先前的文学并分析其风格、主题、技巧等）、制作原型（写作原创初稿）、验收测试和反馈循环（写作工作坊）、迭代（修改和再次分享）、通过施展自己的能力为他人提供附加值文学劳动进而开发社交网络、主动沟通协调以凸显某部作品的价值并提升其产品—市场适应度（为经纪人/出版人起草方案、推进文学批评、定位读者群），并最终调整或改变原型以符合"共识文学性"，让"表达方法"与当下市场反馈（潮流）相一致。重要的是，我们不应认为附加值文学劳动仅仅是"修改"其他人的写作；这种评估性咨询的能力——包括但不限于"修改"，是进入更大范围的优化产品—市场适应度过程的关键一步。

根据苏真（Richard Jean So）的大数据分析，MFA 项目毕业生与非 MFA 项目毕业生所出版的小说之间没有明显的风格差异。这就意味着，在美国出版的所有小说都达到了一种具有惊人程度的共识文学性，这种共识文学性已经成为出版的前提条件；共识文

---

① 这种"评估"劳动是否（可以）被商品化，与马克思"剩余价值"的概念相关，这个问题本文暂不讨论。
② 参见 Brady（2017）；关于创意写作状况的更深入探究，参见 Abramson（2018）。

学性的规则由出版业的淘汰性评估劳动控制（So & Piper, 2016）。尽管美国文学体系中的大部分资金流动都发生在附加值文学生态系统之内，但这些商品和服务是否能够发生其实取决于淘汰性评估劳动，由后者先把不能出版、评论、讲授或阅读的东西都过滤出去。这种淘汰性评估劳动由文学系统中关联度较低的庸俗读物读者提供，由他们过滤掉大部分的投稿；在到达经纪人和编辑的工作台之前，即在到达关联度较高的文学经纪人和编辑本人之前，这些稿件就已经被过滤掉了。总体而言，为了防止文学产品过剩，这些淘汰性评估劳动过滤掉了大部分的文学产品，这就更加凸显了附加值文学劳动的必要性和重要性（这种劳动可以增加作品不被过滤的可能性）。

然而，尽管附加值文学劳动和淘汰性评估劳动非常重要，但它们并不足以解释文学产品如何才能在美国文学体系内获得成功。虽然共识文学性是一个前提条件，并且这个前提条件通常被淘汰性评估劳动所强化，但它们无法说明一个问题：为什么美国顶级出版社的出版物中，翻译小说和诗歌只占极小的比例？为了解释这个问题，我们必须将文学生产的网络劳动价值纳入考虑范围，网络劳动价值可以用参与到网络中的行动者们所累积的关联度来测量：是谁创作或翻译了这部作品？是谁提供包含附加值文学劳动的工作（在哪个写作工作坊或翻译项目，等等）？一部作品是否有一位专门的文学经纪人？谁是编辑，他们个人是否想为作品提供附加值文学劳动？谁或者什么机构正在为作品提供淘汰性评估劳动？作品是否受益于有竞争力的基金，比如美国国家艺术基金、古根海姆基金、美国笔会基金等等？作者在创作这部作品时是否拥有有竞争力的驻校身份或者教职？作者是否已经获得了富有声誉的文学奖项？这部作品属于哪个文学机构（不同于出版它的出版社）？这部作品如何被授权并转换成其他媒介？

在每一个个案中，一部作品所累积的附加值文学劳动的总计关联度，将影响它总体的成功（拥有读者）概率。我们可以将美国文学体系简要地描述为"过滤经济"。避免被过滤的首要方式就是将作者权力让渡给附加值文学劳动者，尤其是在文学体系中关联度比作者更高的那些人。

我们由此可以总结出价值链经济的逻辑，它在美国文学体系中的显现方式如图2所示。

当一部英文书稿（不是翻译书稿）到达一家大型出版社后，出版者相信，当它开始累积其最重要的支持性活动（即经纪人和编辑对书稿的修改，这被视为出版社的惯常操作）时，文学商品最终将会达到"体系质量"。这与企业的"质量体系"概念相关，换句话说，它是一种机制，让生产机构用最低的成本将顾客满意度最大化。美国文学体系（以及作为其中一个小分支的文学翻译）被纳入消费资本主义更大的反馈循环，并因遵循这些更大的市场信号的做法而受益。

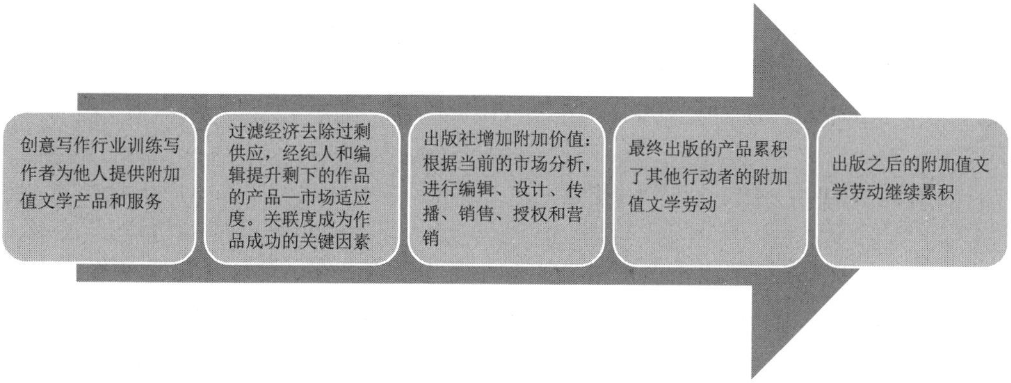

图 2　美国文学体系中的价值链经济逻辑

然而，当中国小说英译的稿件到达一家出版社后，它可能不符合共识文学英语的要求，不仅因为翻译文本通常不累积经纪人和编辑的附加值文学劳动，而且因为这样一种基本文学机制——译者通常并不认为他们拥有作者权而可以去改变源语文本。简而言之，翻译文本几乎从根本上排斥其他人的附加值文学劳动，翻译文本的处境也由此变得更加困难，不仅很难获得共识文学性，而且更重要的是很难累积与英语世界原创文本相同的关联度。我认为，这已经成了英译中国文学获得成功的一个主要障碍。

二、翻译作为两种文学体系之间的协商过程

华语译文研究馆正在收藏与研究由中国出版的源语文本的翻译过程，其中大部分都是 20 世纪后期的中国文学作品，它们从与美国相当不同的文学体系来到美国。以一些著名的作家为例，他们创作了一部小说并将书稿交给中国出版社，在经过文本审读之后，这本书在销售给读者之前可能仅仅经过了轻微的编辑校对。在小说写完之后，文本不会被改动以提升其"产品—市场适应度"，因为作者不被鼓励去将作者权让渡给我们在美国体系中所看到的"附加值文学劳动者"。中国文学体系中的文学性，在一定程度上被国家资助的文学体系所塑造。[①]尽管这并非中国文学体系中文学性的决定因素，但如果将它与美国文学体系中文学性的市场性特征进行对比，我们就会发现，两个体系各行其道——而且在短时间内不可能走到一起。尽管在近年，中美在文化产业和高等教育方面都有大规模的合

---

① 参见王向峰（2012）的英文摘要。

作，比如美国大学在中国建立校区，两国在好莱坞电影以及国际赛事上合作，等等。①因此，文学翻译应该被看作难得的机会，让我们看到中文文学体系和英文文学体系如何产生互动并相互提供信息，研究文学翻译的重要性由此凸显。

三、华语译文研究馆的 ANTS 研究

在这一部分，我将详细呈现 ANTS 学者们所进行的工作。鄢佳（2017 年至 2018 年在华语译文研究馆访学）研究了葛浩文早期对莫言作品的翻译，追溯了莫言的第二部英译小说《天堂蒜薹之歌》的翻译过程（Yan & Du, 2020）。她重点关注莫言的文学经纪人桑德拉·迪克斯特拉（Sandra Dijkstra）和负责葛浩文早期译作编辑出版的企鹅出版社编辑南恩·格雷厄姆（Nan Graham）、考特尼·霍德尔（Courtney Hodell）之间的交流。鄢佳引用了他们之间通信中的一些段落，展示迪克斯特拉、格雷厄姆和霍德尔所提供的附加值文学劳动，以及莫言的小说如何重新进入行动者网络以适应美国的文学体系。鄢佳认为，他们建议的这些改写将《天堂蒜薹之歌》英文版的译者多重化，甚至将作者多重化。

莫言经纪人和编辑的评论在美国文学出版业内部是很常见的，但这些评论也显示出英文编辑拥有多么惊人的影响力。他们不仅对译者产生影响，而且对源语文本自身产生影响，而源语文本在中国文学体系内已经出版并且获得了积极的接受和评价。

> 最大的问题来自书稿的结尾。南恩和我都觉得，它没有小说其他部分那么有力；莫言似乎放下了他之前精心编织的所有线索，而通过法庭演讲的技巧和报纸上的文章来进行简单的结尾。……应让人物为我们展示他们所感觉到的东西，而不是让一篇演讲来告诉我们。②

发生在这里的附加值文学劳动并非旨在"改善"葛浩文的翻译，而是希望"改善"

---

① 很难预测在中国，诞生不久的创意写作行业将如何发展。中国的 MFA 项目最早在北京（北京师范大学、中国人民大学）和上海设立，由一线作家领衔，包括莫言、阎连科、王安忆等，还有一些项目设在香港和广州，这些项目仍处于起步阶段。著名作家、江苏省作家协会主席毕飞宇定期举办"小说沙龙"，和其他作家、评论家为年轻作家或未曾发表过作品的写作者提供关于小说文稿的公开评论。尽管这并非我们在美国文学体系中所看到的那种工作坊（由同行提供具体的反馈，旨在帮助作者修改稿件），但这些"小说沙龙"为年轻作家提供了难得的机会，让他们能够接受来自知名作家的正式评论。公开发表的沙龙记录也提供了一种有趣的多样性，既有基于人物塑造、情节和语言运用的评价，也有关于主题、基调和对于中国社会描写的意识形态评论。尽管这些沙龙几乎完全聚焦于评价文稿的形式特质，但偶尔也可以看到沙龙参与者建议修改作品的基调。比如在近期的一次沙龙中，时任江苏省作家协会创作室副主任徐晓华批评一篇小说对中国社会的负面描写，鼓励作者加以修改："小说的整体调子是负面的，我希望作者能够看到一些正面的东西，反映社会问题的同时，作品的基调还是要明亮一点。"参见：兴化毕飞宇工作室. 第十八期小说沙龙 |《好小说是砍出来的》. (2020-01-06)[2022-11-18]. https://mp.weixin.qq.com/s/j5XVKPkm6HS1dVWU1HOw3A.

② 参见：May 5, 1994, from Courtney Hodell to Howard Goldblatt, Series 1, Box 7, Folder 2, Howard Goldblatt Collection, University of Oklahoma Libraries.

翻译所依赖的源语文本。编辑们对莫言的小说进行评判——就像他们之前评判几百部英文小说那样；他们发现，就共识文学性的最终形态而言，这部小说有所欠缺。在美国文学体系中，编辑和出版社的关联度要大于译者和作者——简而言之，他们更强大——因此他们建议莫言重写小说的结尾。莫言接受了他们的建议，在和葛浩文的通信中，他还对他们的附加值文学劳动表示感谢。与原来的结尾相比，莫言甚至更喜欢这个新写的结尾。莫言是幸运的，他的经纪人和编辑所组成的强大团队帮助他在英语世界打开了局面，同时也增加了他本人的关联度。

张文倩（2018 年春季和夏季在研究馆访学）认为，翻译网络是一个斗争场域，为了争取更多的权力和资源，每一个施事者都根据他们对场域逻辑的理解而投入不同形式的资本（Zhang, 2019）。

上述两位学者的研究表明，葛浩文的译作是更大范围网络系统中行动者相互作用的产物，这种方法论不仅挑战了葛浩文的翻译研究，同时也提出，目前的汉英翻译应由不同文学体系之间的博弈重新定义。

四、研究的推进

当我们开始不把翻译仅仅看作语言或文化之间的协商过程，而是视其为文学网络中的行动者跨越截然不同而且经常是截然相反的文学体系的协商过程，我们就会发现中国文学英译所面临的一些明显的挑战。但是我们也了解，美国与中国不同的文学体系或在以不同的方式弱化作者和译者的行动力。在塑造美国作者概念的附加值文学劳动经济中，作者概念是极端合作性和集体性的，而在中国文学体系中，作者概念却保持了强烈的个人主义，在创作完成之后，作者权很少被让渡给出版行业。作为美国文学体系中的一个行动者，莫言所拥有的关联度比较低，他将作者权让渡给了附加值文学劳动经济；但在中国文学体系中，他可以告诉他的编辑，对他 500 多页的《生死疲劳》勿做改动，而这部小说他只用了几周的时间就手写完成了。同时，因为大部分译者实际上都不允许自己去"改善"他们所翻译的源语文本，中国文学英译的读者们所看到的经常是未经深度编辑的作品。①

在中国，这样的行为性个人主义已经成为莫言的某种具有自身价值的特征，就像是杰克·凯鲁亚克随性创作的《在路上》。不同之处在于，凯鲁亚克和他的"充满苯丙胺类兴奋剂的写作风格"——他将其称为"自发式写作"，使他被看作一位反叛的圈外人，在抵抗着文学生产的读者—消费导向。而中国作家对作者权的强调不可能被表达为一种

---

① 在《生死疲劳》等后期译作中，葛浩文没有像之前翻译莫言最初的两部小说《红高粱家族》和《天堂蒜薹之歌》那样与经纪人、编辑紧密合作。

对消费资本主义的批判。当然，中国诗人和小说家也需要去协调他们的创作与政府资助机构所优先考虑的文学社会功能之间的关系。①无论如何，我希望莫言的这个例子可以显示，在他的作者权个案中，我们原来对于"集体主义"和"个人主义"认知的二元对立被完全颠覆，它应该可以揭示，看似坚不可摧的东西方二元对立其实并不存在。另外，ANTS的多重本质也迫使我们去不断地质疑，以期消除弥漫于比较文学和诗学讨论之中的单一认识论的顽固存在。

参考文献

Abramson, S. *The Insider's Guide to Graduate Degrees in Creative Writing*. New York: Bloomsbury Academic, 2018.

Ahnert, R., Ahnert, S. et al. (eds.). *The Network Turn: Changing Perspectives in the Humanities*. Cambridge: Cambridge University Press, 2021.

Brady, A. MFA by the Numbers, on the Eve of AWP. (2017-02-08)[2023-11-18]. https://lithub.com/mfa-by-the- numbers-on-the-eve-of-awp.

McGurl, M. *The Program Era: Postwar Fiction and the Rise of Creative Writing*. Cambridge, MA: Harvard University Press, 2011.

Moretti, F. *Distant Reading*. New York: Verso, 2013.

North, J. *Literary Criticism*: *A Concise Political History*. Cambridge, MA: Harvard University Press, 2017.

Seidman, S. *Contested Knowledge: Social Theory Today*. Hoboken: Wiley-Blackwell, 2016.

So, R. J. & Piper, A. How Has the MFA Changed the Contemporary Novel?. (2016-03-06)[2023-11-18]. https://www.theatlantic.com/entertainment/archive/2016/03/mfa-creative-writing/462483/.

Stalling, J. & Schleifer, R. Unpacking the Mo Yan Archive: Actor-Network Translation Studies and the Chinese Literature Translation Archive. In Gerber, L. & Qi, L. T. (eds.). *A Century of Chinese Literature in Translation (1919–2019): English Publication and Reception*. London: Routledge, 2020: 23-40.

Yan, J. & Du, J. Multiple Authorship of Translated Literary Works: A Study of Some Chinese Novels in American Publishing Industry. *Translation Review*, 2020(1): 15-34.

Zhang, W. Q. Translation Networks and Power: An Archival Research on the English Translation of Mo Yan's *The Garlic Ballads*. *New Voices in Translation Studies*, 2019(1): 185-205.

王向峰. 文艺大发展大繁荣的理论指引——关于十七届六中全会决定和胡锦涛讲话的几点理解. 汕头大学学报（人文社会科学版），2012（2）：94.

（特邀编辑：王若菡）

---

① 诗歌中的社会学评论是中国诗歌争议的核心，广泛地存在于支持"为社会而艺术"的诗人和拥护"为艺术而艺术"的诗人之间。参见：Inwood, H. Between License and Responsibility: Reexamining the Role of the Poet in Twenty-First Century Chinese Society. *Chinese Literature Today*, 2011(2): 42-55.

老子"道隐无名"言说方式的跨语际重构研究

辛红娟*

摘 要：《道德经》虽不是一本关于语言理论的著作，但老子首倡的"无名论"在一定程度上说明了语言符号与人类理解、表达之间的矛盾。老子的"无名论"与"道"有关，即"道"作为无形无名的本体，是不能用语言、概念来界定和表述的，从而在中外哲学史上打造出一种独特的"道隐无名"言说方式。《道德经》自 17 世纪开启西译历程以来，成为被译介得最多的中国典籍，在英语世界的翻译频次仅次于《圣经》。老子的"道隐无名"遭遇被西方语言哲学"命名"的尴尬，道体因虚空而留下的阐释空间和译者的命名冲动造就了英语世界繁复各异的道家哲学解读景观。本文聚焦《道德经》文本的独特言说方式，剖析道家话语体系中"道""德""无为""自然"等核心概念的思想内核、跨语际重构挑战及其跨语际重构实践。

关键词：老子；道隐无名；言说方式；跨语际重构

- -

Title: Cross-cultural Reconstruction of Laozi's Hidden, Nameless Dao

Abstract: Though the Chinese philosophical classic *Dao De Jing* is not necessarily a book of linguistics, Laozi did set a very good example of naming and defining the hidden and nameless in the world. His unique way of defining the essence of cosmos——the Dao, poses great challenges for all the potential readers and translators. Owing to its philosophical charm, *Dao De Jing* has been translated most frequently, only second to the Bible in the English world in its some 400 years of travelling westward. *Dao De Jing* carries forward communication of high density with simple expressions, which is both a curse and a blessing for later reader-interpreters. The present paper attempts to illustrate the idea and practice of translating key terms of Chinese ideology and culture with examples of Dao, De, Wuwei and Ziran.

Key words: Laozi; the hidden, nameless Dao; way of expression; cross-cultural reconstruction

　　《道德经》用语凝练、言近旨远的语体特色使其成为中国乃至世界哲学文学史上的奇葩和意义汲菑不尽的丰富宝藏。汉学家翟林奈（Lionel Giles）评价《道德经》言说特质时曾说，"原文的措辞极为模糊、简洁，从来都没有如此深邃的思想被包裹进如此狭小的空间。宇宙中散布着一些被人们称为'白矮星'的星体。它们常常体积很小，但拥有的原子重量相较于它们的体积来说则异常巨大，以致这些星体表面的温度比太阳表面的温度都高得多。《道德经》堪称哲学文献中的'白矮星'：密度极高，且以白热程度散发着智慧之

---

* 作者简介：辛红娟，宁波大学外国语学院教授、博士生导师。研究方向：翻译理论与实践。电子邮箱：xinhongjuan@nbu.edu.cn。

光"（Giles, 1982: 9-10）。表面上看来，语言因其隐晦而无法对思想形成钳制之势，然而智慧的语言以其无法阻挡的"浸润"作用对我们的思想进行全面的渗透与浸染。本文聚焦《道德经》文本的独特言说方式，剖析道家话语体系中"道""德""无为""自然"等核心概念的思想内核、跨语际重构挑战及其跨语际重构实践。

一、《道德经》独特的"道隐无名"言说方式

《道德经》以"道"阐说宇宙、人生和社会，并以"有、无、自然、无为、德"等范畴为辅翼，建构了一个内涵深远的言说系统，彰显着"道"与言说之间的张力。"道"是对世界进行超越性沉思的结果，这种沉思以世界整体、大全为对象，由于所思对象没有直观性和可感性，故思与所思之结果总难言说。老子构建了"道"这一独具魅力的哲学范畴，以透过纷纭万象，穿越时空，穷究宇宙人生，但就其本然形态而言，"道"超越名言，是"无名之朴"，与日常名言"朴散则为器"的本真存在具有逻辑距离。对于不可言说而必得表述的宇宙真理和人生规范，《道德经》中通过负的方法、显示的方法和超逻辑的方法，撞击语言边界，尝试性地解决有关玄思的问题（闵仕君，2002：38-40）。

"道"自身内涵的超验性、多重性使老子感到很难对它进行总体描述，故而转向了一种负的表达方法。正的方法为肯定的表达式，而负的方法则给阅读者留下了巨大的阐释空间和自身参悟的机会。负的方法与逻辑分析、直接定义的方法相对，是不直接说的描述、烘托，是静默、体验、直觉、领悟的方式（林衡勋，2001：24-25），"是讲其所不讲。讲其所不讲亦是讲。此讲是其形上学，犹之乎以'烘云托月'的方法画月者，可以说是画其所不画。画其所不画亦是画"（冯友兰，1992：373）。

处于一个不是什么、几乎完全否定式的阐释中的"道"，无形、无象、非物，不可名，不可见，不可闻，不可得，故《道德经》中有很大一部分表述类似于解构主义文论中的遮言表达式，这种表面上的"遮"或"遮蔽"只是为了"去蔽"，是为了建构独特的理论概念范畴。《道德经》中的遮言式表述法将言说的中心推向纯粹或素朴状态，以致"道"的纯粹性被把握。在句式上，"道"并未落实在任何所在或所指之上，是一种能指而又无所指、能在而又无所在的言说。

西方语言哲学认为，语言中显示的逻辑形式、形而上学、在世界之外的价值诸如伦理、审美、存在意义等不可言说的东西构成了世界的本质，它们是可以言说的东西的深层背景，虽不可说，却可以显示，以形象化的语言通过暗示透显出超乎形象的东西，以有限的具象化语言，表述难以穷尽的内涵。《道德经》充分利用形象化的语言，通过对具体物象的描述显示其所包蕴的内在真实，这种意象性言说就是"显示的方法"，又称"取譬的方法"。如第八章中的"上善若水，水善利万物而不争，处众人之所恶，故几

于道"①，以最贴近人们生活的水的形象表述了不可言说的"道"体中的"善"，表述最高的品德像水一般，助万物却不争名誉，处在他人所厌恶的地方，所以最接近于道。水的意象在《道德经》中反复出现，从不同的侧面构建了老子哲学中最不可言说而又非说不可的"道"的范畴。意象性言说，以可感觉的意象暗示不可感觉甚至不可思议之"道"（如第十四章中的"视之不见，名曰'夷'；听之不闻，名曰'希'；搏之不得，名曰'微'"，"其上不曒，其下不昧"，"无状之状，无物之象，是谓惚恍"，云云）。其所说者是意象，而其所暗示者不止于意象。意象提供给我们的远比字面言说的多。意象富于暗示性、象征性，它不仅能激发阅读者的主动体悟，也为种种积极的个性化阐释提供了巨大的生产空间。《道德经》中大量具有生产性意象的诠释空间，使人们无法穷尽对这一充满妙喻的天才般的诗性言说的意义探索。

除上述两种言说方式外，老子还对"得道"过程中超经验、超逻辑的观念进行了超逻辑的、天启式的陈述。例如《道德经》中神谕式的宇宙生成论，"道生一，一生二，二生三，三生万物"，又如宇宙运动论中的"大曰逝，逝曰远，远曰反"和对"道"的命名仪式。这些类似规定的强行言说，以亲在者的身份对道的先在性、创生性进行跨越逻辑的推证，对读者而言，其中的微言大义只能依靠说者与听者之间的心与心的会悟。

《道德经》言"道"是不得已而为之——是对不可思议者之思议，对不可言说者之言说，故只能"强为之名"；得"道"最终要求解构已有的名言系统，走向与言说相对的"静观"与"玄览"。"道"作为老子哲学思想的根本，其语言表达是与"道不可言"联系在一起的，是一个只有通过直观体验而非认识才能达到的东西。"道"包含万物之理，没有形状，没有实体，并且永恒不变，这道理不是用语言、文字所能解说得明白的。要了解"道"，不能执着于语言、文字和名称，而要完全靠心灵去领悟。

二、"道隐无名"言说方式的跨语际重构挑战

"道"无形无象，无法命名。"视之不见，名曰'夷'；听之不闻，名曰'希'；搏之不得，名曰'微'。此三者，不可致诘，故混而为一。其上不曒，其下不昧，绳绳兮不可名，复归于无物。是谓无状之状，无物之象，是谓惚恍。迎之不见其首；随之不见其后。"（第十四章）飘忽不定、随物赋形的"道"，令老子本人也陷入命名的尴尬，只好勉强给它贴上标签："有物混成，先天地生。寂兮寥兮，独立不改，周行而不殆，可以为天下母。吾不知其名，强字之曰'道'，强为之名曰'大'。"（第二十五章）但"道"的无名和飘忽不定，为后世的解读者创生了无限的阐释空间，激起解读者命名的冲动。汉语语言的独特性也成就了老子"道"体的"隐"和"玄妙"、"空"和"无名"，这些

---

① 本文所有的《道德经》中文引文，均出自：陈鼓应. 老子今注今译. 北京：商务印书馆，2003.

特性在给读者设置了博尔赫斯式的解读陷阱的同时也邀请着读者参与构建。英汉语言结构的差异和解读方式的差异也造成了英语世界道体形象与中国道体原型的极大差异。

显示的方法是通过意象性言说对读者进行暗示，通过"近取诸身，远取诸物"的取譬方式言说。《道德经》搜罗大量取自日常生活的生动、活泼的意象，如水、朴、牝、牝、婴儿等等，进行譬喻性暗示，给予读者生动可感的阅读空间。超逻辑的方法是由"道"的超验性和汉语语法的特点共同决定的。此外，古汉语语言结构较简单，较少有复杂的逻辑论证和推演表述，故而《道德经》中大量采用超结构的语言形式来表现这种独特的中国传统思辨过程。

《道德经》中说话人以隐迹的方式进行天启式言说，让智慧之光普照，让人浸润其中，受其感化而不自觉。现实与想象结合，实与虚结合，常使中国古代文学作品有一种穿透常境的力量，调动读者的想象力，赋予读者创造力。作者运用语言手段艺术地记录自然界，为的是曲折地表现自己，从而实现创作主体与客观世界的心物交融，体现大自然的妙谛，引领读者自觉地移入其间。无数的读者在文本语言艺术所营造的空间中，加入了自己的经验与理解，积极地随着作者的引领进行参悟，实现自身教化。正如刘勰《文心雕龙·知音》所说："夫缀文者情动而辞发，观文者披文以入情，沿波讨源，虽幽必显。世远莫见其面，觇文辄见其心。"这是一种体现了创作与欣赏的双向互动的、圆融无碍的对话关系。

《道德经》中道说的"隐"主要是通过负的方法、显示的方法和超逻辑的方法实现的，在语言学上，"隐"之为"隐"，主要是源自汉语句法中的隐性衔接特征。古汉语较少使用人称代词和表示因果、转折、假设等逻辑关系的连词，甚至在判断句中也较少出现现代汉语判断句的标志词"是"。汉语的这种形散意聚、虚字发达的意合特点成就了老子天启式的谕说。其谕说看似什么也没说，实则却是在捕捉，或者更确切地说，是在流露。老子的话语，没有人物的强行介入，没有严密的逻辑论证，"只平铺直叙地说下去，一段段格言警句连缀在一起，像一串串珍珠，也像是旁白，随着日月的流逝，一句一句自顾自地说着，丝毫也不张扬"（于连，2004：34）。思想的影子似有还无，观念的踪迹可循可弃，在明白无误地展示的同时，又保留着秘而不宣的底蕴，使思想的言说具有一种令人无法抗拒的润泽作用。通过隐性的言说，圣人的教化富有暗示性与启发性；对思想的激励看似轻微，却绵延不绝。"我们无法阻挡它对我们的'浸润'作用。圣人的话对我们的思想没有造成逼迫之势，却渗透了我们的思想，溶化在我们的思想当中，'沐浴'并感染了我们的思想。……在不知不觉当中传播着，也影响了其他的方面，让人顺着同样的思路考虑其他的领域，其他更加广泛的，尚未[被]发现的领域。"（于连，2004：38）

思维方式渗透于民族文化的所有领域并且在语言表述上有明确的体现。汉语作为意合语言，体现了汉民族崇尚综合的宏观思维方式。西方思维以逻辑分析和精确性见长，在哲学上体现为追求学以致知，注重理性主义、科学主义和认识论；在语言上体现为注重形式的完整，主、谓、宾、定、状等成分的完备周密，基本语法结构以主谓二分式为架构，以各类语结为材料，叠架层次分明，句与句之间有明确的连接词。对于汉语语言中人称代词、连词、判断词等的省略，英语母语的译者出于民族思维方式的影响和英语语法的要求，在解读和传达中必定会进行积极的增补。以编译《老子之道》著称的美国学者雷蒙德·布莱克尼（Raymond B. Blakney）对他的译文中的句法变化明确分析说，"句法的差异使得增益成为必须"（Blakney, 1955: 11）。但这些出于句法要求和思维方式影响的增益，却使《道德经》中原本隐而不宣的人称和逻辑关系外化，在改变"道"之形象的同时也缩减了阐释空间。

在道说的譬喻式表述中，译者出于对读者接受的关怀，常常对其中质朴的譬喻形象进行阐释性增补或现代阐释，这一做法在减少读者阅读困难的同时，也由于过于显露、外化而抑制了读者的阅读兴趣。老子通过譬喻建构的意象性暗示变为明言之后，会因过于具体、过于具象化而压缩审美空间。20 世纪末美国最受普通读者关注的《道德经》英译本之一本杰明·霍夫（Benjamin Hoff）译本中大量的个性化、外显阐释使得文本虽然贴近现代生活，却与智慧的意蕴渐行渐远。他将《道德经》第二十九章中的"天下神器，不可为也"译为"The earth is a sacred vessel / Of spider webs and the wings of butterflies / If you try to use it, / You will crush it"（Hoff, 1981: 45）。由此看来，现代的读者似乎需要从蜘蛛网和蝴蝶的双翼中去发现人生的真谛，这种现代化阐释无论如何也不能让人了解到"天下神器"之"神圣"何在，不能不说是对道体形象的极度歪曲。

译者出于民族思维习惯、语法约束和对读者接受的考虑等方面的因素，在翻译中采用使道说者现身的做法，因其"显"，反而造成了审美的"隔"。道体形象从幕后走向前台，在展开"道"的某一视角的同时，却把其他的可能视角隐藏了起来。道说者的现身和道说的"显"填塞了文本的阅读审美空间，阻滞了文本与读者的对话。用马丁·海德格尔（Martin Heidegger）的话说，存在在展示自己、进行揭示的同时，也是在遮蔽。汉语文本的智慧之"道"因为"隐"而显，隐并非神秘或隐秘的"隐"，而是不断展现事物的"隐"；英语译文对于中国智慧话语的处理则因为过度显豁而"隐"，遮蔽了原文巨大的生成空间。

三、"道隐无名"言说方式的跨语际重构实践示例

（一）"道"的跨语际重构

《道德经》中"道"字共出现 73 次（各版本不同，对于次数的说法也不一致，有说 74 次，也有说 76 次），这些"道"字，符号形式虽然一样，但意义内容却不尽相同，

整体上可分为"形而上的实存者""一种规律"和"人生的一种准则、指标或典范"三大类，涵盖了由现实生活到宇宙本原的各个层面的哲学思考（陈鼓应，2003：2-13）。"德"是道的显现与展开，在全书出现43次，与"道"一体，是道家宇宙观中具有同等重要地位的概念。

"道"无形无象，令老子陷入"命名"的困境，勉强给它贴上标签："强字之曰'道'，强为之名曰'大'。""道"的无名给了那些想要在中国传教的早期西方传教士开展强行宗教比附的机会，他们在《道德经》译本中塞进"私货"，将"道"字译为word(s)/Words、God、the Creator、the infinite First Cause、Principle of Nature等，让"道"呈现出上帝的模样，其中与中国道家宇宙观内涵相去甚远的word(s)/Words和God等译法，却因粘连着的基督教意涵而广为西方读者接受。

早期《道德经》英译实际上是为了襄助传教士的《圣经》汉译与传布活动。传教士选择中国民众比较熟悉的"道"字对译《约翰福音》中的word(s)/Words。该福音书原文中10处word(s)/Words，汉译通行本一律译为"道"。最典型的是第一章第一句："In the beginning was the Word, and the Word was with God, and the Word was God." 中文译为："太初有道，道与上帝同在，道就是上帝。"译"Word"为"道"很容易让中国受众联想起王阜《老子圣母碑》中的"老子者，道也。乃生于无形之先，起于太初之前"。传教士的比附做法对后来的英译者产生了误导性影响。美国最受欢迎的《道德经》译本之一的译者——诗人威特·宾纳（Witter Bynner）在汉学研究已相当发达的20世纪中叶依然选用word(s)/Words翻译"道"：

原文：道可道，非常道；名可名，非常名。无，名天地之始；有，名万物之母。

译文：Existence is beyond the power of Words / To define: / Terms may be used / But are none of them absolute / In the beginning of heaven and earth there were no words, / Words came out of the womb of matter.（Bynner, 1944: 1）

1895年，英国传教士乔治·亚历山大（George G. Alexander）的《道德经》英译本 *Lao-Tsze: The Great Thinker with a Translation of His Thoughts on the Nature and Manifestations of God*，书名回译为《伟大的思想家老子及其对自然和上帝之光的思考》，由此可以看出，亚历山大的翻译出发点是将老子之"道"置换为基督教的上帝。他翻译的短短一段第二十三章的译文中，God出现了3次，faith出现了2次，交织其中的还有a servant of God、a slave to vice、virtue、virtuous、vice、vicious等，浓重的《圣经》气息扑面而来。在亚历山大看来，"道"就是God，就是Creator，其内涵类同于西方哲学中的"第一因"，加之他用首字母大写的He这个人称代词来指涉"道"，就把中国道家宇宙观中非位格性的拟人神转变成西方文化传统中有意志和位格的造物主。充溢着对生命及宇宙关怀的道家哲学体系，因为跨语际命名过程中的改写，被强行比附成关于上帝的宗教话语。

亚瑟·韦利（Arthur Waley）于 1934 年翻译的 *The Way and Its Power: A Study of the Tao Tê Ching and Its Place in Chinese Thought*（《道和它的力量：〈道德经〉及其在中国思想中的位置》）将"道"译为 the Way/way，在学界产生了十分广泛的影响。韦利译文中将"道"译为 by-paths（1 次）、track（1 次）、doorway（2 次）、highway(s)（3 次）、the way(s)/Way（43 次），单独或与以上各指称配合使用的音译 Tao 出现 46 次，而早期传教士所用的 God 或 Creator 则一次也没有出现。韦利的译法将人们对"道"的体认从基于神性与先知的宗教视野中解脱出来，成为其后学者、译者广为尊崇与接受的译法。

然而，我们通过主题检索发现，《圣经》汉译本（香港《圣经》公会 1981 年版）中出现了 84 次"道"、26 次"道路"。根据这个检索结果，比对《圣经》英文版（牛津大学出版社 1971 年版），发现：《圣经·旧约》汉译本中出现的 36 次"道"，除少数原文是 highway（2 次）、highways（1 次）、path（1 次）、word（1 次）外，31 次都指向 way(s)，也就是说，西方宗教中，way(s) 就是上帝之"道"，是"天主"为人类指明的通向神圣的"道"；《圣经·新约》汉译本中出现的 48 次"道"，除少数原文是 Way（5 次）、way（2 次）、teachings（1 次）、doctrine（2 次）、message（2 次）等，36 处都指向 Word(s)/words。《圣经》汉译本中出现的 26 次"道路"，除 3 次指 path(s) 外，其余则全部是 way(s)。这一结果表明，西方译者用 way 对译中国道家之"道"，究其实质仍然是一种宗教性的置换和指涉，只不过表面上比将"道"译为 God 或 Creator 少了一些神的意味。

安乐哲（Roger T. Ames）也论证指出，"尽管韦利这个[被]广为接受的译法表面看来是非宗教的，也更生动些，……[但]'Way'首字母的大写使得这个'道'在语义学的意义上也带有了'超验'和'神'的换喻意味"（安乐哲等，2004：15）。这个无论在书写还是文化意蕴上都体现了宗教指涉的 Way 与道家宇宙观的"道"分属两个完全不同的概念系统。安乐哲认为，有意或无意地将文本从其自身历史和文化的土壤中移栽到另一个截然不同的哲学园地是对文本的严重冒犯，对文本生命之根的损害十分深重。他倡议建立一套译释中国哲学经典的"策略性框架"，以摒弃文化偏见，彰显中国哲学内涵。对于中国之"道"，他选择音译，并结合具体语境辅以语义阐释，诸如 Heaven's way、Great way、the way、the way of Heaven、way-making 等进行互文参见。安乐哲此举意在让这些被移植进西方话语框架的中国文化术语重新回归中国的土壤，帮助西方读者理解原汁原味的中国文化，便宜地向西方读者提供中国哲学关键术语的确切含义。

（二）"德"的跨语际重构

《老子》一书存在两种版本系统：一种是《道经》在前、《德经》在后的《道德经》系统，即唐宋之后传下来的通行本；另一种是《德经》在前、《道经》在后的《德道经》系统，即以出土文物为依据的帛、简本。1973 年湖南长沙马王堆汉墓出土文物中发现的帛书《老子》，《德经》在前、《道经》在后；1993 年湖北郭店出土的战国中晚期《老子》竹简本，以及甘肃敦煌藏经洞发现的六朝写本《老子想尔注》等也都是《德经》在前、《道经》在后。

现行传世本中，《德经》从第三十八章开始，开篇即说"上德无为而无以为；下德无为而有以为"，将"德"的体系与以"无"为核心的"道"体联系起来——"道"是本体，"德"是"道"的具体体现，其面目由"道"界定，"孔德之容，惟道是从"。关于"德"的特性，《道德经》第四十一章做了描述："上德若谷；大白若辱；广德若不足；建德若偷。"在这里，老子用了"正言若反"和"圆融辩证"两种话语策略来说明"德"的特性，目的是让人充分理解他所倡导的"德"。但至于何为"德"，老子同样面临着无法命名的困境，他在第五十一章中说道：

> 道生之，德畜之，物形之，势成之。
>
> 是以万物莫不尊道而贵德。
>
> 道之尊，德之贵，夫莫之命而常自然。
>
> 故道生之，德畜之；长之育之；亭之毒之；养之覆之。生而不有，为而不恃，长而不宰，是谓"玄德"。

"德"不仅像"道"一样无法准确命名，含有多重意涵，更与"得到"的"得"通假使用，更是增强了翻译时二度命名的困难。《道德经》第四十九章前三句如下：

> 圣人常无心，以百姓心为心。
>
> 善者，吾善之；不善者，吾亦善之；德善。
>
> 信者，吾信之；不信者，吾亦信之；德信。

译者作为特殊的阅读者，语义选择的不同反映出语义逻辑思考方式的巨大差异，这点由"德善"各不相同的翻译可见一斑：

刘殿爵（D. C. Lau）：In doing so I gain in goodness.（如此，我得到了善。）

亚瑟·韦利：And thus he gets goodness.（因此，他得到了善。）

吴经熊（John C. H. Wu）：For virtue is kind.（因为德是善良的。）

史蒂芬·米切尔（Stephen Mitchell）: This is true goodness.（这才是真善。）

冯家福和简·英格里希（Feng–English）: Because virtue is goodness.（因德即是善。）

这些译者中既有中国学者，又有西方汉学家。"德善"的不同译文揭示，解读者差异性的逻辑思维取向，势必造成文本形象及内涵的巨大变化。为避免如上翻译混乱和术语错配，我们建议音译"德"，并辅以具体语境中的语义指代 virtue 或 power 等意指，至于通假使用的"德"则需要根据实际意义进行阐释。道与德既分又合，是一个完美的统一体。老子以一种朴实的、更为世人心智和肉眼所能理解的方式来述说道与德分工合作、创造宇宙万物的分解过程。刘殿爵的译文中将"德"译为 virtue，是目前英语世界比较通行的译法。

此外，音译"德"的做法日益增多，当然，也有不少译者结合个人学术前见和具体语境，用 efficacy、power、energy、intelligence、outflowing operation、integrity、life、character、humanity 等词进行翻译。不难看出，"德"的蕴意不仅依赖"道"字而生，也依赖其出现的具体语境，语义的多样性和不确定性为文本的跨语际解读提供了十分丰富的语义场。汉学家梅维恒（Victor H. Mair）说自己用两个多月的时间思考如何翻译"德"字，考虑过译为 self、character、personality、virtue、charisma、power、inner potency、inner uprightness、man's supernatural force inherent in gods and sacred objects 等，但却被他自己一一否定了。梅维恒认为这些词语难以表达"德"的内涵，最终他根据"德"字的词源学考察及其在全文中的不同内涵，将之翻译为 integrity（诚实、正直、整体），认为这一译法既能体现宇宙万物的整体性，又能表达道德范畴中的正直、诚实概念。梅维恒对"德"字的翻译考量，堪称"一名之立，旬月踟蹰"，纵然如此，他的译文跟此前诸多翻译一样，也并没能够完整、准确再现道家宇宙观赋予"德"字的全部思想意涵。

（三）"无为"的跨语际重构

了解了"道"的构成、"道"的运行法则，我们依然不知道"道"究竟是什么。对于不可说的"道"，老子另辟蹊径，用"正言若反"的方式进行突破，通过对"道"的可感性的否定，"经验"地陈说了"道"的特质，比如第十一章中的"三十辐，共一毂，当其无，有车之用。埏埴以为器，当其无，有器之用。凿户牖以为室，当其无，有室之用。故有之以为利，无之以为用"。

《道德经》全文 5000 余字中"无"字出现 98 次，与"无"表达相同或相近、同为否定概念的"不"字出现 235 次，"莫"字出现 20 次，"弗"字出现 4 次。毫无疑问，"无"是老子哲学中最基本，也是最重要的范畴。对老子而言，"无"本身是一种作用、一种力量，发挥着"有"所不能替代的作用和力量。诚如王弼《老子注》所言，"有之所始，以无为本"。是以，《道德经》开宗明义："道可道，非常道；名可名，非常名。无，名天地之始；有，名万物之母。"正是这"无名"之"道"，激发起老子对"无为""无欲""无知""无事""无争"等各种无"为"（doing, action）的探索热情。

可以说，道家哲学鲜明的实践特质体现在全书对于"为"这一过程性动作的关注上。在老子看来，"有为"更多的是一种过度扰乱事物本然的行为，即妄为，如第七十五章中的"民之难治，以其上之有为，是以难治"。老子认为，统治者不应以过多的政令扰乱民众的安宁生活，"无为"即"不妄为"。"有为"妨碍、毁坏万物，"无为"则成就万物。理解了这一点，我们就明白了《道德经》中出现13次的"无为"不等于"不为、不做"，英语世界那些将"无为"译为without doing、doing nothing等的做法显然是对老子思想的误解。"无为"真正的落脚点在"为"："为无为，则无不治"，"是以圣人无为故无败"，"道常无为而无不为"，"吾是以知无为之有益"，"无为而无不为"，"我无为，而民自化"。不难看出，老子"无为"思想的重点在于"无不治""无败""无不为""有益""民自化"。

在道家宇宙观中，"无为"的语义重心在"无不为"。只有真正理解了这一层概念意涵，我们才能够正确理解"无欲""无知""无事""无争"等一系列以"无"之名的实践哲学："无欲"不是desireless（停止欲望或没有欲望），而是have deferential desires（呈现出谦恭的欲望）；"无知"不是ignorant或者no knowledge，而是unprincipled knowing（非刻意、强行认知）；"无事"不是doing no business（无所事事），而是be non-interfering in going about other's business（不干涉他人之事）；"无争"自然也并不意味着yielding（"懦弱无能"或简单的妥协主义），而是striving without contentiousness（不肆意竞争）。《道德经》中所有以"无"之名的书写都向我们表明，凡事不肆意妄为，不施加任何强制力，顺时、顺势而为，反而能使各方都得到最大的好处与发展。

（四）"自然"的跨语际重构

老子认为任何事物都应该顺应它自身的情状去发展，不必以外界的意志去制约它。事物本身就具有潜在性和可能性，不是由外在附加的。老子提出"自然"的观念来说明不加丝毫勉强作为的成分而任其自由伸展的状态，因此老子哲学常常被称为"自然"哲学（陈鼓应，2003：26）。"自然"在《道德经》中总计出现5次，频率并不高，却是解读道家宇宙观至关重要的一个术语。"道"作为生命万物的根源，其运行顺任"自然"，遵循生命万物的本然，不加干涉，"自然"是"道"的根本属性。能否正确译解"自然"，决定了人们对道家宇宙观的整体理解与把握。日常生活中，提起"自然"二字，人们几乎会本能地将其对应转换为英语中的nature（自然界），《现代汉语词典》里"自然"的第一条义项也是"自然界"。然而事实上，汉语中的"自然"最初指"事物本就如此的存在状态"，并不指向英语中的nature，该义项于19世纪末年由中国学者从日译西方著作中引进，此后汉语中的"自然"才开始有了"自然界"的义项。

陈鼓应（2003：26-27）指出，《道德经》中的"自然"并非指涉客观存在的自然界，而是指"不加强制力量而顺任自然的状态"；而老子描写自然界时通常会使用"天地""万物"等。英语世界影响最广泛的理雅各（James Legge）《道德经》译本 *The Texts of Taoism* 中，将5处"自然"分别译为 we are of ourselves、spontaneity of his nature、being what it is、spontaneous tribute、natural development of all things；而同样被视作经典译本的韦利译本中，3处"自然"译为 self-so，另外2处分别译为解释性的 happened of its own accord 与 nature。可以看出，两位汉学家对老子"自然"的理解基本准确、到位，即认为它不是指客观存在的天地万物，而是指没有外在人为强制力的过程和状态。

接下来，我们再把"自然"放到"道法自然"的语义环境中，看看中西译者对"自然"的域境化阐释。《道德经》第二十五章最后一句"人法地，地法天，天法道，道法自然"普遍被视为道家宇宙运行法则的核心表达。在此，我们选取了英语世界中享有盛名的10个译本。

理雅各：Man takes his law from the Earth; the Earth takes its law from Heaven; Heaven takes its law from the Tao. The law of the Tao is its being what it is.

亚瑟·韦利：The ways of men are conditioned by those of earth. The ways of earth, by those of heaven. The ways of heaven by those of Tao, and the ways of Tao by the Self-so.

保罗·卡鲁斯（Paul Carus）：Man's standard is the earth. The earth's standard is heaven. Heaven's standard is Reason. Reason's standard is intrinsic.

史蒂芬·米切尔：Man follows the earth. Earth follows the universe. The universe follows the Tao. The Tao follows only itself.

安乐哲、郝大维（Roger T. Ames, David Hall）：Human beings emulate the earth, / The earth emulates the heavens, / The heavens emulate way-making, / And way-making emulates what is spontaneously so.

初大告：Man follows the laws of earth; Earth follows the laws of heaven; Heaven follows the laws of Tao; Tao follows the laws of its intrinsic nature.

林语堂：Man models himself after the Earth; The Earth models itself after Heaven; The Heaven models itself after Tao; Tao models itself after nature.

刘殿爵：Man models himself on earth, Earth on heaven, Heaven on the way, and the way on that which is naturally so.

陈荣捷：Man models himself after Earth. Earth models itself after Heaven. Heaven models itself after Tao. And Tao models itself after Nature.

许渊冲：Man imitates earth, earth imitates heaven, heaven follows the divine law, and the divine law follows nature.

在所选的 10 个译本中，英语母语译者的译本有 5 个，译本时间跨度为 1891 到 2003 年；汉语母语译者的译本有 5 个，译本时间跨度为 1937 到 2011 年。5 个英语母语译者的译本全都捕捉到道家宇宙观中"自然而然""自然如此"的意蕴，而其余 5 个译本中却有 4 个将这一句中的"自然"译为名词性的英文单词nature（"自然""自然界""大自然"），与道家宇宙观实质似有偏差。这一点对我们的启示是，在翻译中国典籍时，无论是英语母语译者，还是汉语母语译者，首先都必须精准、深入地理解原文。

四、结语

《道德经》对宇宙及人生万象的辩证把握与高度的哲学抽象，形成了其不仅在中国古代典籍，而且在世界经典中也属罕见的"多义性""模糊性"的特点。就《道德经》作品本身而言，可以说其拥有一种"空"的形式，意思含糊是其特性，它总会根据不同的历史环境和个人境况产生新的意义。不同的读者在阅读中获得不同的感受，并赋予《道德经》文本不同的意义。基于对现有道家核心概念术语英译的分析，我们认为，中国经典的世界性传播应更多关注那些凝聚、镌刻着中华精神标识的思想文化术语的翻译，应倡导翻译者或研究者通过语际诠释进一步延展原典的思想内涵，去面向世界和面向未来地传播中国文化。

参考文献

Blakney, R. B. *The Way of Life*. New York: The New American Library of World Literature Inc., 1955.

Bynner, W. *The Way of Life According to Laotzu*. New York: John Day Company, 1944.

Giles, L. Foreword of *Tao Te Ching*. In Ch'u Ta-kao (trans.). *Tao Te Ching*. London: Unwin Paperbacks, 1982: 9-10.

Hoff, B. *The Way to Life*: *At the Heart of the Tao Te Ching*. New York: John Weatherhill Inc., 1981.

安乐哲，郝大维. 道不远人：比较哲学视域中的《老子》. 何金俐，译. 北京：学苑出版社，2004.

巴特. 文之悦. 屠友祥，译. 上海：上海人民出版社，2004.

博尔赫斯. 博尔赫斯谈诗论艺. 陈重仁，译. 上海：上海译文出版社，2002.

陈鼓应. 老子今注今译. 北京：商务印书馆，2003.

冯友兰. 冯友兰学术论著自选集. 北京：北京师范学院出版社，1992.

林衡勋. 道·圣·文论——中国古典文论要义. 北京：中国社会科学出版社，2001.

柳御林. 世界名人论中国文化. 武汉：湖北人民出版社，1991.

闵仕君. 对语言边界的撞击——《老子》对"道"的言说方式初探. 新疆大学学报（哲学社会科学版），2002（3）：38-40.

于连. 圣人无意：或哲学的他者. 闫素伟，译. 北京：商务印书馆，2004.

张隆溪. 道与逻各斯. 冯川，译. 成都：四川人民出版社，1998.

（特邀编辑：冯全功）

涓涓细流 渐汇成河

——船山思想英语译介研究*

朱健平 龚 骞**

摘 要：船山思想英语译介已历八十余载，在英语汉学界产生了较大影响，但这一现象尚未引起我国学界的深入关注。本文考察了船山思想英语译介的发展历程，分析了现有译介的不足，并提出了加大船山思想译介力度的建议。本文认为，船山思想英语译介经历了萌芽期、探索期和发展期三个阶段，但目前还有某些不足，如翻译严重不足，研究不够深入，译介策略单一，译介主动性不强，海外译介与本土研究交流不畅等。为此，本文建议，加大原著翻译力度，发掘船山思想的当代价值和世界意义，加快国内成果的国际转化，优化译介策略，加大推介力度，加大特色人才培养力度，加大组织力度，构建"译、研、传"一体化的船山思想译介模式。

关键词：船山思想；英语译介；译介策略

Title: Translation and Dissemination of Wang Chuanshan's Thought in the English-Speaking World

Abstract: The English translation and dissemination of Wang Chuanshan's thought have lasted for more than 80 years, and exerted a great influence in the English-speaking world. However, it has not yet attracted much scholarly attention in China. Based on the analysis of its development since 1942, this study probes into the inadequacies in the English translation and dissemination of Wang Chuanshan's thought and tries to put forward some corresponding solutions. It is found that though its translation and dissemination have gone through three periods, namely, sprouting, exploring and burgeoning, there remain problems in the amount of translation, research depth, translation and dissemination strategies, translation initiative, and academic exchange between native and overseas scholars. Thus, this study advocates developing an integrated approach including translation, academic research and dissemination by enlarging the translation scale, exploiting its contemporary value and common significance, promoting international transmission of domestic achievements, optimizing translation and dissemination strategies, as well as intensifying promotion, specialist cultivation and organizational efforts.

Key words: Wang Chuanshan's thought; translation and dissemination in the English-speaking world; translation and dissemination strategies

* 本文系国家社科基金项目"中国特色翻译研究话语体系构建研究"（21BYY006）相关成果。

** 作者简介：朱健平，湖南大学外国语学院教授、博士生导师。研究方向：翻译理论研究、典籍译介研究、翻译史研究。电子邮箱：zhujianpinghzh@126.com。龚骞，湖南大学外国语学院博士研究生。研究方向：典籍译介研究、翻译史研究。电子邮箱：12154230@qq.com。

一、引言

王船山（1619—1692），名夫之，明末清初三大思想家之一，中国古代思想集大成者，其思想被称为"船山思想"。船山思想庞杂广博，别开生面，熊十力称其"足为近代思想开一路向"（转引自：郭齐勇，2020：2），对后世影响深远。船山①著述十分丰富，多达100余种、400余卷，涵盖哲学、政治学、社会学、美学、文学等诸多领域，在中国思想史上占有重要地位，有部分已被译成日、俄、英、法等语言，成为人类共同的思想财富。

船山思想英语译介始于20世纪40年代。1942年，林佩圣（后来担任联合国人权组织第一处处长）出版了英文专著 *Men and Ideas: An Informal History of Chinese Political Thought*（《人类与思想：中国政治思想史稿》），译介船山思想，称船山为"民族主义哲学家"，开启了船山思想西渐之旅（Lin, 1942）。迄今，船山思想英语译介已八十余载，各类成果穰穰满家，译介路径也由单纯的介绍和翻译发展到了译介与研究互促并进的阶段，在英语世界逐渐走向显学。但这一现象并未引起学界深入关注，相关成果甚少。在少有的成果中，除白之（Cyril Birch）的船山诗词翻译引起了一定的关注（如：曾威，2019，2020），学界关注较多的是船山思想的英语译介状况（如：李镇东，2003；朱弘毅、朱迪光，2017；刘纪璐，2018；吕剑兰，2019），但总体显得零碎，也不太深入，基本上只是对船山思想在英语世界译介、研究、传播、接受等情况的简要介绍，有的只是文献的罗列，缺乏系统研究和整体观照，无论是深度、广度还是系统性都有待进一步拓展。为此，本文拟对船山思想的英语译介状况做一历时描述，试图探究现有译介的不足，并对其未来发展提出一点建议，权当抛砖引玉。

二、船山思想在英语世界的译介

船山思想英语译介可分为萌芽期、探索期和发展期三个阶段，每一阶段译介的内容、路径、方式、策略和效果都因历史背景、译介主体、译介目的的不同而各具特色。

（一）萌芽期（20世纪40—60年代）

船山思想虽在20世纪40年代便已进入美国，但其译介的真正萌芽是在二战后的五六十年代。美国经济的空前繁荣促成了其文化昌盛。在此社会转型期，汉学研究的兴趣也开始从先秦诸子学转向新儒学，但又因研究目的和对新儒学认知的不同而有不同的倾向。多数汉学家认为，新儒学需以西方文明作为"外力"才能与时俱进，但狄百瑞（William Theodore de Bary）、陈荣捷（Wing-tsit Chan）等则立足世界文化多元观，倡导新儒学研究回归经典，并推动了新儒学作为独立学科在美国的建立。船山思想英语译介

---

① 本文在叙述时一般称"王船山"为"船山"。

也正是在这一大的历史背景下应运而生的。

1960 年，狄百瑞等编译了 *Sources of Chinese Tradition*（《中国传统诸源》）一书，第 19 章"儒学的晚收"从政治、哲学、社会、法治等方面简要介绍了船山思想。他在译序中指出，"书中所涉史料均为我们自己所译，因对主题了解不深，加之文本自身复杂，故在翻译原著内容的同时还对有关历史背景和注释文本做了必要补充"（de Bary et al., 1960: vi）。不过遗憾的是，书中误将船山视为历史循环论者，认为他对现存制度有调和倾向（de Bary et al., 1960: 543）；同时还提到，船山著作语义模糊，内涵深奥，风格隐晦，因而理解和重构原文都有较大难度。但该书的价值在于，它对船山思想的译介做了初步尝试。

1963 年，陈荣捷主持编译了 *A Source Book in Chinese Philosophy*（《中国哲学文献选编》）一书。该书将船山视为明清唯物主义的代表，认为他引领了新儒学的发展，开创了中国现代哲学新纪元。书中选译了船山著作中体现唯物主义思想的内容，虽然部分材料已有译文，但译者并未采用，而是将所有材料全部重译，以确保译文前后一致，并充分传达原著思想，展现中国哲学发展史的全貌；对于同音不同义的哲学术语（如"器""气"等），则采用直译为本、评注为辅的策略，而且认为"评注比直译更能讲好故事"（Chan, 1963: 783）。

除编译外，这一时期的期刊和图书也发表或收录了关于船山思想的研究性论文。1956 年，李约瑟（Joseph Needham）在 *Science and Civilization in China*（《中国科学技术史》）第 2 卷中专设一节介绍船山的唯物主义思想，为西方探讨船山唯物主义思想开启了一扇窗户。1959 年，徐中约（Immanuel Chung-Yueh Hsü）翻译了梁启超的《清代学术概论》（*Intellectual Trends in the Ch'ing Period*），以不到两页的篇幅简介了船山的生平和主要学术成就，称其为中国科学研究精神的开创者。60 年代末，船山思想在英语世界受到了更多关注，相关论文日渐增多。张君劢（Chang, 1962: 264）认为船山是"现实主义者与变革倡导者"；邓嗣禹（Teng, 1968）认为船山是伟大的历史评论家，其历史观是唯物的、发展的、进步的，是对历史事件的经验性总结；侯外庐和张岂之（Hou & Chang, 1968）认为船山思想是对宋明理学的批判与发展，蕴含了中国学术史的全部传统；嵇文甫（Chi, 1968）则指出船山只是将唯物主义自然观直接应用于历史领域，由于时代和阶级的局限性而未能形成真正意义上的唯物主义历史观；刘先枚（Liu, 1968）将船山视为政治变革的倡导者，认为他将儒家"仁政"思想塑造成了完整的思想体系。更突出的是，这一阶段出现了首篇专门研究船山思想的博士论文：麦穆伦（Ian McMorran）从宇宙论、张载哲学观的影响、宇宙的改变、人类的历史、中国社会的本质及其发展和改革意见等方面对船山的政治思想进行了深入阐述，对推动船山思想英语译介具有积极作用（McMorran, 1969）。

此外，船山诗论也开始引起了英语世界的关注。1962 年，美籍华裔、中国文学研究家刘若愚（James J. Y. Liu）出版了著作 *The Art of Chinese Poetry*（《中国诗学》），旨在为喜爱中国文学的英语读者介绍中国诗学。他将中国诗学置于现代西方的研究框架中，系统探讨了中国古典诗歌的艺术特点。书中第二部分"中国传统诗歌观"的第四章"妙悟说——诗歌是一种感知"简要介绍了船山诗论中的"情景论"，在这部分中，他还翻译了《姜斋诗话》中体现船山诗学理论的相关论述。由此，船山的诗论家形象在英语世界得以初步建构。

综上，船山思想尽管在 20 世纪 40 年代初便已进入英语世界，但真正的萌芽直到 60 年代才发生。该阶段译介成果不多，无论是翻译、介绍还是研究，都只是触及了船山思想的冰山一角。从历史发展线索看，该阶段前期以译为主，后期则出现了多篇船山研究专论，尤其是以船山政治思想为专题的博士论文。从译介主体看，参与船山思想译介实践的多为华裔学者，这表明即使在当时中西基本隔绝的状态下，中国文化和思想也有强烈的"走出去"的愿望。从译介主体的身份看，译介者本身多为哲学家、思想家或汉学家，表明船山翻译的目的主要是满足研究的需要，为船山研究提供必要的素材。从这种意义上说，正是船山研究的需要决定了船山翻译的选材和内容以及方向和程度，而船山翻译又反过来促进了船山研究的进一步发展。船山思想便是在华裔学者和汉学家的共同努力下，在翻译和研究的互相支撑、互相促进中逐渐进入英语世界，并在异质的土壤里慢慢萌芽的。诚然，从形式看，该阶段的译介成果多为夹杂在专著或编著中的章节，或发表在专门研究亚洲或中国问题、不太能引起西方学界关注的期刊上，这表明船山思想还未受到英语世界的广泛关注和真正重视。而且这一时期译介成果数量不多，翻译质量参差不齐，误译误读现象较多，传播范围很窄，因而影响非常有限。但这一阶段的译介成果和贡献却是不可忽视的，它为船山思想在英语世界的后续传播和研究奠定了基础。

（二）探索期（20 世纪 70—90 年代）

20 世纪 70—90 年代，随着中美建交、我国改革开放及其作为新兴经济体的崛起，世界经济和政治格局走向多元化，文化传播活动随之兴起，英语世界希望重新审视中国文化，东方思想尤其是新儒家思想便成了西方学界的关注焦点。中美文化交流也迅速发展，到美国留学、访问、讲学、参加会议的中国人日益增多，也有更多的美国人到中国参观、访问、考察和进行学术交流。船山思想译介也随之进入更加深入的探索阶段。

该阶段的重要代表人物之一是艾丽森·哈利·布莱克（Alison Harley Black）。1979年布莱克完成了以船山哲学思想为主题的博士论文，并以此为基础于 1989 年出版了英语世界船山研究的第一部专著 *Man and Nature in the Philosophical Thought of Wang Fu-Chih*（《王夫之哲学思想中的人与自然》）。该书借用西方美学中的"表现论"（expressionism）一词隐喻新儒家思想之基，使之不仅与西方文化中占统治地位的"神创论"（creationism）区分开来，而且与李约瑟的"机体论"（organicism）互相参照，丰富了英语世界对于中国传统思想的认识。作者深入分析了船山哲学关于自然与人为、意识与存在等问题的思辨，认为船山思想不仅是对宋明理学的守正与创新，更是船山本人对社会现实热切关怀的结晶。作者坚持以"信"（faithfulness）为首要翻译原则，用改写和推论等方式呈现船山哲学。作者认为船山学术底蕴深厚，其著述句里行间充满隐喻和关联意义，若采用意译和注释，会减少读者的思考空间，损害读者与原作的对话，故译文既要有可读性，又要有对语境意义的敏感性。为此，作者对专有名词、中文书名、成对词、哲学术语等采用灵活译法，时而在译文中夹注中文，时而摒弃音译而采用既有的英文术语，如"灵动"一词，先音译为"ling-t'ung（灵动）"，再释义为"alive and penetrating"，并译成"luminous"（Black, 1989: 264），将语义的恰当性留给读者去体会和评判。

该书出版后立即引起了强烈反响，不到 3 年就有 6 篇书评对其高度评价，认为它完整再现了船山哲学思想（Elman, 1991），对船山思想分析透彻（Rossabi, 1991），是此前 20 多年来船山思想研究的鸿篇巨作（Reese, 1992），是西方学者对船山思想的首次系统研究，具有开创意义（Wong, 1990），为中西哲学比较研究提供了良好范式（Hauf, 1990），具有深刻启示（Bloom, 1992）。可见该书在英语世界传播效果较好，得到了学界较多关注。

另一位代表是英国汉学家麦穆伦，其成果形式多样，包括期刊论文、专著等。1975年，其论文 "Wang Fu-chih and the Neo-Confucian Tradition"（《王夫之与新儒家传统》）被选入狄百瑞主编的 The Unfolding of Neo-Confucianism（《新儒学的发展》），麦穆伦认为船山继承了张载的唯物主义"气"一元论，把"气"视为构成宇宙的基本物质，而这便构成了船山朴素唯物主义哲学体系的基础。1992 年麦穆伦出版的专著 The Passionate Realist: An Introduction to the Life and Political Thought of Wang Fuzhi (1619–1692)（《热情的现实主义者：王夫之生平及政治思想导论（1619—1692）》），表达了与其博士学位论文类似的观点。

此外，金容沃（Y.-O. Kim, 1982）的哈佛大学博士学位论文 "The Philosophy of Wang Fu-Chih"（《王夫之哲学》）介绍了船山的生平、著作和所处时代，并从二元性与统一性、无极与太极、形而上与形而下等方面阐释了船山的易学和哲学思想。严寿澂（Yan, 1994）的印第安纳大学博士学位论文 "Coherence and Contradiction in the Worldview of Wang Fuzhi"（《王夫之世界观中的一致性与矛盾性》）介绍了船山的性格、家庭背景、求学之路和人生经历，并从人和天、心和性、统治之道、君子之道等方面分析了船山世界观的一致性与矛盾性。该文在翻译上的一大特点是，对于暂无统一规范译文的专有名称如历史人物、哲学术语、书名等，不仅采用音译加意译的方式，而且每个译名后都标以中文，同时大量使用注释。

可喜的是，这一阶段诞生了船山著作的首本英文全译本，译者是中国香港学者黄兆杰（Siu-Kit Wong）。他对船山的诗歌创作和评论赞不绝口，认为其独树一帜，值得当代文学批评家学习（Wong, 1978: 121）。1987 年，黄兆杰又翻译了船山《姜斋诗话》（*Notes on Poetry from the Ginger Studio*）中《诗译》和《夕堂永日绪论内编》的全部内容，填补了船山作品英语无全译的空白（Wang, 1987）。

再者，探索期的译本还呈现出多元化趋势，翻译与研究交相辉映，彼此联系更趋紧密。1992 年，宇文所安（Stephen Owen）编著的 *Readings in Chinese Literary Thought*（《中国文论：英译与评论》）出版，其中第 10 章以汉英对照的方式翻译了船山诗话作品《夕堂永日绪论》和《诗译》，从文学、史学和哲学视角探讨了船山的诗学、美学和诠释学，并将中国传统哲学思想与西方哲学思想相参照，认为船山的诠释学观与汉斯–格奥尔格·伽达默尔（Hans-Georg Gadamer）在《真理与方法》（*Wahrheit und Methode*）中承认"读者前见"、反对弗里德里希·施莱尔马赫（Friedrich D. E. Schleiermacher）"恢复文本原意"的哲学诠释学观异曲同工（Owen, 1992: 455）。

总体而言，这一时期成果形式更多样，涉及的学科范围更广泛，研究内容更丰富，出现了船山思想研究专著及相关书评，形成了稳定且有一定影响力的学术研究群体，尤其是西方学者逐渐认识到了船山思想的文化价值，于是纷纷加入了船山译介队伍，为船山思想在英语世界的传播做出了重要贡献。尤其重要的是，研究范围已逐渐从哲学渗透到了美学、政治学、文学等学科，船山诗词也已引起关注，从而客观上扩大了船山思想在英语世界的影响力。相比萌芽期，这一阶段的译介效果也更显著，尽管与船山思想所蕴含的文化价值仍不匹配。

（三）发展期（21 世纪）

21 世纪以来，经济全球化趋势日益增强，对各国政治、社会、文化等造成了巨大冲击。经济全球化和信息化导致文化多元化，不同文化进行交流和碰撞，异质文明对话和学术交流日益频繁，船山思想译介也迎来了前所未有的良好契机。中华文化"走出去"战略的实施，更加强了我国文化译介和国际传播的主动性。在此背景下，船山思想的翻译、传播和研究进入了快速发展时期，涌现出一系列高水平译介成果。

2000 年，凯瑟琳·莱特（Kathleen Wright）拉开了新世纪船山思想研究的序幕。她阐述了船山的"兴观群怨"观，认为它可让读者充分理解伽达默尔哲学诠释学的某些观点："兴"与"观"即伽达默尔的"检验前见"或"与文本对话"，"群"与"怨"则与"视域融合"对应（Wright, 2000），试图实现中西哲学的"视域融合"与跨时空对话。

这一阶段最高产的是刘纪璐（JeeLoo Liu）。她自 2001 年以来产出了大量船山研究成果，包括专著 1 部、论文 5 篇和书评 1 篇。其主要贡献如下：探讨了船山历史哲学，认为船山秉持的是人文主义历史哲学观（Liu, 2001）；借用西方形而上学思想阐释中国哲学思想中的宇宙观，将中西方哲学思想做比较研究，为新儒学的研究寻求新方向（Liu, 2005）；试图重构新儒家"气"的本体论，为当代哲学问题寻找答案（Liu, 2011）；从张载、船山的道德哲学中探寻有助于建构利他主义社会的社会伦理动机（Liu, 2012）；依据宋明理学的思想主题谋篇布局，试图将船山道德思想开发成为当代一种独立的道德理论（Liu, 2017）。可见，刘纪璐不仅深谙船山思想，而且能将中西哲学思想有机融合，是发展期船山思想译介与传播的主要力量。

值得一提的是，2012 年张思齐出版了译著 A Concise History of Chinese Philosophy: Main Currents of Philosophical Thought from Mythology to Mao（《中国哲学史纲要》，萧萐父、李锦全著）。该书不仅用专章介绍了船山的经世致用思想，而且将读者置身于历史文化语境中，令其能更为深入地了解中国哲学思想与历史发展错综微妙的关系，有利于促进跨文化沟通和交流。

此外，这一时期还有多部以船山思想为主题的英文著作出版，进一步推动了船山思想在英语世界的传播。裴士锋（Stephen R. Platt）认为船山是现代湖湘精神的奠基者，对后世湖南民族主义运动产生了深远影响（Platt, 2007）；尼古拉斯·布拉索文（Nicholas S. Brasovan）阐述了新儒家人文主义的生态转向问题，认为船山的哲学思想能为生态人文主义提供学理模型（Brasovan, 2017）；谭明冉（Tan, 2021）指出船山对儒学进行了新的诠释和捍卫，并试图以此解决明清之际的政治和文化危机。

随着船山译介的不断深入，船山思想的价值也越来越受西方学者关注，相关主题的国际学术研讨会开始频繁召开。2009 年，以"船山思想与文化创新"为主题的船山诞辰390 周年纪念暨学术研讨会在湖南衡阳举行；2017 年，"船山学研究在国外"国际学术研讨会在衡阳师范学院举行；2018 年，世界哲学大会（北京）专门举办了三场船山学圆桌会议；2019 年，中美韩三国学者"船山研究"论坛在衡阳师范学院举行，以纪念船山的400 周年诞辰。以上国际学术研讨会的召开对于光大船山思想、弘扬船山精神、促进中外文化交流具有积极作用。

总体而言，这一时期的译介在路径、方式、策略、效果等方面都取得了长足进步。译介主体不再局限于海外汉学家，随着我国对传统文化国际传播的进一步重视，国内组织和机构也开始将船山思想的译介提上日程，并有所筹划；译介内容虽仍以哲学为主，但业已全面覆盖；在传播路径上，国际学术交流达到了空前规模；译介效果也日渐突显，船山思想在英语世界已逐渐从隐身走向显学，国际影响日益增强。

三、船山思想译介的不足

船山思想英语译介虽已经历了一个日渐月染、渊渟泽汇的过程，尤其是 21 世纪以来译介成果已蔚为大观，但同时还存在一些亟待解决的问题。

（1）翻译严重不足。即使是已有的英译，也多为节译，作为章节收录在整体介绍中国传统文化、文学、文论或哲学的书中，如：狄百瑞等（de Bary et al., 1960）《儒学的晚收》中节译的《黄书》《读通鉴论》《周易外传》；陈荣捷（Chan, 1963）《王夫之的唯物主义》中节译的《周易外传》《思问录》《读四书大全说》等；宇文所安（Owen, 1992）选译的诗论《夕堂永日绪论》《诗译》等。以单行本出版的译作目前仅有黄兆杰于1987年出版的 Notes on Poetry from the Ginger Studio（《姜斋诗话》），而系列译作、重译等则尚付阙如，甚至船山思想的代表性著作均无全译问世。

（2）研究不够深入。船山思想在英语世界的研究虽已取得诸多成果，但整体上还缺乏深度和系统性。现有研究多为简述或简评式介绍，且只是注意到了船山思想的若干方面，如李约瑟（Needham, 1956）、张君劢（Chang, 1962）、金永植（Y. S. Kim, 1982）等简述了船山的哲学或政治思想，刘若愚（Liu, 1962, 1975）、张节末（Zhang, 1990）、孙筑瑾（Sun, 1995）等简述了船山的诗学。这些研究多为蜻蜓点水之作，系统深入的专题研究很少。自布莱克（Black, 1989）出版首部船山研究专著以来，30多年间船山思想研究专著仅4部，其他3部是麦穆伦（McMorran, 1992）、布拉索文（Brasovan, 2017）和谭明冉（Tan, 2021）的著作，且均由各自的博士学位论文修改而成，所论多为船山的现实主义政治思想和唯物主义哲学思想，因此无论是研究内容还是研究视角都有大力拓展的空间。

（3）译介策略单一。译介策略是指原作的选择与组合、翻译、研究、传播、推介等各环节策略的复合。译介策略的多样化有助于作家、作品、文化或思想的有效传播，反之则可能效果不佳。船山著作在英语世界影响不大，译介策略单一也是主要原因之一。如上所述，船山思想译介不仅原作选择极为有限，重组方式非常单一，翻译很不充分，有影响力的全译本几乎没有，译丛、重译尚付阙如，副文本形式单一，研究不够深入，缺乏系统性，研究视野不够开阔，而且其英语传播媒介和推介策略也很单一，缺乏多样化和创新性，未能充分发挥当下新媒体的立体传播优势，影视文本、网络译本等形式尚未出现，高端国际船山学术会议甚少。过于单一的译介策略导致船山思想的译介效果不尽如人意。

（4）译介主动性不强。译介主动性是文化传播的动力之源，可迄今为止的船山译介基本上都是被动译介，译介行为多为英语世界自发的民间译介，译介主体多为西方汉学家和华裔学者。尽管近年来我国某些学术机构（如船山学社等）组织了多次以船山为主题的国际学术会议，中南大学出版社也出版了《王船山词今译与英译》（全华凌、蒋显文译）等译著，但范围十分有限，未能充分调动各类译介主体的积极性，尤其是缺乏政府层面进行的顶层设计和整体规划，导致未能得到足够的政策和经费支持，以打造优秀的船山译介团队，积极组织船山著作多维、多元、多途径、多向度的立体译介，因而译介主动性仍然不够充分。

（5）海外译介与本土研究交流不畅。译介的最佳状态是内外互动，海外译介与本土研究频繁沟通、交流和融合，使译介内容和形式在加入异域新视角的同时也能及时反映源文化的最新发现。船山思想在长期译介中被不断进行新解读，被赋予了新内涵，从林俨圣（Lin, 1942）、裴士锋（Platt, 2007）、张其贤（Chang, 2017）的民族主义，张君劢（Chang, 1962）、麦穆伦（McMorran, 1992）的现实主义，李约瑟（Needham, 1956）、陈荣捷（Chan, 1963）、侯外庐和张岂之（Hou & Chang, 1968）、陈慰中（Tan, 1983）的唯物主义，再到布莱克（Black, 1989）的表现主义，布拉索文（Brasovan, 2017）的生态人文主义和刘纪璐（2018）的道德心理学，其间不断有新的发现，日渐形成了相异于中国本土的新的船山形象。但同时，由于翻译严重滞后，中国本土的大量最新成果未能及时充分体现在英语译介中。目前，中国本土的船山研究已取得了大量新成果，如岳麓书社出版的"船山全书"（1996/2011）、中华书局出版的"王夫之著作"（2003—2013）、中国书店出版的"船山遗书"（2016）等丛书，陈来的《诠释与重建：王船山的哲学精神》（2010/2013）、王先志的《船山通鉴论》（2019）、王立新的《船山大传》（2019）、蔡尚思的《王船山思想体系》（1985/2019）、王泽应的《船山精神与船山学》（2019）等著作，以及大量散落在国内各大期刊的学术论文，由于交流不畅，其影响未能走出国门，未能与船山思想译介进行充分融合。

总体而言，船山思想译介目前仍以英美汉学家的译入为主，且译介的场域主要在英语世界。由于中西文化实力和话语权的现实差异，这种译入型译介虽为船山思想进入英语世界打开了一扇窗户，为其进一步译介和传播奠定了基础，但其自发性和盲目性导致了译介内容的碎片化和译介策略的单一化，使得船山思想未能在英语世界立体呈现其本身所具有的多面统一的思想面貌。而且由于以上不足，船山思想译介效果也不够理想，其影响仅限于汉学圈，且以华裔学者为主，尚未走进英语普通民众，受众数量和范围都极为有限。

四、关于加大船山思想译介力度的几点建议

随着中国国力不断提升，中国文化影响力不断扩大，英语世界对中国文化的认知需求也越来越强烈。因此，我们应顺势而为，在继续鼓励译入型译介的同时，积极推动译出型译介的发生，通过译入与译出互相协调，将这座代表中国传统思想高峰的"船山"完整地搬迁到英语世界中去。为此，笔者略陈管见，就教于学界同人。

（1）加大原著翻译力度。船山著述十分丰富，国内已有系统整理，先后出版了"船山全书""王夫之著作""船山遗书"等多个多卷本。但船山著作英译现状与之极不相称，严重影响了船山思想英语译介的深度、广度和系统性。因此，全面规划，组织力量系统翻译船山著作迫在眉睫。

（2）发掘并提炼船山思想的当代价值和世界意义。船山思想深博无涯，遍及中国传

统学术的各个领域，且在每一领域都有独到深刻的学术观点（朱汉民，2016），但它是在中国传统文化的土壤中形成的，带有鲜明的中国特色，因此译介时应双管齐下，一方面要忠实传递这种特色，另一方面还要对其提炼和升华，发掘其当代价值，使其成为具有世界意义的价值的一部分，为构建人类命运共同体提供内容支撑和思想资源。

（3）加快国内成果的国际转化。国内的船山研究已非常深入，且已取得丰硕成果，但因语言隔阂，未能在国际上产生重大影响，致使国际、国内船山研究严重脱节，尤其是导致国内船山学者的国际学术话语权严重缺失。故此，组织力量精选一批有分量的船山研究成果译成英语，并以译丛形式出版，也是船山思想译介的当务之急。此外，《船山学刊》自 1915 年创刊以来一直是船山研究的重镇，但由于语言之隔，国际影响甚微，因此为提高船山思想研究的国际传播能力，亦可将该刊以中英双语并行发行。

（4）优化译介策略。更新译介理念，拓展译介内涵，整体设计船山思想译介策略，消除翻译（包括原作选择、语言转换和译作出版）、研究、传播等译介形式之间的隔阂，优化组合各种译介途径，使译、研、传彼此支撑，互相促进，构建船山思想译研传一体化译介模式。

（5）加大推介力度。创新推介手段，适应数字化传播需要，通过影视、微媒体等多样化形式精心推广船山思想译介作品；定期举办国际船山学术研讨会，搭建国内国际船山研究学者沟通平台，拓宽交流与传播渠道，扩大船山思想的国际影响力；建立文化代理人机制，与英美等国知名文化代理人合作，加强译介者与西方出版商之间的沟通和协调，大力推动船山思想译介作品在英语世界的出版和传播。

（6）加大特色人才培养力度。中外译者合作翻译固然有其优势，但加大力度培养专攻船山思想译介的特色人才更应成为长久之计。深厚的双语翻译功底是基础，更要有深厚的中国文化和思想修养，尤其要对船山思想进行长期专门的沉浸式学习。要培养这样的特色人才，就要高校大胆作为，量身定制特殊人才的培养方案，尤其是要打破学科壁垒，打通学科屏障，合作培养一批既懂双语又懂翻译、既懂中国文化又懂船山思想的高端翻译人才。

（7）加大组织力度。设立船山思想译介与传播机构，加强船山译介顶层设计，规划译介选题，整合海内外译介力量，加强学科间、政府与高校间的协同合作，争取各类政策支持和经费投入。

五、结语

涓涓细流，渐汇成河。船山思想自 1942 年被林俉圣首次引入英语世界以来，其英语译介走过了 80 多个年头，经历了萌芽、探索和发展三个时期，已逐渐由隐身走向显学，在国际学界产生了较大影响。但现有译介成果还不够理想，与船山思想自身的丰富性和深广度还极不相称。为此，我们还有大量的工作要做，我们应因时而动，顺势而为，变被动译介为主动译介，整合国内国际船山译介力量，构建译、研、传一体化译介模式，在英语世界立体重塑多面统一的船山思想面貌，努力做到"以文载道、以文传声、以文化人，向世界阐释推介更多具有中国特色、体现中国精神、蕴藏中国智慧的优秀文化"（新华社，2021）。道阻且长，行则将至；行而不辍，未来可期。我们相信，随着中国综合国力的不断提升，国际社会对中国文化兴趣的日益增大，加之国家对中国文化国际传播能力建设的日益重视，船山思想英语译介和传播将迎来发展的春天，船山思想作为中国哲学的瑰宝，将与孔墨老庄朱王诸学一道在世界舞台大放异彩。

参考文献

Black, A. H. *Man and Nature in the Philosophical Thought of Wang Fu-Chih*. Seattle: University of Washington Press, 1989.

Bloom, R. *Man and Nature in the Philosophical Thought of Wang Fu-Chih* by Alison Harley Black. *The Journal of Asian Studies*, 1992(1): 139-140.

Brasovan, N. S. *Neo-Confucian Ecological Humanism: An Interpretive Engagement with Wang Fuzhi (1619–1692)*. Albany: State University of New York Press, 2017.

Chan, W.-T. *A Source Book in Chinese Philosophy*. Princeton: Princeton University Press, 1963.

Chang, C. *The Development of Neo-Confucian Thought (Vol.2)*. New York: Bookman Associates, 1962.

Chang, C.-S. The Idea of Chineseness and Ethnic Thought of Wang Fuzhi. In Kuo, C. T. (ed.). *Religion and Nationalism in Chinese Societies*. Amsterdam: Amsterdam University Press, 2017: 55-88.

Chi, W.-F. Concerning Wang Ch'uan-shan's Historical Outlook. *Chinese Studies in History*, 1968(3): 29-38.

de Bary, W. T., Chan, W.-T. & Watson, B. et al. *Sources of Chinese Tradition*. New York: Columbia University Press, 1960.

Elman, B. *Man and Nature in the Philosophical Thought of Wang Fu-Chih* by Alison Harley Black. *Harvard Journal of Asiatic Studies*, 1991(2): 715-724.

Hauf, K. *Man and Nature in the Philosophical Thought of Wang Fu-Chih* by Alison Harley Black. *Ming Studies*, 1990(1): 70-74.

Hou, W.-L. & Chang, C.-C. The Philosophical Thought of Wang Fu-Chih. *Chinese Studies in History*, 1968(3): 12-28.

Kim, Y.-O. The Philosophy of Wang Fu-Chih. Cambridge, MA: Harvard University, 1982.

Kim, Y. S. Wang Fu-Chih's Revolt Against the Domination of Li. *Journal of Chinese Philosophy*, 1982(3): 291-305.

Lin, M. S. *Men and Ideas: An Informal History of Chinese Political Thought*. New York: John Day Company, 1942.

Liu, H.-M. A Brief Discourse on Wang Ch'uan-Shan's Political Ideology. *Chinese Studies in History*, 1968(3): 39-52.

Liu, J. J. Y. *The Art of Chinese Poetry*. Chicago: The University of Chicago Press, 1962.

Liu, J. J. Y. *Chinese Theories of Literature*. Chicago: The University of Chicago Press, 1975.

Liu, J. L. Is Human History Predestined in Wang Fuzhi's Cosmology?. *Journal of Chinese Philosophy*, 2001(3): 321-338.

Liu, J. L. The Status of Cosmic Principle (*Li*) in the Neo-Confucian Metaphysics. *Journal of Chinese Philosophy*, 2005(3): 391-407.

Liu, J. L. The *Is-Ought* Correlation in Neo-Confucian *Qi*-Naturalism: How Normative Facts Exist in Natural States of *Qi*. *Contemporary Chinese Thought*, 2011(1): 60-77.

Liu, J. L. Moral Reason, Moral Sentiments and the Realization of Altruism: A Motivational Theory of Altruism. *Asian*

Philosophy, 2012(2): 93-119.

Liu, J. L. *Neo-Confucianism: Metaphysics, Mind, and Morality*. Hoboken: Wiley-Blackwell, 2017.

McMorran, I. Wang Fuzhi and His Political Thought. Oxford: University of Oxford, 1969.

McMorran, I. Wang Fu-chih and the Neo-Confucian Tradition. In de Bary, W. T. (ed.). *The Unfolding of Neo-Confucianism*. New York: Columbia University Press, 1970: 413-468.

McMorran, I. *The Passionate Realist: An Introduction to the Life and Political Thought of Wang Fuzhi*. Clermont: Sunshine Book Company, 1992.

Needham, J. *Science and Civilization in China (Vol. 2)*. Cambridge: Cambridge University Press, 1956.

Owen, S. *Readings in Chinese Literary Thought*. Cambridge, MA: Harvard University Press, 1992.

Platt, S. R. *Provincial Patriots: Hunanese and Modern China*. Cambridge, MA: Harvard University Press, 2007.

Reese, J. Man and Nature in the Philosophical Thought of Wang Fu-Chih. *The Journal of Religion*, 1992(1): 145-146.

Rossabi, M. *Man and Nature in the Philosophical Thought of Wang Fu-Chih* by Alison Harley Black. *Journal of the Royal Asiatic Society*, 1991(2): 328-329.

Sun, C.-C. *Pearl from the Dragon's Mouth: Evocation of Feeling and Scene in Chinese Poetry*. Ann Arbor: The University of Michigan Press, 1995.

Tan, M. R. *Wang Fuzhi's Reconstruction of Confucianism: Crisis and Reflection*. London: Palgrave Macmillan, 2021.

Tan, W.-C. *The Dialectic of Reconciliation*. Victoria, B. C.: Panda Books, 1983.

Teng, S.-Y. Wang Fu-Chih's Views on History and Historical Writing. *The Journal of Asian Studies*, 1968(1): 111-123.

Wang, F. Z. *Notes on Poetry from the Ginger Studio*. Wong, S.-K. (trans.). Hong Kong: The Chinese University of Hong Kong Press, 1987.

Wong, S.-K. *Ch'ing* and *Ching* in the Critical Writings of Wang Fu-Chih. In Rickett, A. A. (ed.). *Chinese Approaches to Literature from Confucius to Liang Ch'i-Ch'ao*. Princeton: Princeton University Press, 1978: 121-150.

Wong, S.-K. *Man and Nature in the Philosophical Thought of Wang Fu-Chih*, by Alison Black. *Chinese Literature: Essays, Articles, Reviews*, 1990(12): 156-157.

Wright, K. The Fusion of Horizons: Hans-Georg Gadamer and Wang Fu-Chih. *Continental Philosophy Review*, 2000(33): 345-358.

Yan, S. C. Coherence and Contradiction in the Worldview of Wang Fuzhi. Bloomington: Indiana University, 1994.

Zhang, J. M. On the Aesthetic Significance of Wang Fuzhi's Theory of the Unity of Poetry and Music, with Criticisms of Certain Biases in the Study of His Theory of Poetics. *Chinese Studies in Philosophy*, 1990(3): 26-53.

郭齐勇. 尊生明有 主动率性——王夫之哲学的特质. 船山学刊, 2020 (1): 1-9.

李镇东. 知识经济时代船山传播初探. 船山学刊, 2003 (3): 32-34.

刘纪璐. 王船山哲学研究在北美的发展. 衡阳师范学院学报, 2018 (2): 6-15.

吕剑兰. 英语世界船山学研究成果目录. 衡阳师范学院学报, 2019 (2): 29-33.

新华社. 习近平在中共中央政治局第三十次集体学习时强调 加强和改进国际传播工作 展示真实立体全面的中国. 光明日报, 2021-06-02 (1).

曾威. 王夫之《玉楼春·白莲》英译的翻译规范研究. 衡阳师范学院学报, 2019 (2): 25-28.

曾威. 王船山诗词英译中"兴观群怨"的再现——以《蝶恋花·铜官戍火》为例. 衡阳师范学院学报, 2020 (4): 27-31.

朱汉民. 湘学通论. 北京: 高等教育出版社, 2016.

朱弘毅, 朱迪光. 域外船山学研究与海外船山学的传播设想. 衡阳师范学院学报, 2017 (5): 1-8.

（特邀编辑：王娅婷）

莎士比亚戏剧汉译百年学术争鸣史考略*

刘泽权　孙　媛**

摘　要：我国莎士比亚翻译史上出现了五次大的学术争鸣，分别是文言/白话之争、改写/翻译之争、直译/神韵之争、文学性/表演性之争、诗体/散体之争。这五次争鸣始于刘半农对林纾的翻译批评，止于辜正坤回归汉语的翻译主张，贯穿了整个中国现代翻译理论的发展历程，是百余年来中国莎士比亚批评研究的珍贵资源。五次争鸣与当时的社会、诗学语境之间有着显著的关联，二者可谓同频共振，共同勾画了一幅20世纪以来中国文学翻译话语的变迁图。历次争鸣的实质则是不同历史语境下各种意识形态、诗学形态，甚至赞助形态在莎剧翻译领域内的交锋。五大争鸣极大地推动了中国莎剧翻译实践的发展与进步，为莎剧在中国的翻译文学经典地位奠定了基础，而这种学术性争鸣或可为中国经典性文学的世界化提供路径借鉴。

关键词：莎剧翻译；莎剧翻译批评史；学术争鸣；意识形态；诗学语境

Title: A Survey of the Century-old Academic Debates on the Translation of Shakespeare's Plays into Chinese

Abstract: Five principal theoretical debates have arisen during the translation history of Shakespeare's plays into Chinese, namely, classical Chinese vs. vernacular Chinese, rewriting vs. translation, literal translation vs. verve translation, literary orientation vs. performance orientation, and poetic style vs. prose style. These five debates, from Liu Bannong's criticism of Lin Shu to Gu Zhengkun's proposal of "returning to Chinese", ran through the entire history of modern Chinese translation theory and became precious resources of Shakespeare studies for the discipline. It can be identified that there is a dynamic correlation between the five debates and their respective cultural and poetic contexts. Resonating with each other, the debates and the contexts have illustrated a picture of Chinese literary translation discourse since the twentieth century. Besides, the essence of these debates embodies the conflicts between various ideologies, poetics, and even patronage that occurred in the field of the translation of Shakespeare's plays in different historical contexts. As a positive result, the five debates have significantly promoted the quality of the Chinese translation of these plays and laid a solid foundation for their status as classics of translated literature in China. From another perspective, such academic debates may also provide a reference path for the globalization of Chinese classical literature.

Key words: translation of Shakespeare's plays; history of translation criticism of Shakespeare's plays; academic debates; ideology; poetic context

*　本文系国家社科基金中华学术外译项目"《中华文明的起源》（英文版）"（21WKGB008）相关成果。
**　作者简介**：刘泽权，河南大学外语学院教授、博士生导师，河南省特聘教授。研究方向：功能语言学、语料库语言学、批评话语分析、翻译研究。电子邮箱：zeqliu@163.com。孙媛（通讯作者），河南大学外语学院博士研究生，副教授。研究方向：语料库翻译学、莎士比亚翻译研究。电子邮箱：15516173676@163.com。

一、引言

自第一个莎剧作品翻译本《澥外奇谭》1903 年问世以来，我国的莎译、莎评活动已走过 120 多年的历史。120 多年中，译者们和学者们对于莎剧翻译的语言、风格、策略、方法等的看法多有不同甚至针锋相对，在莎剧翻译史上产生了多次学术争鸣。这些学术争鸣，一方面是对莎译成果的集中检视，另一方面可有效反哺后人的翻译实践，促进译者对莎剧翻译质量的反思与提升。在一定意义上，莎剧翻译争鸣不仅仅是一种翻译批评史，也是一种社会文化史和诗学变迁史。这些争鸣的具体内容是什么，本质如何，又产生了怎样的影响？回答这些问题对于回顾莎剧汉译的历史、总结现状及展望发展前景十分有必要。本文拟在动态发展的视角下回答上述问题，以拓展莎剧汉译批评的维度。

二、莎剧翻译争鸣的主题内容

历史上，我国的莎剧翻译一共产生了五次大的学术争鸣，依次为：文言/白话之争、改写/翻译之争、直译/神韵之争、文学性/表演性之争、诗体/散体之争。学术争鸣是"学术研究中的意见纷争，表现为辩论的一种形态，是发展科学的重要手段，也是文化繁荣的主要标志之一"（刘建明等，1993：346），对争鸣内容和源流的全面了解是正确把握争鸣本质的前提，故我们首先对这五次争鸣的主体内容做一具体梳理。

（一）文言/白话之争

中国译界关于莎剧翻译的争论可以追溯到新文化运动。据考，钱玄同、刘半农和胡适在《新青年》上撰文，提出了对林纾莎剧翻译的最早批评。钱玄同（1917：7）批评林纾的莎译风格为《聊斋志异》文笔，刘、胡二者主要否定了林纾用文言文翻译莎剧的做法。刘半农（2010：105）在《奉答王敬轩先生》一文中指出，林纾翻译的最大病根是"以唐代小说之神韵，移译外洋小说"，这种翻译模式就如同仿造古董，徒有赝品的外形，没有真品的价值。胡适（2003：306）则因林纾把莎士比亚的戏剧"译成了记叙体的古文"，就把林纾称为"Shakespeare 的大罪人"。

《奉答王敬轩先生》记录了新文化运动中一桩有趣的公案。王敬轩其人并不存在，而是钱玄同以"王敬轩"之名与刘半农在《新青年》上发起对战、互相攻讦，上演"双簧式"苦肉计，以此吸引人们对新文化运动的关注。在刘半农及其同人看来，文言文的僵化虚假已经严重影响了现代文学的创作，桎梏了创作者的创作格局和创作心灵。为此，他们要求废除文言文，大力提倡白话文。他们认为现代文学必须服务于现代人的灵魂、思想、情感、行为，绝不能给复辟主义、封建主义招魂。在这个意义上，《奉答王敬轩先生》可谓一篇向旧文学发出的战斗檄文。

新文化运动伊始，废除中国文学千年载体文言文的主张并没有引起强烈的社会反响，甚至大多守旧的晚清宿儒也对此保持了平静与缄默。只有林纾发表了《论古文之不宜废》《论古文白话之相消长》等文章予以回应，还创作了文言小说《荆生》和《妖梦》以示对新文化运动的挖苦嘲讽。于是，"顽固守旧、不识时务"的林纾就成为新文化运动的批判标靶，"他译的莎士比亚也就跟着倒了霉"（李伟昉，2011：160）。

其实，早期的林纾并不守旧，他主张君主立宪，提倡女子教育和实业兴国。他的《闽中新乐府》是中国最早的白话诗集，诗中"强国之基在蒙养""救时良策在通变，岂抱文章长守株"等观点说明林纾绝非固执于抱残守缺之人。由于大量译介西方文学，林纾（2003：80）对文言文和白话文亦有着较为清醒的认识，故而在对阵新文化运动时，他反问道："此古文一道，已厉消湮灭之秋，何必再用革除之力？"林纾之所以在晚期表现出对白话文严重情绪化的反对，或许是因为新文化运动的激进将其逼向了白话文的对立面。遗憾的是，林纾并不明了新文化运动表现出来的激进，实际上是一种反复辟、反封建的技术性策略。

（二）改写/翻译之争

在批评林纾语言文体的同时，刘半农（2010：105）还抨击了林纾译本的翻译策略，"删的删，改的改，精神全失，面目皆非"，最后闹得笑话百出。刘半农（2010：105）着重强调翻译不是写作，著书当遵从于本心，而翻译当忠实于原文，他更是提出，"译书的文笔，只能把本国文字去凑就外国文，决不能把外国文字的意义神韵硬改了来凑就本国文"。这说明在翻译策略的选择上，刘氏已有了类似劳伦斯·韦努蒂（Lawrence Venuti）的"异化"意识。至于书名的翻译，刘半农认为书名需要概括内容，在他看来《莎氏乐府本事》就是很妥当的译名，而林纾的《吟边燕语》完全无法体现书中内容。

事实上，刘半农对林纾的批评制造了近代翻译史上的一个著名冤案。林纾对莎剧所谓的"改写"本就不是建立在剧本翻译基础之上的，《吟边燕语》的底本是兰姆姐弟（Charles Lamb & Mary Lamb）的《莎士比亚故事集》，林译"亨利"系列剧的底本则是亚瑟·奎勒-库奇（Arthur T. Quiller-Couch）的《莎士比亚历史剧故事集》。至于书名的翻译，林纾不过遵循了时人把外国书名译得惊险、刺激的惯例（王建开，2003：30）。林纾在1916年翻译"亨利"系列剧时书名已经遵照莎剧本名翻译了，刘氏却对此视而不见。这种在一定程度上无视客观事实的批判，也使后人质疑林纾的翻译质量。然而，顾燮光（1960：539）称赞林译《吟边燕语》"复雅驯隽畅，遂觉豁人心目"，李欧梵（转引自：Hsu, 2000: 425）评价林纾的译笔"幽默就在那里，但是以一种简约经济的风格表现了出来"，钱锺书（1985：5）认为比起原著，林纾的"语言更具体，情景更活泼，整个描述笔酣墨饱"，三人的点评可谓对林纾译文质量的有力肯定。

林纾虽然不懂外语，但他在清末民初、国内新旧文学创作青黄不接之时，译介了大量的外国文学作品，这本身就是一种当时"尚没有人可以比得上"（王哲甫，1933：260）的功绩。因此，对林纾的莎剧翻译，我们也应当审慎重估，不能只看到其对"文明戏"的影响，也应当看到它自身的审美价值，还原林纾在莎剧翻译史上应有的位置。

（三）直译/神韵之争

直译与神韵的争鸣主要围绕梁实秋的莎剧翻译展开。1936 年，梁实秋在历经 6 年准备后，陆续出版了《威尼斯商人》《马克白》等 8 个译本。这本应是一件令人振奋之事，但其译本很快就遭到了邢光祖、顾良、水天同、孙大雨等人的激烈批评。

邢光祖（不平，1937：191-198）认为梁译失了"神韵"，一针见血地指出梁译"不是翻译莎士比亚，而是翻译莎士比亚的字面的意义"。他一方面承认梁氏是莎士比亚文字的行家，另一方面却又嘲讽其是莎士比亚神韵的"moron"（傻瓜），甚至借引约翰·德莱顿（John Dryden）的话来指责梁译莎剧"面目可憎"。邢氏主张译者一定要将莎士比亚的"内在神韵传达出来"，"这种内在的神韵比字面的意义要紧得何止百倍！"顾良（1939：13-15）则认为梁译莎剧的风格与原剧相距甚远，严重损害了原文的风格多样性，梁译本"词汇生硬、枯涩，有伤风格"，尤其"莎剧诗意愈洋溢的时候，梁译愈隔膜"。二人的批评虽有些过甚其词，但不得不承认，他们都抓住了梁译莎剧的痛脚，指出了梁译的问题所在。梁氏的直译思想在与鲁迅近 10 年的笔仗中就清晰地表露了出来，在后来的回忆中，梁实秋（1989：67-104）再次对自己的莎剧翻译做了辩护，认为自己的翻译态度是认真的，"没有随意删略，没敢潦草"，并且"照直翻译"，注重"忠于原文"，"保持莎氏原貌"。由此可见，梁实秋和鲁迅对"信"的态度其实是一致的。

邢、顾二人之所以追求译文的"神韵"，是因为受了陈西滢和曾虚白争论的影响，陈、曾争论的焦点就是译文如何恰当地保持原文的神韵。陈西滢（2009：407）借引病夫（曾朴，曾虚白之父）所言，认为"神韵是诗人内心里渗漏出来的香味"，十分难得，非译者与原作者心灵相契不可。曾虚白（2009）反驳"神韵"并非十分了不得的东西，不过是译作给予读者的一种心灵感应。陈西滢提出文学翻译只有一个标准，即"信"，其内涵包括"神似""意似"和"形似"，以"神似"为最高，"形似"为最低。曾虚白却认为"信"只能做到"意似"的境界，要达到"神似"，必要通过"达"来表现。

直译/神韵之争其实是当时中国译界大讨论在莎剧翻译上的一种映射。从"案本—求信—神似—化境"的译学理论发展轴来看，直译/神韵之争一方面是对"案本""求信"的承接，另一方面孕育了"化境"理论，在翻译思想史上，有着承上启下的特殊作用。"神韵"的提出凸显了翻译的美学问题，是对翻译理论的最大贡献（朱志瑜，2001：4）。

（四）文学性/表演性之争

关于莎剧到底是文学作品还是剧本的问题，可以追溯到莎士比亚同时代的本·琼生（Ben Jonson）、18世纪著名文学评论家塞缪尔·约翰逊（Samuel Johnson）以及19世纪典型的"唯剧本论者"查尔斯·兰姆（Charles Lamb），三人奠定了莎剧在英国本土的文学地位。兰姆（Lamb, 1910: 300）更是认为莎剧的优秀不属于演出的范畴，同眼神、音调、手势等毫无关系，从而将莎士比亚视为人类心灵的诗人。

德国批评界传统上认定莎剧为文学作品。19世纪前后，莱辛、席勒、歌德等人对莎士比亚的评价与阐释确立了其世界文学地位。特别是歌德（1979：306）在《说不尽的莎士比亚》一文中指出，莎剧本属于诗作史，只不过是偶然性地出现在舞台史上。歌德等人"是来自哲学王国的批评家，他们对莎士比亚的评价就具有了哲理上的优势"（李伟昉，2004：187）。从此，后人在研读莎剧时或多或少忽略了其舞台剧本的出身，造成了莎剧文学性和表演性的分野。

方平（2003）把中国莎剧译者分为学者型和戏剧型：前者首先考虑译文的通顺流畅、显豁达意，译文表现为文学性；后者侧重舞台效果，译文更多关注口吻语气和表演性。方平（2003：101）反对把莎氏供奉为"头戴光圈的不朽的伟大诗人"，也反对把莎剧当作案头剧来接受，尤其不赞同朱生豪对莎士比亚"词坛之宗匠、诗人之冠冕者"的称颂，认为此举夸大了莎剧的文学性，忽略了其表演性。梁、朱所译莎剧均被划入案头剧类。

其实最有争议的应是"表演性"这个概念本身。自罗伯特·科里根（Robert R. Corrigan）提出"表演性"（playability/performability）（Corrigan, 1961: 95）以来，国内外戏剧翻译界就围绕这个话题争执了几十年。20世纪80年代，苏珊·巴斯奈特（Susan Bassnett）率先摆脱了"表演性"的纠缠，指出手势语、戏剧文本潜台词、目的语文化等都可以被认为是表演成分，"表演性"概念愈来愈模糊泛化，逐渐沦为一个"没有可信度的术语"（Bassnett, 1998: 95）。目前就莎剧翻译而言，表演性和文学性仍是一组理论上难以形成统一看法的术语。

（五）诗体/散体之争

在整个莎剧翻译史中，规模最大、延时最久、参与人数最广的争论就是诗体和散体之争。莎剧原著中有约70%的素体诗、25%的散文、5%的押韵诗（谈峥，2014）。文体多样性丰富了莎剧语言的层次感，但同时也给莎剧诗体翻译带来了操作上的难度，中国译学者针对这些困难，做了一系列诗体译莎的理论和实践尝试。

焦尹孚（1926：310）最早提出以诗译诗，认为译文必须力求外形优美，以弥补失去原著之美的缺憾；邢光祖（不平，1937：197）主张"译文中应尽力保持原文的五音节"；孙大雨（1943：17-18）则创立了莎剧翻译的"音组"论。卞之琳（1988）、林同济（1982）、蒋坚霞（2002）等基于"音组"论，发展出"以顿代步""韵脚散押""奇偶参差""一节一字"等若干翻译思想和技巧。诗体支持者坚信，诗体译莎在语言、形式、风格诸方面都更为接近原作，可以真实地再现莎剧原貌（贺祥麟，1981；方平，1989；蓝仁哲，2003）。

然而，散体支持者对此并不认可。早在20世纪30年代末，顾良（1939：14）就质疑了诗体译莎的必要性，认为翻译莎剧的关键完全不在于译文是韵文还是散文，唯一的差异是"诗意的出入"。也有当代学者认为，散体莎剧翻译形式自由，不受格律制约，可以充分地表达原文的语言内涵、文化历史，如果刻意追求诗体形式，其结果就是"既求不了形，也存不了神"（刘英凯，1982；苏福忠，2004：26）。尤其是张冲（1996：73），在半个多世纪后，拆解了诗体和诗意之间的关联，认为前者与形式有关，后者因语言、风格而起，散体不必因其为散文而丧失诗意，诗体也并非因其为诗体而必具诗意，从根本上解构了诗体译莎的优越性。

鉴于诗体、散体的巨大争议，辜正坤（2016）提出了回归汉语审美的解决之道，即利用汉语本身的语音特点，采用词曲体、平仄用韵、趋近典雅等具体办法，来营造莎剧翻译的审美效果。其主要依据是，诗歌的诗性主要体现在其格律特征上，语言的改变会导致源语固有格律的消失，因此莎剧原文五步抑扬格的音乐美无法用汉语表达。可以说，辜氏的方案摆脱了莎剧翻译中"音步"思维的桎梏，获得了莎剧诗体翻译上的思想解放。

三、莎剧翻译争鸣的审美实质

莎剧翻译的历次争鸣从表面上看，是翻译诗学审美观点的分歧，实质上却是特定历史语境下，意识形态、诗学形态，甚至赞助形态在莎剧翻译领域内的交锋。

莎剧进入中国伊始，"鲜明的社会政治诉求已然成为近现代中国接受莎士比亚的一个决定性的价值标准和主流倾向"（李伟昉，2011：162）。近代中国知识分子赋予了文学翻译以"开民智""振动爱国之志气""改良群治""提倡新文学"等明德新民的政治文化使命。各种思想代表着不同的路线、派别，在文学场域中不断地角逐斗争。彼时，白话文的地位虽已确立，但胡适等仍认为普通白话文难以表达深邃的思想，只有欧化的白话文才能应付当时的需要（胡适，2003：24），于是中国翻译诗学语境逐渐明晰，即"白话+欧化"。当时影响甚大的文坛巨匠郑振铎、茅盾、鲁迅等也都是欧化文法的支持者。

莎剧翻译中的文言/白话、改写/翻译之争，正是这种意识形态和诗学背景的产物。林纾、邵挺等在这种语境下仍然选择用文言文翻译莎剧，俨然是与时代逆动的悲情译者行为，他们的黯然离场标志了一个时代的终结。表面上看，林纾败落于文白之争，实质上林纾败于求新、求变的社会语境，或者说是保守与激进的道路变革之争。所以，刘半农对林纾的批评本质上是一种出于意识形态诉求的严厉姿态，映射了中国知识分子急于摆脱现状、救亡图存的焦灼心理；林纾冤案更是一个译学事件，标志着旧有的译介观念受到新文学思潮的冲击和消解，新的译介观至此开始成形，并很快成为主导（王建开，2003：33）。

到直译/神韵之争，翻译诗学在莎剧翻译争论中占据了比意识形态更为重要的地位。直译/神韵之争的背景就是当时的几场翻译理论大论战。先是鲁迅采用了一种革命性的忠实于原文的白话直译法，终结了译介宿儒严复、林纾的"转述译法"。1929年，中国翻译界更是爆发了一场"信、顺"之战。论战从梁实秋对鲁迅"硬译"的批评开始，如批评鲁迅的硬译生搬硬套、欧化严重、必然成为死译等，鲁迅遂对此予以犀利反驳，二人的唇枪舌战始见诸报端。这场论战持续了近10年，裹挟了瞿秋白、赵景深、陈西滢、林语堂等许多著名文学家、翻译家，震撼了整个中国文坛。同期，还发生了另一场争论，即曾虚白与陈西滢从读者反应角度出发，对"神韵"或"神似、意似、形似"进行的分辨。这些论战使得中国传统翻译理论"信、达、雅"经受了一次现代阐释的重大考验，莎剧翻译的直译/神韵之争也可以被看作这些争论的因袭和延续。

抗战期间，我国的意识形态、诗学形态发生了巨大变化，反抗日本侵略成为中华民族压倒性的共识，全民族都投入到救亡图存的斗争中。此时大众化的现实主义成为主要诗学形态，对翻译理论的探讨进入了"一段芜滥沉寂的时期"（王秉钦，2004：166）。莎剧翻译实践也因日寇侵华而遭到了重创，除了朱生豪在极度艰难中坚持握管不辍、曹未风在后方孑孑独行，我国的莎剧翻译工作基本停滞。

新中国成立之初，我国文艺创作进入高峰期，翻译诗学的发展也迎来鼎盛时刻，不仅延续了"信、达、雅"翻译标准的大讨论，还出现了"意境论""化境论""整体全局论"等新的翻译理论，更是造就了大批学者型翻译家。在这种繁荣的诗学背景下，莎剧翻译进入了具有典型审美特征的文学性/表演性、诗体/散体的大讨论。事实上，莎剧在当时既不能满足社会主义文学规范，也不能为新文学创作提供有效范式，属于"静态经典"（埃文–佐哈尔等，2002：22）。但作为优秀的古典主义作品，莎剧受到了马克思和恩格斯的肯定，拥有广泛的读者，关于莎剧翻译的审美争论就有了一定的现实基础。此时，人们对莎剧翻译已不再局限于忠实、通顺、神韵等文本规范，而是有了更高的诗性和表演性的要求。

进入21世纪，翻译莎士比亚逐渐成为国内的一种文化资本符号，各大出版社竞相出版莎剧译作，此时的诗体/散体之争也不免沾染了出版利益之争。作为翻译原则，以诗译诗的尝试固然丰富了莎剧翻译的理论和实践多样性，符合"百花齐放"的文艺准则，但本质上，无论诗体还是散体都是个人或群体的审美倾向，并不能作为翻译质量的评价标准或"接近真实的莎士比亚"的文体手段，更不能以此贬低散文译本所应有的艺术价值（张军，2014：119）。

历经百廿年，莎士比亚戏剧从中国翻译文学场域的娱乐边缘最终走到了人文研究的学术中心，其学术争鸣呈现了检视莎剧翻译的一个独特视角，见证了我国莎剧翻译理论的发展和成熟，其演进历程也成为一个多世纪以来我国社会话语、文学审美变迁的历史缩影。

四、莎剧翻译争鸣的诗学影响

历次争鸣在莎剧翻译的实践和理论方面产生了深远影响。文白之争以白话获胜而告终，这在中国社会话语书写方式发生巨大改变的背景下是不可避免的。于是林纾译的《吟边燕语》急速没落，后来的"亨利"系列译本也难以再现《吟边燕语》的光彩。邵挺的文言译本《天仇记》（1924）和《罗马大将该撒》（1925）更仿佛是文言译莎的回光返照。随着田汉白话译本《哈孟雷特》（1925）的出现，莎剧翻译的文白之争也就尘埃落定。自此，文言译莎成为历史。

从现代理论视角来看，翻译行为本身就是对原作的改写，改写和莎士比亚从来就密不可分。400多年前，莎氏创作伊始，其剧本就多由改写而来。20世纪60年代，莎剧的全球翻译和传播更是进入了改写时代，甚至以鲁比·科恩（Ruby Cohn）、丹尼尔·费什林（Daniel Fischlin）等为代表的文学改写理论就是依附于莎剧研究而肇始的。安德烈·勒菲弗尔（André Lefevere）翻译改写理论中的"赞助人"思想亦受到莎士比亚剧团与英国国王之间的关系的启发和影响（Lefevere, 1992: 12）。当代中国的戏剧、电影也多有对莎剧的改写。改写已成为莎士比亚研究的一个重要主题，只要莎剧继续传播，对莎士比亚的改写势必还会延续下去。

直译/神韵之争产生的最大的积极影响体现在朱生豪身上。尽管朱生豪的翻译实践发生在此次翻译大论战之后，但其"神韵说"本质上也是直译/神韵论战的余波。朱生豪接受并践行了"神韵"思想，其"保持原作之神韵"的翻译策略最终成就了中国莎剧翻译史上一座难以逾越的丰碑。这场争论的消极影响则主要体现在梁实秋身上。梁实秋在1939年后搁笔停译莎剧，虽说受到日本侵华的影响，其实又何尝不是受到了这场争议中时人对其译作极不友好评价的影响，导致其在多年之后才又拾笔续译。除此之外，在傅雷的"神似说"、钱锺书的"化境说"，甚至21世纪初许渊冲与江枫的"形""神"

之争中，也都可以看到这场争论的影子（许钧，2003）。

至于文学性和表演性，其实后来的莎剧翻译中并不缺乏对表演性的考量。中国首个表演性莎剧译本是曹禺译的《柔蜜欧与幽丽叶》（1944），该译本增加了大量的舞台指示和人物、动作情境说明，在当时被认为是该剧最好的译本。其他戏剧型译者也各具特色，如英若诚（1981：37-38）在译《请君入瓮》时听取了演员的很多意见，陈钧润强调莎剧翻译应是一种真实语言下的剧本翻译，而非读本翻译，黎翠珍甚至将莎剧直接译为粤语，以便于香港本地观众理解和欣赏（陈善伟，1998：62）。但这些并不意味着文学型译者就一定忽视莎剧的表演性。朱生豪（1989：264）在莎剧翻译之余，分别扮演读者和演员的角色来审辨其译本"语调之是否顺口，音节之是否调和"。显然，朱生豪对译本的自我审查，很好地兼顾了译本的表演效果。

关于诗体/散体的争论首先表现为不同理论对莎剧翻译实践的影响。胡适等在组建"莎翁全集翻译会"之初就意识到诗、散译莎的问题，并尝试通过试验来甄别更好的方法，其结果就是梁氏散文体译本不断出现。针对激烈的诗、散之争，顾良曾提出莎剧可用诗体和散体各自翻译一套的建议，之后孙大雨首先尝试了四大悲剧的诗体翻译，2000年方平等翻译的首套诗体莎剧全集问世，2015年再度出现了辜正坤等的诗体译本。顾良的建议在半个多世纪后终得实现。

相较于莎剧的翻译实践，诗体/散体之争对莎剧翻译理论的影响更为深远。孙大雨、卞之琳等以原文为取向，强调莎剧翻译对原文节奏的再现，林同济、蒋坚霞、方平等鉴于孙、卞的理论困境，试图在英语和汉语节奏中寻找一条平衡之路。这些思想有着一个共同的核心，即利用汉语的"音组""顿"或"节"来表达莎剧原文中的"音步"。而辜正坤则摆脱了"音步"的束缚，坚持目的语取向，用汉语诗歌的格律对莎剧原文的诗性进行再现。可见，70多年的诗体莎剧翻译，从最初的"音组代步""以顿代步"等汉语中并不存在的节奏想象，到"韵脚散押""一字一节"的实际性操作，再到"汉语格律"的语音审美，走出了一条"回归译语"的翻译诗学之路。

回顾莎剧翻译百余年的学术争论主题，有的已消失在历史长河中，有的衍生出了重要而普遍的翻译思想，有的目前仍未有定论，或许还有新主题正在酝酿中。各种论点代表了不同的社会观、文化观、价值观，蕴含着不同的诗学主张、语言倾向、翻译目的等多种元素，这些元素织构了一个内部复杂、充满了变异和冲突的多元系统。正是这些多元力量的交替出现，才成为莎剧翻译发展的内生动力，推动了莎剧翻译的发展和进步，助力了莎士比亚中国经典翻译文学地位的确立。从这个角度来看，学术争鸣或可成为经典文学作品的域外推广之路，为中国经典文学的世界性接受提供借鉴。

五、结语

　　本文从翻译批评史视角出发，全面梳理了莎剧翻译的百年争鸣，还原了莎剧翻译在中国的接受历程及其背后的社会诗学变化实质。考察发现，莎剧翻译争鸣是一个艺术元素更新迭代的变化过程，它始于文言/白话、改写/翻译的实践批判，经过直译/神韵的理论探讨，止于文学性/表演性、诗体/散体的美学观照，贯穿于整个中国现代翻译理论的发展史。这个历程既表现了我国翻译理论的不断发展、成熟，也成为百余年来中国莎士比亚研究的珍贵资源。历次争鸣主题的变化同现代中国翻译史、中国诗学史的发展轨迹同频共振，成为一个多世纪以来中国社会话语、文学审美变迁的缩影。在史料梳理之余，我们也发现了以下问题。第一，从争鸣内容来看，关于"神韵"的探讨仍然是莎剧翻译理论的未竟之意，与之相关的傅雷"神似说"在理论上也还有不少方面尚待探索（许钧，2003：61）。第二，从争鸣思想来看，关于莎剧翻译的策略、目的、方法等问题，不乏真知灼见，但缺乏系统性表述，因此需要理论建设者主动参与，将之淬炼成更具有指导意义的思想体系。第三，从参与方式来看，学者人数众多，观点各异，如何构建科学、有效的莎剧翻译学术辩论机制，避免理性交流沦为无端争吵，还需要进一步思考。

参考文献

Bassnett, S. Still Trapped in the Labyrinth: Further Reflections on Translation and Theatre. In Bassnett, S. & Lefevere, A. (eds.). *Constructing Cultures*. Clevedon: Multilingual Matters Ltd., 1998: 90-108.

Corrigan, R. W. Translating for Actors. In Amowsmith, W. & Shattuck, R. (eds.). *The Craft and Context of Translation*. Austin: University of Texas Press, 1961: 95-106.

Hsu, I. C. Y. *The Rise of Modern China*. Santa Barbara: University of California, 2000.

Lamb, C. On the Tragedies of Shakespeare. In Eliot, C. W. (ed.). *English Essays: From Sir Philip Sidney to Macaulay*. New York: P. F. Collier & Son Corporation, 1910: 299-316.

Lefevere, A. *Translation, Rewriting and the Manipulation of Literary Fame*. London: Routledge, 1992.

埃文-佐哈尔，等. 多元系统论. 中国翻译，2002（4）：21-27.

卞之琳. 译本说明//卞之琳. 莎士比亚悲剧四种. 北京：人民文学出版社，1988：1-7.

不平. 论翻译莎士比亚：与梁实秋先生讨论莎士比亚的翻译. 光华附中半月刊，1937，5（3/4）：187-198.

陈善伟. 香港翻译剧的回顾 1980—1990. 戏剧，1998（4）：59-63.

陈西滢. 论翻译//罗新璋. 翻译论集. 北京：商务印书馆，2009：400-408.

方平. 莎士比亚诗剧全集的召唤. 中国翻译，1989（6）：14-16.

方平. 谈素体诗的移植//方平. 新莎士比亚全集（第十二卷）. 石家庄：河北教育出版社，2002：464-486.

方平. 漫谈卞、曹两家的莎剧优秀译本. 外国文学，2003（6）：100-103.

歌德. 说不尽的莎士比亚//杨周翰. 莎士比亚评论汇编（上）. 北京：中国社会科学出版社，1979：297-310.

辜正坤. 皇家版《莎士比亚全集》翻译对策论. 翻译界，2016（1）：1-22.

顾良. 梁实秋译莎翁戏剧印象. 今日评论，1939（19）：13-15.

顾燮光. 小说经眼录//阿英. 晚清文学丛钞·小说戏曲研究卷. 北京：中华书局，1960：532-539.

贺祥麟. 赞赏、质疑和希望——评朱译莎剧的若干剧本. 外国文学，1981（7）：85-91.

胡适. 中国新文学大系·建设理论集. 上海：上海文艺出版社，2003.

蒋坚霞. 对方平先生译《理查三世》中一段独白的商榷. 外国文学，2002（6）：76-80.

焦尹孚. 评田汉君的莎译：《罗蜜欧和朱丽叶》. 洪水，1926（9）：306-311.

蓝仁哲. 莎剧的翻译：从散文体到诗体译本——兼评方平主编《新莎士比亚全集》. 中国翻译，2003（3）：42-46.

李伟昉. 说不尽的莎士比亚. 北京：中国社会科学出版社，2004.

李伟昉. 接受与流变：莎士比亚在近现代中国. 中国社会科学，2011（5）：150-166.

李伟民. 中国莎士比亚翻译研究五十年. 中国翻译，2004（5）：48-55.

梁实秋. 梁实秋文学回忆录. 长沙：岳麓书社，1989.

林纾. 论古文白话之相消长//郑振铎. 中国新文学大系·文艺论争集. 上海：上海文艺出版社，2003：78-81.

林纾. 论古文之不宜废. 文献，2006（4）：83-84.

林同济. 例言//莎士比亚. 丹麦王子哈姆雷的悲剧. 林同济，译. 北京：中国戏剧出版社，1982：1-6.

刘半农. 奉答王敬轩先生//刘半农. 老实说了. 北京：北京大学出版社，2010：98-115.

刘建明，等. 宣传舆论学大辞典. 北京：经济日报出版社，1993.

刘英凯. "形美"、"音美"杂议——与许渊冲教授商榷. 外语学刊，1982（3）：59-63.

钱玄同. 通信：独秀先生鉴胡适之君之"文学改良刍议". 新青年，1917（1）：1-24.

钱锺书. 林纾的翻译. 中国翻译，1985（11）：2-10.

水天同. 略谈梁译莎士比亚. 国闻周报，1937（14）：1-5.

苏福忠. 说说朱生豪的翻译. 读书，2004（5）：23-31.

孙大雨. 译莎剧《黎琊王》序. 民族文学，1943（1）：15-20.

谈峥. 一套期待已久的诗体译本——评诗体《莎士比亚全集》. 光明日报，2014-04-21（15）.

王秉钦. 20世纪中国翻译思想史. 天津：南开大学出版社，2004.

王建开. 五四以来我国英美文学译介史. 上海：上海外语教育出版社，2003.

王哲甫. 中国新文学运动史. 北平：北平杰成印书局，1933.

许钧. "形"与"神"辨. 外国语，2003（2）：57-66.

英若诚. 《请君入瓮》译后记. 外国文学，1981（7）：37-38.

曾虚白. 翻译中的神韵与达//罗新璋. 翻译论集. 北京：商务印书馆，2009：409-416.

张冲. 诗体和散文的莎士比亚. 外国语，1996（6）：70-74.

张军. "以顿代步"的理论商榷——莎剧诗体汉译两个片段的形式分析. 西安外国语大学学报，2014（2）：116-119.

朱生豪. 译者自序//吴洁敏，朱宏达. 朱生豪传. 上海：上海外语教育出版社，1989：263-265.

朱志瑜. 中国传统翻译思想："神化说"（前期）. 中国翻译，2001（2）：3-8.

（特邀编辑：冯全功）

佛经汉译"文质之争"的实质——口授与笔受之争*

申连云**

摘 要：通过把贯穿佛经翻译始终的"文质之争"放到具体翻译实践和历史语境中进行考察，还原佛经汉译的流程和工序，我们发现文质之争的实质是负责原文义理的梵师或口授与负责译语文笔的笔人或笔受两者之间对翻译的主导权之争。争论的结果是梵师获得译本生成的绝对主导权，这最大限度地保证了原文的真实性和准确性，取得了最佳翻译效果。由"梵师独断"所造成的非常独特的佛经翻译文体也是中国文化"走向他者"、拥抱差异的开放心态的反映。

关键词：文质之争；佛经翻译；口授；笔受

Title: Translation Speakers versus Translation Recorders: The Essence of the Dispute over *Wen* and *Zhi*

Abstract: By tracing Buddhist sutra translation in ancient China back to its working procedures, the author discovers that the dispute over *Wen*（文）and *Zhi*（质）is essentially one between the translation speaker and the translation recorder, and the result of the debate is an absolute dominance of the speaker over the recorder, which achieves the best effect of ensuring the authenticity and accuracy of the source text. The unique style of the translated Buddhist scriptures created by the dominance of the speaker is also a reflection of the open attitude of the Chinese culture towards difference.

Key words: the dispute over *Wen* and *Zhi*; Buddhist sutra translation; translation speaker; translation recorder

---

一、引言

对中国和印度来说，始于 2 世纪前后的佛教传播是一场双赢的国际文化交流事件，对输入国和输出国都产生了非常重要的积极影响。在这场相得益彰的跨文化交流中，翻译无疑起到了巨大作用。考察这些翻译活动有助于我们思索和建构当前全球化背景下跨文化交往的合理模式。

"文"和"质"是佛经翻译中的核心概念和讨论焦点；"文质之争"既是佛经翻译中

---

* 本文系国家社科基金项目"中国翻译伦理学术话语体系构建研究"（17BYY059）相关成果。衷心感谢浙江大学外国语学院许钧教授、德国图宾根大学语言学系孙坤教授、湖南师范大学外国语学院宁宝剑老师的宝贵指导意见！

** 作者简介：申连云，扬州大学外国语学院教授、硕士生导师。研究方向：翻译与跨文化研究。电子邮箱：929790456@qq.com。

的重大事件，也是中国传统译论的重要组成部分。杨平（2003：4）指出，"加强对中国传统译论的系统整理和现代诠释"，"在核心理论上挖掘发展中国译论的宝贵遗产"，这是当前中国翻译研究一个重要的努力方向。佛经翻译中的文质之争到底是怎么一回事，其实质究竟是什么？先看前人对这一问题的见解。

二、文献评述

有关佛经汉译中文质之争的实质，前人有过不少论述，意见很不统一，概括起来，主要有四种：文白之争、文人学士与普通民众之争、言意之争、形式与内容之争。当然，还有一种大众化的观点，就是把文质之争看成意译直译之争。这种观点我们不深入讨论，只在这里一笔带过：首先，文质之争和意译直译之争各有其特定的历史语境和内涵，不是一回事，这是显而易见的；其次，把"文"看成"意译"、把"质"看成"直译"未尝不可，但这只是一个概念的界定问题，无关文质之争的实质。

下面我们对以上四种观点进行评述，每一观点只提一个代表性文献。

（一）文白之争

所谓"文白之争"，即文言与白话之争。孟昭连（2009：130）在《文白之辨——译经史上文质之争的实质》一文中指出，文质之争不是如大多数研究者所认为的那样，是意译与直译之争，其"实质是译经语体的文白问题，即争论的核心问题在于：用文言翻译佛经，还是用白话翻译佛经"。

这种观点至少遇到了两个困难。其一，文与质的矛盾在佛经汉译之初[①]就被提出来了，而言文分离，是后来才发生的事情。王力（2004：29-30）在《汉语史稿》一书中说，直到魏晋，"文章也和口语距离不远"，"自从南北朝骈文盛行以后，书面语和口语才分了家"。王先生还在《三国志·王平传》里找到证据："平生长戎旅，手不能书，其所识不过十字，而口授作书，皆有意理。使人读《史》《汉》诸纪传，听之，备知其大义，往往论说不失其指。"（陈寿，1971：1050）几乎不识字的人能"口授作书"，出口成章，能听懂大段的书面语，毫无障碍，这足以说明文白没有分家。没有文白之分，就不可能有文白之争，这是简单道理。其二，在敦煌发现的今存最古经录《众经别录》收录经文99篇，每一篇都注明文、质的程度（有些篇目有残缺）；或注"文"，或注"质"，或注"文多质少""文质均"等，还有一篇竟然标记为"不文不质"（白化文，1987：18）。如果文和质就是文言和白话，那么"不文不质"是什么语言？不可能既不是文言又不是白话。"文质均"又是什么语体？也不可能一句文言一句白话或一半文言一半白

---

① 据现有资料来看，文质之争最早出现在《法句经序》一文中，其中记载："始者，维祇难出自天竺，以黄武三年来适武昌，仆从受此五百偈本，请其同道竺将炎为译。"（僧祐，1995：273）黄武是三国东吴君主孙权的年号，黄武三年即224年。

话地翻译。而且，拿一个标注"文"的译本和一个标注"质"的译本两相对照，也很容易看出两者并不具有"文言"与"白话"之间那种显著区别。《大般涅槃经》原有北凉昙无谶译本四十卷，世称北本；严慧、谢灵运等嫌其文过质，将其"改治"，成三十六卷，世称南本。我们看一下改治前后的文字：

> 北本：犹如慈父，唯有一子，卒病丧亡，送其尸骸，置于冢间，归还怅恨，愁忧苦恼。
>
> 南本：犹如慈父，唯有一子，卒病命终，殡送归还，极大忧恼。（转引自：汤用彤，2011：336）

很显然，这里的文与质，只有文字上的增减，没有文言与白话那种语体上的天壤之别。

（二）文人学士与普通民众之争

张春柏、陈舒（2006：56）在《从"文质之争"看佛经翻译的传统》一文中把文质之争看成是"知识分子的诉求和广大民众的诉求之间的斗争"，斗争的结果是"前者在理论上占了上风，而后者却在实践上获得了胜利"。这一观点与任继愈（1981：175）所谓质派"在理论上获得了胜利"，实践中"却是由文派最后成书"的论断有些相似，但又向前迈了一小步，即把质派对应于知识分子、精英，把文派对应于普通大众。于是"文"成了民众的诉求或民众的语言，"质"成了文人的诉求或文人的语言，与前面"文白论"把"文"看成文言，把"质"看成白话的观点正好相反。

学术界观点相左倒不是坏事，但认为文人学士"好质"，普通百姓"好文"的论断似乎有悖常理。首先，在古代中国，绝大多数普通百姓都是目不识丁的文盲，处于社会底层，是沉默的大多数；为何在佛教输入、翻译这样"高大上"（奉敕翻译，皇帝为译本作序）的文化活动中他们能够发声，而且面对强大对手（文化精英，也是社会精英）时他们的诉求还能最后取胜？这是无法解释的。他们又是如何发声、如何取胜的？这也没有任何历史材料支撑。其次，佛经在中国的传播走的是上层路线，不管是弘佛还是禁佛，不管是奉佛还是辟佛，不管是开设译场还是把译好的佛经颁行全国，那都是社会上层，甚至是社会顶层的意思；接受佛教、受佛教影响最大的也是那班文人学士和包括皇帝在内的统治阶层。佛教对民众的影响是通过这些文化精英、社会精英的趣味间接起作用的。在1000多年前的封建等级社会，开风气之先、引领社会潮流的不可能是底层民众，民粹主义是近代欧美社会才有的现象。最后，中国那一时期的知识分子到底是好文还是好质，简单看看《文心雕龙》作者刘勰的文章和思想就一目了然："圣贤书辞，总称文章，非采而何"（《文心雕龙·情采》）；"志足而言文，情信而辞巧，乃含章之玉牒，秉文之金科矣"（《文心雕龙·征圣》）；"《孝经》垂典，丧言不文，故知君子常言，未尝质也。老子疾伪，故称'美言不信'，而五千精妙，则非弃美矣"（《文心雕龙·情采》）。当时显然以"文"为贵。他还说："远称唐世，则焕乎为盛；近褒周代，则郁哉可从：此政化贵文之征也。郑伯入陈，以文辞为功；宋置折俎，以多文举礼：此事迹贵文之征也。褒美子产，则云'言以足志，文以足言'；泛论君子，则云'情欲信，辞欲巧'：此修身贵文之征也。"（《文心雕龙·征圣》）从修辞作文，到政治教化、事迹功业和个人修养，中国文人贵文、重文的审美倾向简直是全方位的。

（三）言意之争

邓志辉、汪东萍（2016）在《中古佛经翻译"文质之争"的哲学源起》一文中认为，佛经翻译史上的"文质之争"实际上是自先秦到魏晋时期儒道哲学与玄学之言意论争在佛经翻译领域的表现。在儒道"重意轻言"哲学思想的指导下，翻译方法总体上具有"因循本旨，不加文饰"的"质直"取向，译经语言僵硬晦涩和大量的音译都是在"重意轻言"指导下的"信言"观的表现。

这种解释初看好像有些道理：既然重意轻言，那么译文语言自然不注重文饰，只要能正确传递原文的意思就行了。但这里的问题是：为什么在"重意轻言"指导下所轻视的只是译文语言，而对原文语言却极端重视，甚至顶礼膜拜？所谓"案本而传，不令有损言游字"（僧祐，1995：382），"受译人口，因循本旨，不加文饰"（僧祐，1995：273），"言准天竺，事不加饰"（僧祐，1995：266），"佛所说法，一言一字，汝勿使有缺漏"（僧祐，1995：12），都是强调原文语言的重要性。对原文语言如此重视，以至于译文语言"梵语尽倒""一言三复""异名炳然，梵音殆半"，以至于很多译本佶屈聱牙，成为难以卒读的天书天语，这是其一。其二，先秦时期的老子和孔子都要求说话、行文"要言不烦"，多做少说。可以说，这一"多做少说"或"只做不说"的实干传统一直延续到现在。老子相信道本无言，所以他说："美言不信，信言不美，善者不辩，辩者不善。"孔子奉行不言之教，说："予欲无言。"子贡问："子如不言，则小子何述焉？"孔子反问："天何言哉？四时行焉，万物生焉，天何言哉？"与中国本土崇尚少言、精言的"轻言"传统相反，佛经译论中把"便约不烦"的译文比作掺水的葡萄酒（僧祐，1995：413），把"删削取径"看成自作聪明的"代大匠斫"，认为不足取法；所以佛经译本中长篇大论、一言三复、重复啰唆的地方比比皆是，正如道安所说的"胡经委悉，至于叹咏，丁宁反复，或三或四，不嫌其烦"。中土人士对此则不大习惯或不以为然，如欧阳修曾说，"余尝听人读佛经，其数十万言，谓可数言而尽"（钱锺书，2007：1985）；钱锺书（2007：1985）也说佛经经文"丁宁反复，含义尽申而强聒勿舍，似不知人世能觉厌倦者"，他甚至用考证的方法，把佛经译本和中国本土典籍中表达差不多意思的话两相对照，让两者"繁简相形，利钝自辨"。

把佛经翻译中的文质之争看成中国本土学说在佛经翻译中的延伸、发展或应用这一观点是成问题的。这一问题在魏晋的言意理论和解经方法中就更加明显了。如果把先秦儒道的言意理论概括为"重意轻言"，那么魏晋玄学的核心主张就是"言不尽意"，这显然是一脉相承的；但魏晋玄士在这一理论指导下采取的对儒家经典的解经方法则完全与佛经的汉译方法不同。在王弼提出的"得意忘言""得意忘象"方法中，"言"和"象"非但不是需要珍视、顶礼膜拜的东西，反而是"得意"必须绕过的障碍。人们注解经典不拘泥于原典文字，不重视原典言说本身的价值，而是借经书来要言不烦地表达自己的见解，所谓"寄言出意"。这与佛经翻译中"不敢越雷池半步""依文转写"的硬译做法毫无相通之处。

（四）形式与内容之争

朱研、普慧在《早期佛典翻译中的"文质论"文艺思想》一文中把文与质看成形式与内容的关系。他们说："无论是就修身之道还是治世之道而言，这对概念的发展始终具有内在与外在、品质与礼仪这样的内涵。由此，在佛经汉译活动中把'文质'引申到'形式与内容'的探讨是很自然的"；"实质上，这场文质论争的根源在于对佛典义理与译文语言关系的思考，因此从根本上讲，是'内容与形式'层面的探讨"。（朱研、普慧，2015：111）他们还说："佛典翻译过程中不断深化的'文质论'终于在刘勰集南朝文艺理论之大成的《文心雕龙》中发展成为成熟、系统的文艺思想。"（朱研、普慧，2015：118）

把文质看成"形式与内容"的这一观点与把文质看成"言与意"的上一观点其实是大同小异的，"意"和"内容"都是指佛经教义、义理，"言"和"形式"都是指译文语言。所不同的是，上一观点是从中国哲学思想的发展源流角度来立论的，而这一观点是从形式逻辑的角度来立论的。按照形式逻辑非此即彼、非黑即白的线性思维方法，把"质"看作重要的，把"文"看作次要的；如此一来，佛经译论，如"因循本旨，不加文饰""贵实尚中，不存文饰""弃文存质，深得经意"等大量类似表达就都好解释了。但这似乎有把内容和形式简单化和割裂开来的嫌疑。试想一下整个翻译过程：在翻译之前，我们面对的是一个内容和形式本就统一的原文；在翻译之中，我们先把原文内容从原文整体中分离出来，然后把它安放到译文语言中去。这里的问题是：第一，我们能不能从原文本这个整体中分离出一个脱离形式的内容，并且把它安全过渡到另一形式（译语）中去？从理论上讲不可能，因为没有脱离内容的形式，也没有脱离形式的内容。而且，尤为重要的是，在实际的佛经翻译实践中，原文的语言形式并没有被看作可以随便舍弃的次要东西。它非但没有被随意舍弃，反而被十分珍视，甚至顶礼膜拜。佛经翻译中所崇尚的"质直"译法，就是字面翻译，甚至是字字对等的翻译。众所周知，佛经汉译中有字译和音译①两种通行的翻译方法。比如《维摩诘经》（*Vimalakīrti*），也称《无垢称经》或《净名经》，前一个是音译，后两个是字译；其中的对应关系是：维—无，摩—垢，诘—名称。又如《摩诃般若波罗蜜经》（*Mahāprajñāpāramitā*），也称《大明度经》，前一个是音译，后一个是字译；其中的对应关系是：摩诃—大，般若—明智，波罗蜜—渡（度）或到彼岸。第二，假如能够从原文中分离出一个内容来，为什么这个内容只有译语中"质"的形式才能准确传达，"文"的形式就不能？如果不顾原文的语言形式，原文的内容一定是能够用"文"的译语形式传达出来的。否定这一点，就是对整个译语的否定。实际上，佛经翻译中大家之所以坚持"美言不信，信言不美"的观点，正是因为顾及了原文的语言形式。"美言"与"信言"的矛盾和对立只存在于语言形式当中；也就是说，从形式上很难做到既是优美的译语又是优美的原语。佛经翻译中对"质言"或"直言"的偏重其实坚持的是原语（形式）中心主义的翻译观。值得一提的是，佛经汉译中的文质之争不是形式与内容之争，汪东萍、傅勇林（2010）对此有过精彩论述，极具说服力。

下面简单回应一下关于"文质论"在刘勰的《文心雕龙》中发展成为成熟、系统的文艺思想的说法。先看看《文心雕龙》是怎么论述文与质的关系的："夫水性虚而沦漪结，木体实而花萼振，文附质也。虎豹无文，则鞟同犬羊；犀兕有皮，而色资丹漆，质待文也。"（《文心雕龙·情采》）在此，文与质是形式与内容的关系，两者相互联结、依赖；这与佛经译论中相互矛盾和对立的文与质根本不是一回事。此外，在《文心雕龙》中也不存在对"质"的偏重；相反，对"文"的肯定和辩护倒不少（见本文第二部分第二节）。可见，佛经译论中的文质论与《文心雕龙》中的文质论是没有关系的，因为两者中的"文"或"质"根本不是同一个概念。刘勰师从南朝齐梁高僧、律学大师僧祐达10余年之久，但这不足以证明他的文艺思想来源于佛经译论。据钱锺书（2007：1985）观察，刘勰虽然奉佛，但佛经中艰涩、繁复、"丁宁反复，含义尽申而强聒勿舍"的文字是不合他的"文心"的。

---

① 字译和音译是现代译名，对应佛经翻译中的术语是"翻音"和"翻字"。翻音的详细名称是"翻音不翻字"，翻字的详细名称是"翻字不翻音"。在这里，"翻"的意思是"反"，即上下、内外反转的意思。赞宁（2009：88）正是在这种意义上定义"翻译"的，他打比方说：翻译就是把有图案的华丽绸缎反（翻）转过来一样（"翻也者，如翻锦绮，背面俱花，但其花有左右不同耳"）。按照这个定义，"翻音"或"翻音不翻字"的意思是：把原文或原字的读音反（翻）过来，即变成译文的读音，但意义保持不变，如把 mahāyāna 翻成"大乘"，原字的读音反（翻）过来了，不同了，但字义不变；简单说，翻音就是字译，与音译相对。"翻字"或"翻字不翻音"的意思是：把原文的字（义）反（翻）过来，变成译文的意义，但读音保持不变，如把 mahāyāna 翻成"摩诃衍那"；简单说，翻字就是音译。为了避免混淆，笔者在此没有采用佛经翻译中的译名。

三、佛经翻译过程考察

以上意见纷呈甚至相互对立的观点大致有一个共同点，那就是都把文质之争看成是接受国和译入语文化内部要素之间的矛盾对立。文与白、言与意、形式与内容、文人学士与普通民众都是中国或中国文化内部既有的思想观念、意识形态和阶级之间的矛盾对立；梁启超（2011：162）甚至把文质之争看成是中国南方和北方不同文学趣味之间的对立。这一点是导致以上观点未能准确把握文质之争实质的主要因素，因为学者们把眼光局限于译入语文化内部的理论问题，而忽略了对现实的佛经翻译实践和具体的历史语境的实际考察。本文从文化史的角度来考察文质之争的实质，文化史虽然必须涉及所研究时代的种种观念和理论问题，但并不对其做孤立的处理，而是把它们和实际生活联系起来；这是文化史与思想史的根本区别。因此，本文不满足于从直觉或整体印象中所获得的抽象论断，而是将理论假设建立在可以客观检验、证实的历史事实之上；也不停留于译入语文化内部去构建宏大的中国翻译理论发展脉络，如案本—求信—形似—化境，而是专注个案，比如某个具体译本、某次具体翻译过程等，从而再现佛经翻译的具体历史语境。

下面我们从一顺一反两个方向来考察文质之争的实质。先通过还原佛经汉译的流程、工序，来顺向推测文质之争究竟是何人之争、所争何事；然后，通过译本分析，即分析文质之争在译本生成中所留下的蛛丝马迹，来逆向推测文质之争究竟是怎么一回事。限于篇幅，本文只呈现笔者研究的前一部分，即从佛经汉译过程的实际考察中所获得的对于文质之争的认识。

文质之争与佛经实际翻译过程中的分工合作有关，这是我们的一个假设。下面我们来验证这个假设。

佛经汉译没有一人独译的记载，都是多人合译的。[①]早期工序较简单，如《持心经》译经后记的记载是这样的：

《持心经》，太康七年三月十日，敦煌开士竺法护在长安说出梵文，授承远。（僧祐，1995：308）

又如《华严经》译经后记：

《华严经》胡本凡十万偈。昔道人支法领从于阗得此三万六千偈，以晋义熙

---

① 李欣在《中国佛教译场职分与翻经流程——以〈楞严〉经题为中心》这篇长文中说，我国古代佛经翻译"系集体智慧产物，故有译场，有分工"，不存在个人独译和二人对译的情况。见《普陀学刊》2017年第1期。

十四年，岁次鹑火，三月十日，于扬州司空谢石所立道场寺，请天竺禅师佛度跋陀罗手执梵文，译胡为晋，沙门释法业亲从笔受。时吴郡内史孟颛、右卫将军褚叔度为檀越。至元熙二年六月十日出讫。（僧祐，1995：326）

再如释道慈所作的《中阿含经》序：

请罽宾沙门僧伽罗叉令讲胡本，请僧伽提和转胡为晋，豫州沙门道慈笔受，吴国李宝、唐化共书。至来二年戊戌之岁，六月二十五日草本始讫。（僧祐，1995：338）

以上第一篇《持心经》译经后记只提到两人——竺法护（口授，即"说出"）和承远（即聂承远，笔受）。第二篇《华严经》翻译提及四人，但实际参与译事的也只有两人——佛度跋陀罗（口授）和释法业（笔受），另外两人则是赞助人或施主（檀越）。第三篇《中阿含经》序涉及五人，但后面两人是书手，只是把译好的经文抄写一遍，不参与译本的生成。

后期随着经费充足的官办译场和职司分明的译场制度建立，翻译工序变得复杂。赞宁《宋高僧传》统计，唐朝译场工序达十二道之多。下面我们引录智昇《开元释教录》中有关我国四大译经家之一唐朝义净的一次译事活动，其繁复程度可见一斑：

又至景龙四年庚戌，于大荐福寺译《浴像功德》、《数珠功德》……《观所缘释》等已（以）上二十部八十八卷。吐火罗沙门达磨末磨、中印度沙门拔弩证梵义，罽宾沙门达磨难陀证梵文，居士东印度首领伊舍罗证梵本，沙门慧积居士、中印度李释迦度颇多等读梵本，沙门文纲、慧沼、利贞、胜庄、爱同、思恒等证义，沙门玄伞、智积等笔受，居士东印度瞿昙金刚、迦湿弥罗国王子阿顺等证译，修文馆大学士特进赵国公李峤、兵部尚书逍遥公韦嗣立、中书侍郎赵彦昭、吏部侍郎卢藏用、兵部侍郎张说、中书舍人李乂苏颋等二十余人次文润色，左仆射舒国公韦巨源、右仆射许国公苏瑰等监译，秘书大监嗣号王邕监护。（智昇，1934：596）

这次二十部八十八卷经书的翻译活动设置的岗位有证梵义、证梵文、证梵本、读梵本、证义、笔受、证译、次文润色、监译、监护，共十个，再加上译主，为十一个；有名有姓的参与人员，加上译主有二十六个。这里提到的，仅次文润色一职就有二十余人，且多是大学士、兵部尚书、礼部侍郎之类的达官贵人。当时佛经翻译之盛，可想而知。

佛经汉译中比较完整的工作流程包括梵呗、证梵、读梵本、口授（口传、传言、口译、度语）、笔受（手受）、次文（缀文、润文）、证译、校勘等。不管分工如何繁复，各道工序的内容和名称如何有分歧，由于任何翻译过程都包含原语理解和译语表达两个阶段，因此众多的佛经翻译参与者可以分成两拨人：负责确定并说出梵本经义的人，即口授，以及负责记录并润色译本文笔的人，即笔受。早期分工简单，这两拨人可能就是两个人：一人口译或口授，一人笔录或笔受。后期分工复杂，口传这一拨可能包括译主、读梵本、证梵义、证梵文、证梵本、传语（度语）等人，笔录这一拨可能包括笔受、缀文、次文、润文、证译、校勘等人。口授一般由懂原语、熟悉甚至能背诵经文的外国梵师或僧人担当，笔受由对译语有相当造诣的中国僧俗人士担当。因此暂且也可以简单地把这两拨人看成懂原语的外国人与懂译语的本国人。

这种分工合作模式是中印文化交流之初的自然选择。一方面，当年懂梵语或巴利语的中国人应该不多，即便有，要理解异域文化也总是隔着一层。另一方面，操一口流利中文的外国人恐怕也难以用毛笔书写方块汉字。口授与笔受的这种分工，即便到了唐朝"梵汉两晓"的玄奘的译场都是如此。玄奘并不如梁启超（1999：3800）所说"以一身兼笔舌之两役"。道宣（2014：121）在《续高僧传·玄奘传》中写道："今所翻传，都由奘旨。意思独断，出语成章。词人随写，即可披玩。"可见，玄奘翻译的时候是有"词人"（笔受）存在的。

在口授与笔受的分工合作中，权力是如何分配的呢？是不是如僧祐（1995：14）所说，"义之得失由乎译人，辞之质文系于执笔"？这前一说是不成问题的，在对原义的理解中，外国梵师掌握绝对话语权和主导权，所谓"意思独断"或"梵师独断"。但后一说就成问题了，"辞之质文"并不能由"执笔"说了算，争论由此产生。

四、口授与笔受之争

据现有资料看，文质之争首次出现在《法句经序》一文中，其文部分内容如下：

> 始者，维祇难出自天竺，以黄武三年来适武昌，仆从受此五百偈本，请其同道竺将炎为译。将炎虽善天竺语，未备晓汉，其所传言，或得胡语，或以义出音，近于质直。仆初嫌其辞不雅，维祇难曰："佛言依其义不用饰，取其法不以严，其传经者，当令易晓，勿失厥义，是则为善。"座中咸曰："老氏称'美言不信，信言不美'，仲尼亦云'书不尽言，言不尽意'，明圣人意深邃无极，今传胡义，实宜经达。"是以自竭，受译人口，因循本旨，不加文饰，译所不解，则阙不传，故有脱失，多不出者。（僧祐，1995：273）

学界普遍认为该序作者为支谦，但《出三藏记集》标为"未详作者"。无论作者是谁，以下信息是确凿的：在这个译事活动中，维祇难是赍叶书来华的天竺僧人，是译主，负责说出梵文，与他一道来华并能说一点半生不熟汉言的竺将炎充任度语，即口译，"仆"（我）是笔受。在这个历史语境或翻译事件中，可以清楚看出两点。第一，文质之争，即质直与文雅之争，不是学界所说的文白之争、言意之争、直译意译之争、形式内容之争，更不是普通民众与文人学士之争，而是口授与笔受之争，外国人与本国人之争。换言之，也就是佛经翻译的主导权之争。第二，在此争论中，笔受是非常弱势和孤立的一方；他稍有异议，大家便群起而攻之，最后只好极力控制自己的改写冲动，老老实实地"受译人口，因循本旨，不加文饰"；口授怎么说他就怎么写，口授弄不懂的地方（"译所不解"），他也老老实实空着（"则阙不传"），绝不想当然地去填补空缺。如果将这一历史事件中的争论双方和争论内容用图文表示，那么文质之争的实质便一目了然，如下所示：

"仆"（笔受）＝书手＝书＝美言 vs. 竺将炎（口授）＝言传＝言＝信言

这篇序文所反映出来的文质之争的实质还在于一个不被注意的事实，即《法句经》原文为"甚重文制"的偈颂，是讲究音步、韵律、节奏、声调的诗歌体裁。关于这一点，鸠摩罗什应该有发言权，他说："天竺国俗，甚重文制，其宫商体韵，以入弦为善。凡觐国王，必有赞德；见佛之仪，以歌叹为贵。经中偈颂，皆其式也。"（慧皎，1992：53）可见，梵汉语言的差别也并不像道安所总结的"胡经尚质，秦人好文"那样可以一概而论。要传达语言讲究、文辞藻蔚的偈颂，对译语运用能力的要求自然更高；鸠摩罗什把只传达原文大意、未传达原文文采的译文比作"嚼饭与人"，对之表达了强烈的厌恶之情："改梵为秦，失其藻蔚，虽得大意，殊隔文体，有似嚼饭与人，非徒失味，乃令呕哕也。"（慧皎，1992：53）如果像鸠摩罗什所要求的那样把原文文体也考虑进来，那么在这次《法句经》翻译活动中，大家之所以弃文从质，弃"美"从"信"，并不是因为质朴的言辞能更好地传达佛言，而是因为口授的汉语水平仅此而已（"未备晓汉"），只能说出这么简单、"易晓"的语言。

文质之争其实是对口授不完善的译语水平的维护，当然也是对笔受夹带私货的警惕，这一点从这篇序文的话语策略中也可以看出来。序文中提到几个参与互动的人——"仆"、维祇难和"众人"几乎都带有虚构的性质。"仆"被当作批评的靶子，代表"错误"的思想；实际上佛经翻译中肯定存在"仆"这一类人，他们想要参与译本的生成，并展示自己的语言驾驭能力；所以文质之争也是存在的，只是争论从一开始就一边倒地偏向言辞质朴的口授一方。维祇难代表权威的声音，"众人"代表最后取得的共识。这种安排是序文作者的虚构，而不是真人真事的记叙。维祇难是真有其人，但那些话不是他说的。何以见得？南朝梁代高僧慧皎（1992：22）的《高僧传》在维祇难的记传中有这么一段话："时吴土共请出经，难①既未善国语，乃共其伴律炎②，译为汉文。"由此得知，维祇难是不懂汉言的；也正因为如此，所以才请略通汉言（"未备晓汉"）的竺将炎来传译；否则，他就会像竺法护、鸠摩罗什等人一样"手执梵本，口自宣译"了。既然维祇难不善汉言，那为什么他在此序中为竺将炎的译文辩解的话说得十分雅畅？这只能被看作序文作者借译主之口来表达自己的主张了，否则无法解释。而且，作者没有在序文开篇提到维祇难不善汉言，这恐怕也是有意为之。

借某人之口来表达当时译界的主流观点，这是译序和译经后记的常用套路。再举一例：

> 会建元十九年，罽宾沙门僧伽跋澄讽诵此经，四十二处，是尸陀盘尼所撰者也。来至长安，赵郎饥虚在往，求令出焉。其国沙门昙无难提笔受为梵文，弗图罗刹译传，敏智笔受为此秦言，赵郎正义起尽。自四月出，至八月二十九日乃讫……
> 赵郎谓译人曰："《尔雅》有《释古》《释言》者，明古今不同也。昔来出经者，多嫌胡言方质，而改适今俗，此政所不取也。何者？传胡为秦，以不闲方言，求知辞趣耳，何嫌文质？文质是时，幸勿易之，经之巧质，有自来矣。唯传事不尽，乃译人之咎耳。"众咸称善。斯真实言也。遂案本而传，不令有损言游字，时改倒句，余尽实录也。（僧祐，1995：382）

以上引自《出三藏记集（卷十）》之《鞞婆沙序（第十五）》，序文作者为大名鼎鼎的本土佛学大师释道安。在这次出经序文中，道安先记叙翻译过程和翻译过程的参与者：外国（罽宾）僧人僧伽跋澄背诵原文，罽宾僧人昙无难用文字（梵文）把僧伽跋澄口述的内容记录下来，弗图罗刹进行口译（把梵文翻译成秦言），敏智用中文（秦言）记录弗图罗刹的口译，赵政（赵郎）证义（正义）；然后借前秦武威太守——此次翻译活动的发起者赵政之口申述翻译的原则、方法，即"案本而传，不令有损言游字"。从"众咸称善"这一话语策略可以知道这里的翻译主张也是当时普遍认同的主流的翻译观点。这篇序文的话语策略与前一序文的话语策略如出一辙：先摆出错误观点，然后批驳错误观点并阐明自己的观点，最后取得共识，翻译规范由此建立起来。

在以上译序中也可以清楚看出，文质之争争的到底是什么。文派（中方）"嫌胡言方质"，要"改适今俗"；质派（外方）反对改写，坚持"案本而传"，尽实而录。但

---

① "难"即维祇难。
② "律炎"即竺将炎。

文派所嫌弃的胡言或梵言是原文的语言，还是胡僧或梵僧即口授所传译的秦言或汉言，或者说，质派坚持案本而传的"本"是原文本，还是口授或传译之人原本所说的话，这是一个关键问题。到目前为止，学界一般都是望文生义，认同前项；但如果还原当时的历史语境，后项的可能性和合理性更大。遥想佛经翻译初年，中外两拨人走到一起，由于语言隔阂，合作翻译是自然和唯一的选择。不难想象，合作模式的主要内容是：外方负责把原义说出来，中方负责把原义记下来。值得注意的是：外方（口授或度语）一定是用华言（不管是汉言、晋言还是秦言）说出梵义的，否则就不是翻译了。这么一个简单事实，却被学界弄得迷雾重重。马祖毅（1998：63-64）和陈福康（1992：43）分别在《中国翻译简史——"五四"以后部分》和《中国译学理论史稿》这两部中国翻译史经典著作中把译场中度语的工作说成是"根据梵文字音改记成汉字"和"根据梵文字音记成汉字"，把笔受的工作说成是"把录下的梵文字音译成汉字"和"把录下的梵音按原文句式翻成华言"。这种说法是很成问题的，因为如果度语即书字（用汉字记录梵文字音），那么原义是由谁说出来或译出来的呢？笔受又怎么能够根据原文的字音去进行翻译？人们常说翻译即译意，但没有人能够在不懂原文意义的情况下仅仅根据原文的字音去进行翻译。

在中外合作翻译模式中，笔受（中方）所接触和记录的是口授（外方）所说的话（中国话），不直接接触原语文本，即便有人把原文念出来或背出来，他也不大可能听得懂，因此自然也就无法判断这些根本听不懂的"天书""天语"是质朴还是文雅。所以，文质之争所讨论的是按照外方说出的、未必圆通的中国话如实记录（"案本而传"），还是按照此方语言文字的惯习加以改动（"改适今俗"）。"案本而传"是中国翻译的重要传统，但我们并没有从源头上弄清它的含义，我们的讨论往往忽略了佛经翻译的工作流程和历史语境，望文生义。对于当时的笔受来说，他所依据和如实记录的"本"只能是口授所说出的译语，所谓"受译人口"，不可能越过口授这一环节而去直接面对原文。

文质之争实质上是口授与笔受、外国梵师与本国笔人的翻译主导权之争，是关于用谁的语言（口授的言辞还是笔受的文笔）来主导译本的生成问题的讨论。这一结论从以上两篇译序来看是可以成立的，下面我们来简单看看被公认为我国历史上第一篇成系统的翻译专论——《辩正论》是如何定位佛经汉译中口授与笔受的角色的。彦琮在《辩正论》中讨论了什么是正确的翻译以及如何正确翻译的问题，他说：

> 若令梵师独断，则微言罕革，笔人参制，则余辞必混。意者宁贵朴而近理，不用巧而背源。傥见淳质，请勿嫌烦。（道宣，2014：55-56）

以上引文，李汉平（2021）在多方验证和详细考察前人译本的基础上，提供了自己的白话翻译。译文忠实流畅，但我们认为美中不足的是：译者把原文中的"梵师"和"笔人"都看成是译者，把前者译成"精通梵文的译者"，把后者译成"水平低劣的译者"，这不但凭空添加了不必要甚至不公正的价值评判，而且混淆了梵师（口授）和笔人（笔受）的译场职责和分工。鉴于此，笔者的白话翻译如下：

如果让梵师一个人说了算，经义（微言大义）就不大会走样（罕革）；如果笔人参与译文的生成（参制），在书写记录的时候添油加醋（余辞），那么经义就会被传得五花八门（混）。我的意见是：宁可以质朴为贵而接近佛理，不可巧饰文字而违背佛法之本源。如果您看到的是质朴的文字，请不要嫌弃、见怪。

彦琮乃隋朝"德高望重的高僧"（黄小芃，2014：21），"译场的主脑人物"（王文颜，1984：204），"传译之领袖"（道世，2003：1774），他的观点应该具有代表性和主导性。他在洛阳上林苑翻经馆的主要工作是校勘、制序，他也在达摩笈多的译场做过笔受（黄小芃，2014：17-20）。他称自己的笔受为"仰述"，即"遇本即依，真伪笃信，案常无改"；对于梵师的宣译，他不做任何猜测、发挥，"缘情判意，诚所未敢"。（道宣，2014：57）

五、结语

文质之争中质派的话语是强势的、主流的，文派的声音是边缘的、微弱的。从小的方面讲，这极大地保证了口授的翻译主导权，限制了笔受的译语发挥，造成了非常独特的佛经翻译文体；正如梁启超（1999：3806）所说："吾辈读佛典，无论何人，初展卷必生一异感；觉其文体与他书迥然殊异。"从大的方面来讲，这最大限度地避免了接受文化意识形态和诗学对原义和异域文化的虚构、过滤、改写、操控和利用，最大限度地保证了原语文化的自身价值和完整性，造成原语文化对译语文化的强烈冲击，而正是异域文化一次又一次的冲击、碰撞（季羡林称之为"活水的注入"）让中华文化保持了旺盛生命力，生生不息，从未中断。尤其难能可贵的是，中华文化是在汉唐盛世的时候，主动敞开胸怀、直面挑战、拥抱差异的。

参考文献

白化文. 敦煌写本《众经别录》残卷校释. 敦煌学辑刊，1987（1）：14-25.
陈福康. 中国译学理论史稿. 上海：上海外语教育出版社，1992.

陈寿. 三国志·王平传. 北京：中华书局，1971.

道世. 法苑珠林. 周叔迦，等校注. 北京：中华书局，2003.

道宣. 续高僧传. 郭绍林，点校. 北京：中华书局，2014.

邓志辉，汪东萍. 中古佛经翻译"文质之争"的哲学源起. 亚太跨学科翻译研究，2016（2）：37-49.

黄小芃. 全注全译隋释彦琮《辩正论》. 成都：四川大学出版社，2014.

慧皎. 高僧传. 汤用彤，校注. 北京：中华书局，1992.

李汉平. 从副文本的角度分析彦琮《辩正论》的翻译问题. 中国翻译，2021（5）：140-146.

梁启超. 梁启超全集（第十三卷）. 北京：北京出版社，1999.

梁启超. 梁启超佛学文选. 武汉：武汉大学出版社，2011.

马祖毅. 中国翻译简史——"五四"以后部分. 北京：中国对外翻译出版公司，1998.

孟昭连. 文白之辨——译经史上文质之争的实质. 南开学报（哲学社会科学版），2009（3）：130-140.

钱锺书. 管锥编（第四册）. 北京：生活·读书·新知三联书店，2007.

任继愈. 中国佛教史（第一卷）. 北京：中国社会科学出版社，1981.

僧祐. 出三藏记集. 苏晋仁，等点校. 北京：中华书局，1995.

汤用彤. 汉魏两晋南北朝佛教史. 北京：北京大学出版社，2011.

汪东萍，傅勇林. 从头说起：佛经翻译"文质"概念的出处、演变和厘定. 外语与外语教学，2010（4）：69-73.

王力. 汉语史稿. 北京：中华书局，2004.

王文颜. 佛典汉译之研究. 台北：天华出版事业有限公司，1984.

杨平. 对当前中国翻译研究的思考. 中国翻译，2003（1）：3-5.

赞宁. 译经篇总论//罗新璋，陈应年. 翻译论集（修订本）. 北京：商务印书馆，2009：88-91.

张春柏，陈舒. 从"文质之争"看佛经翻译的传统. 国外外语教学，2006（1）：51-56.

智昇. 开元释教录（卷九）//高楠顺次郎. 大正新修大藏经（第55册）. 东京：大正一切经刊行会，1934：477-723.

朱研，普慧. 早期佛典翻译中的"文质论"文艺思想. 四川大学学报（哲学社会科学版），2015（5）：109-119.

（特邀编辑：王娅婷）

隐性翻译话语与朱自清"翻译现代化"观念考辨

耿 强*

摘 要：朱自清在中国现代译论史上并没有得到全面评价。对他翻译思想的讨论只限于他的《译名》《译诗》两篇显性译论，忽略了他的很多零散而隐性的翻译话语记录。本文提出隐性翻译话语的概念，帮助扩充朱自清论述翻译的隐性译论的记录，通过利用日记、书信、报刊等一手史料，在整体性研究的视角下重新评价他对中国现代译论史的贡献，将其定位为"翻译现代化"的早期倡导者。

关键词：朱自清；中国现代译论史；隐性翻译话语；翻译现代化

Title: Hidden Discourses on Translation and the Modernization of Translation by Zhu Ziqing

Abstract: Zhu Ziqing is not a name that has attracted much research in translation studies in general and in historical study of modern Chinese translation theories in particular. He was merely mentioned in one way or another for his two articles on discussing how to translate technical terms and poetry, ignoring many hidden discourses on translation that are sparsely spread in his other works. Under such conditions, to promote the research concerning Zhu Ziqing's views on translation, this article argues that one has to explore new resources beyond his public discourses on translation and make a comprehensive use of the first-hand historical data including diaries, personal letters, newspapers and periodicals, and in doing so to probe into the hidden discourses on translation buried in divergent forms of data with which to reevaluate Zhu's contribution to modern Chinese translation theories as an advocate of modernization of translation.

Key words: Zhu Ziqing; history of modern Chinese translation theories; hidden discourse on translation; modernization of translation

一、引言

提到朱自清，他在中国现代文学史上的地位已有公论（钱理群等，1998），可是在翻译研究领域，与他身边的文学研究会同侪如周作人、郑振铎、茅盾等诸君相比，他受重视的程度还很不够。综合性的中国现代翻译史里几乎找不到他的名字（陈玉刚，1989；马祖毅等，2006；查明建、谢天振，2007），译论史也只提他的《译名》（1919）、《译诗》（1947）两篇专论（陈福康，1992；朱志瑜、黄立波，2013；朱志瑜等，2020），

---

* 作者简介：耿强，博士，上海外国语大学语料库研究院教授、博士生导师。研究方向：中国当代翻译话语、翻译与叙事、中国文学外译、语料库翻译学。电子邮箱：2019039@shisu.edu.cn。

且并非见于所有比较重要的史著和工具书。《翻译论集》及其修订本（罗新璋，1984；罗新璋、陈应年，2009），《中国译学大辞典》和《中国翻译家研究（民国卷）》（方梦之，2011；方梦之、庄智象，2017）均未见朱自清的名字。虽然朱自清在中国的外国诗歌汉译史上有一席之地，亦有零星研究列述他翻译过的外国诗歌情况（熊辉，2013；杨建民，2016；张旭，2009，2011），但迄今为止还尚未见对其译论进行全面梳理，或对其翻译思想进行整体阐释。

之所以出现上述情况，主要是因为史料方面无从拓展。人们仅仅在他的两篇谈翻译的专论上面打转，只注意他发表的公共性译论，这是无法全面认识他的译论主张的。公共性译论处于显性状态，容易得到人们的关注，还有一部分翻译话语处于隐性状态。它们往往和其他的社会话语交织在一起，不易被发现，容易形成一种隐性记录。本文认为，必须尽力搜检朱自清讨论翻译的那些隐身于其他文献中的文字，进行翻译话语的打捞，才能重构他的完整的翻译观念。本文将多在日记、书信、报刊、著译等一手史料上用力，以求拓宽研究材料和更新研究方法，从而全面检讨朱自清的翻译观，并重构其在译论史上的形象。

二、隐性翻译话语

本文所说的翻译话语是指讨论或论述翻译的陈述。翻译话语有显性和隐性之别。译者对自己翻译活动进行总结，往往以序跋等形式构成译作的副文本，它们成为显性的翻译话语。严复的"信达雅"和傅雷的"神似说"是这方面的典型例子。显性话语的特点是相关记录往往独立成篇，且直接讨论翻译问题。它们一目了然，一般不会被人们遗漏，是各类译论史编纂关注的重点，中外皆然。不过在社会的显性话语之外，还存在着很多隐性的话语和记录，它们主要是一些论述翻译或与翻译相关的片段，由于隐匿于日记、书信、推荐阅读书目等内容里，比较零散，因此很容易被忽略，难以被再利用。当然，并不排除隐性话语的产生背后有权力和知识的复杂关系运作，但这不是本文论述的重点。

考虑到隐性翻译话语存在的事实，我们主要依据两类材料重构朱自清的翻译话语：一是《朱自清全集》所收日记、书信、文章、专著等；二是全集之外的与朱自清有密切往来的师友之日记、书信和周边文本。分析的目的是，一方面总结其显性译论的主要观点，另一方面则是更重要的，即采集并分析朱自清所有的隐性译论，最终以整体论的视角重构其完整的翻译思想。

（一）显性译论：译名、译诗与译业

朱自清直接论述翻译问题的公共性译论，目前看来共有三篇，而不是部分学者认为

的两篇。除《译名》《译诗》外，还有《翻译事业与清华学生》（1926）一文，被收入《朱自清全集》第四卷。除《五四翻译理论史》提及此文外（平保兴，2004：5），翻译界对其内容似从未有过注意。

《译名》《译诗》这两篇文章主要谈论的是翻译的技术问题，也就是怎么译。在《译名》一文里，朱自清讨论了两个问题：一个是概念和术语的翻译方法问题，另一个是概念和术语如何统一的问题。显然，译名的关键在于译的名"确当与否"（朱自清，1999i：4），因此在五种翻译方法里，他最为看重的是义译法，认为它"是译名的正法，是造新词的唯一方法"（朱自清，1999i：18）。然而造新词一定会带来一词多译的现象。术语和概念不统一的情况肯定会存在，而且有时还会带来极大的不便。他认为最好的解决办法，"是暂在相当的译名的底下，附写原名，——随便那一国的——让懂他的知道；也可以借此矫译名歧异的弊；又可以渐渐教中国文有容纳外国字的度量；那不懂外国文的，也不至向隅；这样才可以收普及之效"（朱自清，1999i：27）。

这个建议十分实用，可以有效矫正混乱的译名。不过，译名最好能够统一，朱自清（1999i：27）提出四种方式，即"政府审定；学会审定；学者鼓吹的力量；多数意志的选择"。

《译诗》一文从诗的可译性谈到译诗是否能"增富"目的语及其文化这一问题。这涉及中国现代翻译史上最为核心的两个议题，即诗歌的可译性和翻译的目的性。诗歌不可译的主要原因在于，原诗"带有原来语言的特殊语感，如字音，词语的历史的风俗的含义等，特别多"（朱自清，1999j：371）。这些都是老生常谈了。在讨论翻译的目的性时，朱自清尤为强调译诗可以为目的语及其文化带来新的意境、新的语感、新的语体、新的句式和新的隐喻。这一认识可以说沿着鲁迅用直译甚至是硬译改造中国语言和语法的主张做了更为具体的阐发。从后来的分析中也可以看出，朱自清（1999j：377）比较看重译诗在引进和创造新诗体方面的作用，并不赞同用中国固有的诗体去套国外诗歌，比如"翻译史诗用'生民'体或乐府体不便伸展，用弹词体不够庄重"，他建议用无韵体进行尝试。

在谈论怎么译之外，朱自清对语言之外的问题如翻译的重要性和影响翻译事业的因素也曾经有过讨论。在《翻译事业与清华学生》（原载《清华周刊》第25卷15号）里，他强调了翻译事业的重要性，分析了近期翻译事业衰败的原因，并提出了清华学生应该承担的责任。当时文学界存在一种认为创作比翻译更加重要的看法，比如20世纪20年代，郭沫若（1992：187）就认为"翻译事业……只能作为一种附属的事业，总不宜使其凌越创造"，但朱自清（1999a：201）始终对翻译的重要性有清醒认识，认为"外国的影响如新鲜的滋养品，中国要有一个新的健壮的身体，这是不可少的"。这和鲁迅的拿来主义比较能够沟通，亦和20世纪40年代毛泽东《在延安文艺座谈会上的讲话》中使用食物来喻指跨文化交流有共通之处。朱自清看重翻译可以引进很多确当的新术语和新文体的功能，从而促使本国人有所凭借而进行创造。"翻译能够使外来的学问渐渐变成本国的；因为记载，说理，既都用本国文，术语也用本国文字缀成，这样，外来的思想自然便逐渐成至本国思想之一部。"（朱自清，1999a：202）

对于当时翻译事业的衰败，他认为应归咎于翻译者，并认为根源在于语言能力上面，指出一般的翻译者外文程度太浅，专业素养不够，且不具备严复"一名之立，旬月踟蹰"的精神，无法胜任相关工作。在这个思路下，他认为受过充分英文训练的旧制清华学生，"比较地是最适于英汉翻译事业的人"，应该承担起责任，"振兴中国的翻译事业，大规模地介绍西方文化"（朱自清，1999a：203），在"第二度之翻译时期"，扮演重要角色。然后，他对翻译的要务进行了归纳，认为包括四个方面：一是产出几百部名著的好译本；二是将若干种名著"节译并编述其要旨，汇为一书"（朱自清，1999a：203）；三是可以选择精当的材料进行注释，使之易于理解；四是展开翻译批评。他认为中间两种方法在日本使用较多，"皆属于广义的翻译名下"（朱自清，1999a：204）。他还强调翻译的专业化问题，即翻译的取材，只能限于自己专攻的学科。

以上公共性译论透露出朱自清对翻译的三点认识。其一，翻译之重要。它可以丰富中国文化和语言，文学、学术和思想为之一变。新文化即受外国影响而形成（朱自清，1999e：326），新诗诗体解放亦是翻译的功劳。其二，翻译选材与方法。取材名著，全译、节译、汇编、注释、批评灵活使用，注重准确翻译原作之实。其三，翻译之任务。以严谨和专业的态度，承担应尽的责任，振兴中国的翻译事业，大规模地介绍外国优秀文化。

（二）周边文章中的隐性记录：翻译现代化的诸面相

隐性译论的记录往往比较零散，并非以独立文章的面目出现，常常藏身于其他谈论教育、文字、创作等话题的文章中，不易引起注意。这种情况，在20世纪上半叶讨论中国文学翻译思想或译论的时候，会构成一个十分棘手的方法论问题，因为译论和创作交织不分，亦是20世纪上半叶中国现代文学发展过程中的一个常态。创作家兼为翻译家和译论家。朱自清的隐性译论多散见于其讨论文学（诗歌）、语言和教育等的文章或专著中。其主题涉及以下四个方面。

第一，新诗依靠传统与模仿，在形式、情思和语言上创新。在朱自清看来，新诗的创新有两个途径，即继承传统和模仿域外。传统方面，新诗从古人以至小调中参考，结果当中"拦腰插进来外国的影响。而这种外国的影响力量甚大，是我们历史上没有过的，它截断了那不断的趋势，逼着我们跟它走"（朱自清，1999b：275）。在这股模仿的潮流中，一方面，闻一多、徐志摩诸君创办《诗镌》，创造新韵律、新的形式与格调，所谓新韵律，"一是用韵，二是每行字数均等，三是行间节拍调匀"（朱自清，1999g：

211）；另一方面，周作人通过和歌俳句的翻译提倡小诗，其翻译"虽然影响不小，但它们的影响，不幸只在形式方面，于诗思上并未有何补益。而一般人'容易'的观念，倒反得赖以助长。泰戈尔的翻译，虽然两方面都有些影响，但所谓影响，不幸太厉害了，变成了模仿"（朱自清，1999g：218）。

到了 40 年代，朱自清（1999d：284）认为白话诗和无韵体算是比较成功的尝试，他尤为赞赏徐志摩的实验，认为"他用北平话写了好些无韵体的诗，大概真的在摹仿莎士比亚，在笔者看来是相当成功的，又用北平话写了好些别的诗，也够味儿"。

第二，中国文学的双流影响说。1945 年 3 月 31 日，朱自清专访闻一多，两人谈论中国文学所受外来影响，不过查《闻一多年谱长编（下卷）》（闻黎明、侯菊坤，2014：727-730）并无此天记录，因此并不清楚两人具体讨论了哪些问题。但据朱自清（1999e：326）在《闻一多全集》序中的论述，他认为闻一多在《中国文学史稿》里提出中国文学受到的两大影响分别是"民间影响"和"外来影响"。这和朱自清提出的中国文学的传统和模仿说是高度一致的。

第三，翻译的现代化与新语言的形成。这里的新语言指的是通过翻译而形成的比较欧化的现代汉语。与多数人不一样的是，朱自清（1999l：64）对欧化汉语的态度十分开明，将其视为一种现代化，并对新语言的形成史进行了梳理。他认为，这种新语言的形成首先受到了周作人直译作品的影响，他评价其译笔"虽然'中不像中，西不像西'，可是能够表达现代人的感情思想，而又不超出中国语言的消化力或容受量"（朱自清，1999h：293）。可是这种直译"在后来的翻译界的影响却很坏；许多幼稚的译者只抱着'逐字译''逐句译'的话，结果真成了所谓'硬译''死译'"（朱自清，1999h：293）。朱自清认为有三次围绕语言的讨论比较重要，第一次是 1918 年茅盾提出的"欧化"问题，第二次是瞿秋白等人提出的大众语的讨论，第三次是林语堂等掀起的语录体的讨论。朱自清（1999h：294）就欧化的内涵进行了分析，认为包括四个方面，欧化不单指文法上，同时也指"新的思想样式或感觉样式"以及词汇。他将语言上的欧化称作"语言的现代化"（朱自清，1999h：294），并持赞同态度，对语言大众化的主张给予反驳，认为社会上每一个阶层都有自己的语言，"让我们人人都使用农工大众那阶层的语言，事实上大概不可能"（朱自清，1999h：298）。最后他指出，不仅纯文学的语言在现代化，而且文言也在现代化。他相信，语言现代化的结果可以促成"文学的国语"，实现胡适倡导的新文化运动的口号。其实，朱自清对新语言，对欧化汉语的肯定，前后有所变化。他在写作《背影》《儿女》《给亡妇》的时候，尽量避免欧化语调（朱自清，1999f：106），后来他受到了鲁迅等人的影响。朱自清（1999c：174）曾经专门撰文概述过鲁迅通过翻译改造中国语言的这个观点，因此他才会提出，"我们的生活在欧化（我愿意称为现代化），我们的语言文字适应着，也在现代化，其实是自然的趋势"（朱自清，1999f：106）。

第四，译作批评以语言为中心，强调避免翻译腔，提倡译笔贴切自然，文字明白易懂。朱自清在讨论国文教材选目时对几个可选本进行了评价，主要侧重对语言本身的评价，强调畅达、自然、有趣。叶圣陶与朱自清认为：

> 马尔腾的《励志哲学》也是这一类，可惜译笔生硬，不能作范本。查斯特罗的《日常心理漫谈》译本（生活版），性质虽然略异，但文字经济、清楚，又有趣味，高中可以选用。《爱的教育》译本（开明版）里有些短篇说明和议论，也可节取。此外，长篇的创作译作以及别的书里，只要有可节取的适宜的材料，都不妨节取。（叶圣陶、朱自清，1999：50-51）

文中所提马尔腾的《励志哲学》，译者为曹孚，上海开明书店 1932 年 8 月初版。译者在自序里为其翻译开脱，说"原文不是纯粹的文艺作品，而是兴奋、激励青年的文字，所以在移译时，不敢强从直译，而唯尽力于保持原文的浓厚的兴奋性、激励性。为要达到这个目的，译文即使蒙不忠实之讥，也在所不惜的"（马尔腾，1936：vi）。译文读起来翻译腔明显，如开篇这样一句话，"但是在他到了支加哥时，看见了在他周遭的起初贫苦的孩子，在日后能够出人头地的神奇的榜样，他的志气突然被唤起，他的心中突然燃烧起一个要做成大商人的决心的火焰"（马尔腾，1936：1）。难怪叶、朱评价说译笔生硬，读起来的确如此。

（三）私人文本中的隐性记录：语言文字与阅读趣味

日记和书信这种比较私人化的文本，因为本来并非为出版而示人，里面留下的涉及翻译的文字，虽然只是只言片语且十分零散，却可以用来观察朱自清最为朴实的翻译观。本文将其汇聚在一起，发现其提及翻译的地方来自日记的有 20 处，最早的日期是 1924 年 12 月 17 日，此时朱自清在英国伦敦游学。最晚的日期是 1947 年 10 月 27 日，记录的内容是他在对读曹未风和朱生豪译《哈姆雷特》时，"觉朱译本似有失原意，盖因太偏重于中国文体故也"（朱自清，2000d：477）。另有 5 处来自朱自清与友人的往来书信。综合来看，朱自清在这些地方谈到的翻译话题包括以下两方面。

一方面，他强调文学翻译阅读的畅达，以及内容的现代趣味。比如，1945 年 1 月 14 日，朱自清（2000b：328）读完屠格涅夫《父与子》的译本，认为"翻译似不通达"。屠格涅夫的《父与子》，朱自清所读为巴金所译，为"屠格涅夫选集"之一种。此选集 1936 年 12 月推出，1944 年 5 月出齐 6 卷本，由文化生活出版社出版。此译本 1943 年 7 月初版。朱自清评价译文"似不通达"，可能和译文过于直译有关，比如在涉及度量衡的地方，用了音译，像"他的产业就在离这个驿站有十五维尔斯特（一）的地方"（屠格涅夫，1948：2）。译者用注"（一）"来解释一维尔斯特等于 0.6629 英里。这种处理方式对阅读实在是不友好。另外，小说开始对仆人的外貌有一番描写，但欧化痕迹非常明显："这仆人，他身上的一切——他耳朵上的那只蓝宝石耳环，他的颜色不匀的擦了油的头发，以及他的文雅的举止——都显出来他是一个属于那新的进步的一代的人，他随意地向着大路那边望了望……"（屠格涅夫，1948：2）。相比之下，朱自清（2000c：417）在评罗念生译《特维德兹》时，认为"译得颇好"。这里的"好"恐怕也是畅达的意思，因为罗念生以翻译古希腊作品闻名，《窝狄浦斯王》《波斯人》（均为 1936 年商务印书馆版）均以译文流畅自然获得好评。朱自清所读译本，是罗念生由英文转译而来的，原著为攸里辟得斯（现通译为欧里庇德斯）的《特罗亚妇女》（*Troades*），此译本 1944 年 10 月初版。此外，朱自清（2000a：185）于 1933 年 1 月 14 日提到，"为夏君阅译稿，系尤金·奥尼尔的《奇异的插曲》（Eugene O'Neil：*The Strange*），不恶"。朱自清的记录有误，特别是将尤金·奥尼尔《奇异的插曲》（*Strange Interlude*）的英文原名漏掉一个实词。朱自清所读"夏君"的译稿，可能并未出版，因为奥尼尔此剧 30 年代仅见中华书局 1936 年版，译者为王实味。戏剧家姚克（1937：197）还曾经有过较高评价，认为"王实味先生的译文通体都很忠实，并不是死板的直译，可是把原文语辞的特点保留着，而并不犯一般译文艰涩难懂的弊病"。另外值得一提的是，朱自清并不喜欢阅读翻译腔或欧化明显的译文。这和他在现代化的立场上赞同语言的欧化是有矛盾的，或许这里的欧化有个度的问题，也或许是阅读直觉和理性的矛盾。但清楚的是，朱自清比较看重译本表现的现代趣味，比如 1925 年 1 月 30 日在一封致俞平伯的信里，他指出，"近看田汉译《罗密欧与朱丽叶》，觉甚佳，但非现代趣味，不免与我辈隔一层了"（朱自清，1998a：132）。

另一方面，他强调文艺理论译作的通俗易懂。在 1948 年 7 月 23 日一封致南克敬的信里，朱自清（1998c：220）给出读文学理论书的建议，认为：

> 至于你自己读文学书，理论方面如《托尔斯泰艺术论》（耿译，商务），《唯物史观文学论》，傅东华译的《近代文学批评》、《社会的文学批评》（此名或有误，两书均商务版）、《诗学》等。还有一本小书叫《文学》，也好。还有柯根的《世界文学史》，麦西《世界文学史话》（白译，世界版。开明胡译不易懂）。

这里提及的都是文艺理论译著，其中《世界文学史话》共 49 章，开明书店 1931 年初版为胡仲持译，作者 John Macy 的中文名该版译为约翰·玛西。开篇文字如下："我们偶然看到的这印的书页，同我们所读或者所忽视的千千万万别的书页一样，是在许多世纪以前就开始的奇异的罗曼斯的一部分。任何印的一种书页，那书页本身，一种包含了白纸上黑记号的东西，属于一个大大的故事。"（玛西，1931：3）世界书局版的约翰·麦茜《世界文学史》，1935 年初版，译者为由稚吾，并非朱自清所说的白译，书名和作者名其记录也有误。同样的段落如下："我们偶然看见这印刷的书页，像其他千万我们所读过的书页，或我们所常视的书页一样，正是一部奇谈的一部分，这奇谈，在好几世纪以前就产生了。无论那种印刷的书页，只要是白纸上印着黑字的东西，那书页的本身就属于一个伟大的故事。"（麦茜，1935：1）两相比较，如朱自清所言，前一版的确不易懂，后一版更可读一些。

（四）教学实践中的隐性记录：推动译作经典化

朱自清在教学实践中推动翻译文学的经典化。他在中国新文学教学大纲中首次突出翻译的重要作用。朱自清 1929 年春首先在清华大学开设"中国新文学研究"课程，其所撰讲义《中国新文学研究纲要》后由赵园根据铅印本整理出版。此纲要给予翻译相当的分量。总论第一章"背景"单列了林纾的翻译小说（第四节）、包天笑与周瘦鹃的翻译（第六节）。第二章"经过"的第一节《新青年》时期，论述胡适的部分提及了《文学改良刍议》受"美国影象派（或译形象主义幻象派）的影响"（朱自清，1999k：74），讨论周作人的部分提及了他在《新文学的要求》中所倡导的欧化的文体——"直译的文体"。第五节论文学研究会时期，提到了《小说月报》的改革注重"移译西欧名著"以及"介绍被屈辱民族的新兴文学和小民族的文学"（朱自清，1999k：78）。第三章"外国的影响与现在的分野"，列出了俄国与日本、北欧与东欧、德国与英美的文学产生的影响。这算是"首次突出评介外国文学影响"（黄修己，1999：35）。

这种经典化的努力也体现在朱自清推荐的阅读书目里。比如，他为爱好文艺的中学生推荐作品和理论书的阅读材料，有以下几种：屠格涅夫《父与子》（巴金译）、《罗亭》（陆蠡译）；本间久雄《文学概论》（章锡琛译）；托尔斯泰《艺术论》（耿济之译）；伊可维之《唯物史观的文学论》（江思译）；约翰·玛西《世界文学史话》（胡仲持译）（朱自清，1999m：473-474）。巴金译本和胡仲持译本上面都分析过，两人的直译阅读起来并不友好。但此文发表时间在朱自清回复南克敬信之前，可见朱自清对译本的评价前后有所变化。朱自清（1948：2159）另外还推荐过"如官话《圣经》，傅东华先生译的《奥德赛》与《吉诃德先生传》，曹未风先生译的《莎士比亚全集》，周学普先生或郭沫若先生译的《浮士德》，郭沫若和高地两先生译的《战争与和平》，韦丛芜先生译的《罪与罚》，傅雷先生译的《约翰·克利斯朵夫》"。

三、朱自清译论总结

综合上述讨论，朱自清的翻译话语可总结如下。

首先，提出中国文学和文化的双流影响说。朱自清认为，中国文学的影响来源一是传统，一是外国。对于传统，他讨论得并不多，而重点讨论模仿外国。域外之潮经由翻译对中国产生影响。开始的时候，翻译引发的模仿多，创造少，但翻译的最终目标是引进新的资源，丰富目的语文化的库存，帮助创造新的事物。他的这种思想和中国文化系统里的继承传统，在借鉴外来的话语资源上是一脉相承的。

其次，在翻译之用的基础上，推动翻译文学经典化，提倡翻译现代化。翻译在近代以降被纳入启蒙救亡的大业，极为重要。晚清翻译话语，强调通过翻译启发民智，救亡图存。对翻译实用之用的宣扬到了朱自清这里则多落在了文化和思想层面。有了这个认识，朱自清在教学当中极力推动文学和理论作品的经典化。在他看来，翻译之于中国的影响最明显的是带来了欧化。他对欧化的解释与当时的主流意见有很多不同。基本而言，五四之后的翻译界论述欧化的落脚点在语言上面，虽然会有对阶级因素的考量，但抓手仍是语言，主流态度是批判。朱自清对这个问题的思考扩大了它的内涵。他将欧化视为现代化，他欢迎欧化，认为其是发展的潮流，不可阻挡。欧化具体表现在语言、语体、情感和思想四个方面。语言上的欧化受鲁迅，尤其是周作人直译作品的影响，但只要汉语能够调适，朱自清并不特别反对，除非译文变成死译和硬译，导致句法欧化，译笔生硬，影响阅读。而且不仅现代汉语会欧化，古代汉语也会逐渐欧化，此方面似乎并未引起学术界的注意。语体上的欧化为中国引入了新的元素，如诗歌的商籁体和无韵体。翻译传递的情感也要现代化，要有新的思想样式或感觉样式，古老的趣味并不合他的心意。思想的欧化使得中国传统思想产生现代转型，马列主义的阶级观和矛盾论就是对中国固有思想的丰富和更新。

再次，翻译的技术论，即如何翻的问题。除了《译名》《译诗》之外，朱自清在各种文字中很少论述这一方面，这可能主要和他的语言能力有关。朱自清（1998b：238）在 1935 年 6 月 8 日致清华大学梅贻琦校长的信中称"惟念清对外国文学知识太浅，殊不足以考试别人"云，于是请辞外国语文系研究生田德望论文考试委员会委员及同系研究生赵萝蕤毕业初试委员会委员。这并非谦辞，足见他对自己在外国语言和文学方面的能力有较保守的估计，不过却体现出学者之严谨和求实作风。虽然朱自清也动手翻译过一些作品，但和他的同侪动辄上百万字的翻译量相比，朱自清在这方面并无太多经验可谈，而恰恰中国现代译论史上最主流的话语便是对翻译经验的强调。这样一来，朱自清从较为宏观的角度讨论翻译的那些零散文字，便显得格格不入了。从这一方面可以看出当时人们对翻译理论的基本认识，即主要将其视为指导翻译实践的规则。至于其他的，很大程度上会被看作一种夸夸其谈。

最后，对翻译形式的多样化理解。朱自清提倡大规模介绍西方文化，目的在于通过翻译来推动中国文化的现代化。他所理解的翻译并不局限于全文忠实翻译这样一个常规形式，除此之外，它还包括节译、编述、注释、批评等。这种比较宽泛的翻译认识论和当代学者安德烈·勒菲弗尔（André Lefevere）提出的折射和重写理论十分近似，勒菲弗尔曾指出，翻译、改编、文集、批评等形式均可视作针对原文的一种元文本。朱自清应该已经意识到，处于文化剧烈变动的 20 世纪初，中国文化的更新和创造需要吸收来自域外的营养，而途径则可以有很多。这个认识虽然并未得到展开，但无疑是极为重要的，为我们今天思考翻译的复杂性带来了很多启发。除了这些内容之外，朱自清还强调了翻译的专业性、译者语言能力的重要性、名著的翻译等问题，但均未有所展开。

四、结语

国内对朱自清翻译话语的讨论，除资料性汇编之外，不见单篇论文，如此冷清的局面，固然由材料单薄所致，但亦与研究理念和方法有极大关系。他直接论述翻译的显性话语易被发现，为人注意。不过若全部依赖此种显性材料，面对如朱自清之个案，绝难有所深入。隐性翻译话语这个概念给我们带来了新的描述工具。朱自清的隐性译论并非独立成文，只是一些长短不一的文字，散见于友朋往来书信、日记和著译等材料之中，这些都需要进行一番整理、分析、比较才可使其显露。凡此种种，皆可作为考察的材料，拼绘出朱自清更为丰富的翻译观念，为我们开辟一条翻译话语研究的新途，进而有望更新对朱自清在中国现代译论史中的看法和评价。如果要用一句话来总结朱自清的翻译思想的话，可以说他是"翻译现代化"有力的早期倡导者。

参考文献

陈福康. 中国译学理论史稿. 上海：上海外语教育出版社，1992.

陈玉刚. 中国翻译文学史稿. 北京：中国对外翻译出版公司，1989.

方梦之. 中国译学大辞典. 上海：上海外语教育出版社，2011.

方梦之，庄智象. 中国翻译家研究（民国卷）. 上海：上海外语教育出版社，2017.

郭沫若. 1921 年 1 月郭沫若致李石岑信//郭沫若. 郭沫若书信集（上）. 北京：中国社会科学出版社，1992：183-189.

黄修己. 中国新文学史编纂史. 北京：北京大学出版社，1999.

罗新璋. 翻译论集. 北京：商务印书馆，1984.

罗新璋，陈应年. 翻译论集（修订本）. 北京：商务印书馆，2009.

马尔腾. 励志哲学. 曹孚，译. 上海：开明书店，1936.

马祖毅，等. 中国翻译通史. 武汉：湖北教育出版社，2006.

玛西. 世界文学史话. 胡仲持，译. 上海：开明书店，1931.

麦茜. 世界文学史. 由稚吾，译. 上海：世界书局，1935.

平保兴. 五四翻译理论史. 北京：中国文史出版社，2004.

钱理群，温儒敏，吴福辉. 中国现代文学三十年（修订本）. 北京：北京大学出版社，1998.

屠格涅夫. 父与子. 巴金, 译. 上海: 上海文化生活出版社, 1948.

闻黎明, 侯菊坤. 闻一多年谱长编（下卷）. 闻立雕, 审定. 上海: 上海交通大学出版社, 2014.

熊辉. 外国诗歌的翻译与中国现代新诗的文体建构. 北京: 中央编译出版社, 2013.

杨建民. 朱自清翻译的外国诗歌. 中华读书报, 2016-10-19（18）.

姚克. 评王译《奇异的插曲》. 译文, 1937（1）: 193-204.

叶圣陶, 朱自清. 论教本与写作//朱自清. 朱自清全集: 第二卷·散文编. 南京: 江苏教育出版社, 1999: 40-52.

查明建, 谢天振. 中国 20 世纪外国文学翻译史（上下）. 武汉: 湖北教育出版社, 2007.

张旭. 朱自清早期译诗活动寻踪. 淮阴师范学院学报, 2009（6）: 784-788.

张旭. 中国英诗汉译史论: 1937 年以前部分. 长沙: 湖南人民出版社, 2011.

朱志瑜, 黄立波. 中国传统译论译名研究. 长沙: 湖南人民出版社, 2013.

朱志瑜, 张旭, 黄立波. 中国传统译论文献汇编. 北京: 商务印书馆, 2020.

朱自清. 青年与文学. 文潮月刊, 1948（6）: 2159.

朱自清. 1925 年 1 月 30 日致俞平伯信//朱自清. 朱自清全集: 第十一卷·书信补遗编. 南京: 江苏教育出版社, 1998a: 130-132.

朱自清. 1935 年 6 月 8 日致梅贻琦校长信//朱自清. 朱自清全集: 第十一卷·书信补遗编. 南京: 江苏教育出版社, 1998b: 238.

朱自清. 1948 年 7 月 23 日致南克敬信//朱自清. 朱自清全集: 第十一卷·书信补遗编. 南京: 江苏教育出版社, 1998c: 220-221.

朱自清. 翻译事业与清华学生//朱自清. 朱自清全集: 第四卷·散文编. 南京: 江苏教育出版社, 1999a: 200-204.

朱自清. 歌谣与诗//朱自清. 朱自清全集: 第八卷·学术论著编. 南京: 江苏教育出版社, 1999b: 272-276.

朱自清. 鲁迅先生的中国语文观//朱自清. 朱自清全集: 第三卷·散文编. 南京: 江苏教育出版社, 1999c: 174-177.

朱自清. 诗与话//朱自清. 朱自清全集: 第三卷·散文编. 南京: 江苏教育出版社, 1999d: 283-289.

朱自清. 闻一多先生怎样走着中国文学的道路——《闻一多全集》序//朱自清. 朱自清全集: 第三卷·散文编. 南京: 江苏教育出版社, 1999e: 320-332.

朱自清. 写作杂谈//朱自清. 朱自清全集: 第二卷·散文编. 南京: 江苏教育出版社, 1999f: 105-109.

朱自清. 新诗//朱自清. 朱自清全集: 第四卷·散文编. 南京: 江苏教育出版社, 1999g: 208-219.

朱自清. 新语言//朱自清. 朱自清全集: 第八卷·学术论著编. 南京: 江苏教育出版社, 1999h: 292-301.

朱自清. 译名//朱自清. 朱自清全集: 第八卷·学术论著编. 南京: 江苏教育出版社, 1999i: 3-28.

朱自清. 译诗//朱自清. 朱自清全集: 第二卷·散文编. 南京: 江苏教育出版社, 1999j: 371-378.

朱自清. 中国新文学研究纲要//朱自清. 朱自清全集: 第八卷·学术论著编. 南京: 江苏教育出版社, 1999k: 73-122.

朱自清. 中国语的特征在那里——序王力《中国现代语法》（商务印书馆）//朱自清. 朱自清全集: 第三卷·散文编. 南京: 江苏教育出版社, 1999l: 56-66.

朱自清. 中学生与文艺//朱自清. 朱自清全集: 第四卷·散文编. 南京: 江苏教育出版社, 1999m: 472-475.

朱自清. 1933 年 1 月 14 日记//朱自清. 朱自清全集: 第九卷·日记编日记（上）. 南京: 江苏教育出版社, 2000a: 185.

朱自清. 1945 年 1 月 14 日记//朱自清. 朱自清全集: 第十卷·日记编日记（下）. 南京: 江苏教育出版社, 2000b: 328.

朱自清. 1946 年 8 月 11 日记//朱自清. 朱自清全集: 第十卷·日记编日记（下）. 南京: 江苏教育出版社, 2000c: 417.

朱自清. 1947 年 10 月 27 日记//朱自清. 朱自清全集: 第十卷·日记编日记（下）. 南京: 江苏教育出版社, 2000d: 477.

（特邀编辑: 万亨悦）

翻译专业研究生的核心课程*

穆 雷**

摘 要：翻译学硕士的核心课程"翻译学概论"和"翻译学研究方法"与翻译专业硕士的核心课程"翻译概论"和"中外翻译简史"这四门课程虽然是核心课程，也有相应的课程简介和教材，却没有引起教师们的充分关注。一些院系直接把"翻译学概论"和"翻译概论"合并授课，一些教师把"翻译概论"改头换面为翻译理论相关课程，或者把"研究方法"改为"论文写作"，甚至直接将"中外翻译简史"剔除掉。在本文中，笔者从这几门课程设置的初衷以及翻译事业发展的现状等方面讨论了这些课程的授课内容。

关键词：翻译专业研究生；核心课程；设置初衷

Title: Core Courses for Translation and Interpreting Postgraduates

Abstract: Core courses like "On Translation Studies" (TS) and "Methodology of Translation Studies" (MTS) are important for Master of Arts (MA) students, and "On Translation" (OT) and "A Brief History of Translation in China and Other Countries" (BHT) for Master of Translation and Interpreting (MTI) students. Corresponding course introduction and text books have been introduced, yet little attention is paid by translation and interpreting (T & I) teachers. Some institutions mix up the teaching of TS with OT while some teachers would change the OT course to other theoretical courses, or teach only academic writing instead of research methodologies. Even worse, for some, BHT is cancelled once and for all in the program. This article serves as a justification of the essentiality of the courses said above and the development of T & I discipline would be taken into consideration along with introduction to the course content.

Key words: translation and interpreting postgraduates; core course; course background

一、引言

　　核心课程是高等教育课程体系中最为重要的专业必修课程，也是学科知识体系构建的结晶。为推进新时代高等教育内涵式发展，我国相继颁布了《高等学校英语专业本科教学质量国家标准》（2018）和《普通高等学校本科外国语言文学类专业教学指南》（2020），2020年还推出了《学术学位研究生核心课程指南（试行）》和《专业学位研究

＊　　本文为国家社科基金重点项目"新时期中国翻译教育体系的建设与发展研究"（22AYY006）的阶段性成果。

＊＊　**作者简介**：穆雷，翻译学博士，广东外语外贸大学教授、博士生导师。研究方向：翻译教学与翻译理论。电子邮箱：mulei2002@139.com。

生核心课程指南（试行）》，为各专业的课程体系建设提供了指导性思路。翻译学界基于相关教育政策需求，已就翻译专业学士（谢天振，2013；王巍巍、仲伟合，2017；蒋洪新，2019；肖维青、冯庆华，2019；肖维青等，2021）和翻译学博士研究生（武光军，2023）核心课程的内容规划展开系列讨论。虽然现有研究已对诸如"翻译概论""翻译史"等翻译专业硕士研究生必修课程的教学设计（李雯等，2021）和教学方法（姜倩、陶友兰，2018）有所探讨，但少有从教材发展的角度，系统性地比较与解读翻译专业学术型和专业型硕士研究生的核心课程。

　　如今，我国翻译学科已经基本建成由学士、硕士、博士学位层次构成的学术型和专业型人才培养格局。目前全国已有300余所翻译专业硕士（MTI）培养高校，超过150所院校设有翻译学硕士（MA）项目。在上述院校学习翻译课程与专业的人数之多可见一斑，中国的翻译教学体量可谓全球最大，但与其他成熟学科相比，翻译学科依然属于年轻学科，学科建设依然任重道远。其中，关系教育质量的课程体系建设、教材建设则是学科建设的基础性工程（蓝红军，2015）。如此大规模的翻译教学，为保证不同层次翻译专业人才培养的教学质量和进度的有效衔接，需要教学体系的设计者和执行单位统一理念，由经验丰富的专家讨论商定，设置相对一致的主干课程，即"核心课程"，以及大体相同的教学内容、教学重难点、教材编写与选择、考核评估标准等。本文先从开设目的和教材发展等维度比较MA和MTI核心课程的设计理念和教学实践现状，再重点从教材的角度讨论如何加强核心课程建设。

二、核心课程的开设目的

　　翻译学科初创期间，学界对学科内涵、人才培养目标和教学规范等做了大量、充分的论证（仲伟合，2006；仲伟合、穆雷，2008；文军、穆雷，2009），推动了翻译专业人才培养体系和标准的确立（表1）。教师在开展核心课程教学之前，首先就要熟悉课程目标，这样才能更好地理解课程内容和知识要求，挑选教材和辅助材料，想方设法让教学内容生动又接地气。这就需要教师通过自学或者培训，熟悉MA和MTI不同核心课程的教学目标。

表1　翻译专业研究生的知识要求

基础知识	专业知识
翻译知识（翻译的概念和理论），翻译实践的要求和方法，语言服务产业的运作机制和行业标准与规范	翻译理论和实践知识，语言服务产业的相关专业知识，与所翻译内容相关的专业知识

　　整理自：全国专业学位研究生教育指导委员会. 专业学位类别（领域）博士、硕士学位基本要求. 北京：高等教育出版社，2015：74.

（一）"翻译学概论"与"翻译概论"

"翻译学概论"是翻译学硕士的核心课程之一。设置该课程的目的在于引导学生通过阅读文献和积极思考，对翻译思想的来龙去脉有系统的认识，了解各种中西翻译理论的基本概念，熟悉主要翻译学者的代表性理论观点。除了表2中所列的最低课程目标外，如能在阅读中发现各种思想、理论或思潮的承继关系、针对性问题、解决方法和不足之处，那就是优秀翻译学硕士研究生乃至博士研究生努力达到的高度和方向了，体现在学位论文上就是不盲目套用任何一个理论，能够独立发现前人研究中的不足和问题，并设法解决问题，对前人研究的成果或是通过验证进行修正，或是展开理论探讨并弥补其不足，总之在理论建设上要有一点向前推进的作用，同时体现理论创新能力。

表2　概论型核心课程概述与目标比较

课程名称	课程概述	课程目标	授课对象、学期安排
翻译学概论	本课程旨在帮助学生系统而全面地认识翻译学，把握翻译学与相关学科的关系，提升翻译研究能力。本课程将通过课堂讲授、研讨等方法，遵循理论与实践结合、描述与解释并重、国外与国内互补等原则，引导学生系统了解翻译学的学科性质与定位、研究领域、程序和规范等基本范畴，把握翻译研究的发展历程、当前热点和未来趋势	本课程旨在帮助学生厘清翻译研究的基本范畴，全面系统地了解翻译学理论和流派，掌握翻译研究的基本方法，强化翻译研究的跨学科意识，把握翻译研究的动态与走势，提升翻译研究能力	面向翻译学硕士与博士研究生，未指定学期，但后于"翻译理论与实践"课程
翻译概论	本课程旨在让学生全面认识翻译、理解翻译，对翻译所涉及的基本理论问题有较为系统的了解，进而对翻译的本质、过程、对象、主体，以及影响翻译的因素、翻译中的基本矛盾、翻译的功能、对翻译的评价，乃至多元文化语境下的精神和使命有较为全面、系统和深刻的认识。本课程同时引导翻译专业硕士研究生了解翻译行业乃至语言服务业的发展和现状，全面地认识翻译，加深对翻译职业性质的认识，树立正确的翻译观，并提高翻译技能	本课程旨在帮助学生在有限的理论学习时间内，围绕"翻译"关键词以问题为中心内部和外部结合，宏观与微观兼顾，对有关翻译的各个重要方面展开思考和讨论。初步了解将来所从事职业的基本内涵，包括翻译的本质、口笔译的基本方法、翻译的理论与翻译批评、翻译的技术、翻译的管理、翻译的市场以及本地化等	面向翻译专业硕士研究生，通常在第一学期开设

整理自：国务院学位委员会第七届学科评议组. 学术学位研究生核心课程指南（试行）. 北京：高等教育出版社，2020：199；全国专业学位研究生教育指导委员会. 专业学位研究生核心课程指南（试行）. 北京：高等教育出版社，2020：283.

"翻译概论"是为翻译专业硕士研究生开设的核心课程之一。倘若这些学生来自高校外语类专业，他们在本科阶段已了解翻译的基本概念，接受过基本的翻译技能训练，学习过翻译知识与技能模块的核心课程，即"翻译概论"[①]，有的学校甚至还开设基础翻

[①] 《高等学校外国语言文学类专业本科教学质量国家标准》中列出的"翻译专业核心课程"（第93页）。

译理论课程。然而，越来越多的学生来自理工农医经管法文史哲等不同的专业领域，他们的双语基本功扎实，具有本专业的知识和技能，但是需要了解翻译专业是怎么回事。因此，开设"翻译概论"课程来弥补这一欠缺非常有必要，但需要在翻译专业本科阶段的"翻译概论"基础上进行拓展和延伸。

（二）"翻译学研究方法"与"中外翻译简史"

"翻译学研究方法"（即方法论课程）针对翻译学硕士研究生开设。学生在学位论文写作或者在平日里的学术写作训练中都应明确自己的研究目的和研究问题。这门课程能够帮助学生主观上更好地选择合适类型的"工具箱"，而方法就是解决问题的具体工具。教师通过该课程需要引导并培养学生形成对研究方法合理选择的判断能力和运用能力，提升方法论意识和思辨能力。以笔者的研究方法课教学经验来看，教师可以以研究方法的具体运用为抓手，设计不同的研究专题，促使学生在案例分析中批判性地思考不同类型、不同研究领域的论文如何选择合理的研究方法回答研究问题，最终帮助学生初步认识翻译学学科的方法论体系。

"中外翻译简史"（即"翻译史"）是翻译专业学位研究生教育指导委员会确定的必修课程。翻译专业硕士的生源除了外国语言文学相关的本科生外，还有理工农医经管法文史哲各类学科的本科生，要让他们在有限的理论课时内了解翻译职业，特别是翻译对于社会经济文化进步的推动作用。"中外翻译简史"不是可学可不学的内容，作为未来翻译人，翻译专业硕士研究生了解本学科的历史，了解翻译职业在整个社会经济文化发展中的作用，了解翻译领域发生过的重大事件、重要的翻译家、著名翻译机构等内容，非常必要。不同地方的学校，可以酌情根据自身特色增加红色翻译史的内容，例如学习马列主义以及国外先进的思想和理念是如何通过翻译影响到中国革命与社会发展进程的。不同学科的翻译史课程中，还可以增加一些本学科领域通过翻译取得的进步，如国外的科学技术如何通过翻译传入国内，中国的中医中药和传统文化如何通过翻译走向世界。总之，"中外翻译简史"这门课程大有可为，教师可以融入思政内容，使课程生动活泼，联系实际。"方法论"与"翻译史"核心课程的概述与目标比较详见表3。

概言之，上述核心课程因为设计的学习对象和开设目的不同，教学内容也有所不同。然而，对于学有余力的研究生而言，都可以对另一学位的课程内容有所涉猎，可以自学全部内容，也可以浏览部分内容，了解感兴趣的知识；但对于教师而言，这是两门截然不同的课程，不能混为一谈，更不能用一个去取代另一个，这体现了教师对于翻译学硕士和翻译专业硕士的培养目标是否有清晰的认识，而围绕核心课程的教材发展就是不可忽视的影响因素。

表3 "方法论"与"翻译史"核心课程概述与目标比较

课程名称	课程概述	课程目标	授课对象、学期安排
翻译学研究方法	本课程旨在深化学生对翻译研究设计与程序的认识,加强科学方法论意识,熟悉各种研究方法和工具,提高翻译研究的规范性与科学性。本课程将通过课堂讲解与讨论、文献阅读与分析、案例教学等形式,遵循问题与方法匹配、定量与定性结合、证实与证伪互补等原则,明确理论支撑、执行方法、研究素材、研究焦点"四位一体"的研究路径,帮助学生了解翻译研究的主要过程、基本模式、主要工具和方法	本课程旨在帮助学生熟悉翻译研究方法、模式、工具与基本程序,了解并践行翻译研究的科学化、标准化过程,强化科学方法论意识,注重对翻译现象或问题的多维研究和多元论证,提高翻译研究的科学性、效度和信度	面向翻译学硕士与博士研究生,未指定学期,但后于"翻译理论与实践"和"翻译学概论"课程
中外翻译简史	本课程旨在通过对中外翻译史上的主要事件、组织结构以及代表性翻译家的系统介绍,帮助学生了解翻译专业的前世和今生,了解翻译理念的产生、发展与演变的历史,从而培养学生的翻译专业素养与人文情怀	本课程旨在帮助学生系统掌握翻译活动的发展脉络,清晰了解翻译思想的传承与发展,熟悉中外文化的沟通与交流概要;通过系统讲授中外翻译传统,展现中外翻译思想的生发、流变过程,为当下"讲好中国故事"以及中华文化"走出去"奠定理论根基与智力基础	面向翻译专业硕士研究生,通常在第二学期开设

整理自:国务院学位委员会第七届学科评议组. 学术学位研究生核心课程指南(试行). 北京:高等教育出版社,2020:201;全国专业学位研究生教育指导委员会. 专业学位研究生核心课程指南(试行). 北京:高等教育出版社,2020:294.

三、核心课程的教材发展

(一)概论型教材

新版《翻译学概论》(许钧、穆雷,2023)是专为新时代全国高校外国语言文学学术学位研究生培养而策划与编写的重点教材,以《学术学位研究生核心课程指南(试行)》为编写依据,紧密围绕外国语言文学一级学科硕士和博士研究生培养目标,帮助学生形成良好的学术素养与思维品质,掌握外国文学、外国语言学、翻译学学科基本理论与基本知识,熟悉相关方向的重要研究方法,培养学生的学术创新能力和批判性思维能力,提高学生外国语言文学研究的规范性和科学性,使学生在打好坚实学科基础的同时具有较强学术创新能力与国际交流能力。以2009年版《翻译学概论》中有关语言学章节的比较为例,该版介绍了翻译研究的语言学理论概述、翻译的语义学研究、翻译的系统功能语法研究、翻译的语用学研究、翻译的语篇分析研究、翻译的类型研究。随着语言学理论的迅速发展,翻译研究可资借鉴的语言学理论越来越多,然而,介绍的内容是否有边界，哪些语言学理论可以用于翻译学研究？2023 年版《翻译学概论》的"翻译与语言"一章安排了翻译与语言的关系、翻译的语言研究与语言学翻译理论、语言学翻译研究的未来发展等内容，从基本原理入手，探讨相关元素与翻译之间的关系，引入相关研究与理论，并展望未来。在 2023 年版的《翻译学概论》中，每一章都根据类似的思路进行编排，阐明与翻译相关的各种因素，与翻译和翻译研究的内在关联、已有相关研究、未来研究展望，同时附上了参考文献、推荐阅读文献等，引导学生在一定的框架下拓展阅读，加深理解。概论型教材的目标与内容比较详见表 4。

表 4　概论型教材的目标与内容比较

教材名称	教材目标	教材内容
《翻译概论》2020 年修订版	本教材旨在让学生全面认识翻译、理解翻译，对翻译所涉及的基本理论问题有所了解，进而对翻译的本质、翻译的过程、翻译的对象、翻译的主体、影响翻译的因素、翻译中的基本矛盾、翻译的功能、对翻译的评价，以及多元文化语境下翻译的精神和使命有较为全面、系统和深刻的认识，树立正确的翻译观，提高翻译技能，以更好地从事翻译工作	翻译概说、翻译是什么；翻译是如何进行的；翻译什么；谁在翻译；有什么因素影响翻译活动；翻译活动会遇到什么矛盾；翻译有什么作用；如何评价翻译；如何在多元文化语境下认识翻译与研究翻译；新技术如何助推翻译与翻译研究；中华文化"走出去"背景下的翻译研究如何开展
《翻译学概论》2009 年版	本教材旨在帮助学生系统而全面地认识翻译学，把握翻译学与相关学科的关系，提升翻译研究能力。通过课堂讲授、研讨等方法，遵循理论与实践结合、描述与解释并重、国外与国内互补等原则，引导学生系统了解翻译学的学科性质与定位、研究领域、程序和规范等基本范畴，把握翻译研究的发展历程、当前热点和未来趋势[①]	概论、当代中国翻译理论研究、当代西方翻译理论、中西翻译理论比较、哲学与翻译研究、语言学与翻译研究、文学翻译理论、翻译批评、翻译教学、信息技术手段与翻译
《翻译学概论》2023 年版	本教材旨在帮助学生系统而全面地认识翻译学，把握翻译学与相关学科的关系，提升翻译研究能力。通过课堂讲授、研讨等方法，遵循理论与实践结合、描述与解释并重、国外与国内互补等原则，引导学生系统了解翻译学的学科性质与定位、研究领域、程序和规范等基本范畴，把握翻译研究的发展历程、当前热点和未来趋势[②]	绪论、翻译与翻译理论、翻译研究与翻译学、翻译与哲学、翻译与语言、翻译与文学、翻译与文化、翻译与社会、翻译与历史、翻译与传播、翻译与技术、翻译与翻译批评、翻译与翻译伦理、翻译与翻译教育、口译与口译研究

（二）翻译史教材

谢天振等（2009）主编的《中西翻译简史》属于 MTI 系列教材，其编写原则强调了"三抓"，即抓主线、抓主角、抓主题，为教师们备课提供了很好的思路（表 5）。教

---

① 参见：国务院学位委员会第七届学科评议组. 学术学位研究生核心课程指南（试行）. 北京：高等教育出版社，2020.
② 与《学术学位研究生核心课程指南（试行）》第 199 页的课程目标一致。

师可以在梳理主要翻译史知识的基础上，结合社会发展需要和学位点办学特色（例如石油、机械、法律、纺织等）不断修订翻译史教材，或者在主教材之外编写不同领域的专业翻译史教材，创建基于校本特色的专业翻译史知识库，方便同学科的翻译教师使用与共建。

表5　翻译史教材的目标与内容

教材名称	教材目标	教材内容
《中西翻译简史》	本教材旨在让学生全面认识翻译、理解翻译，对翻译所涉及的基本理论问题有所了解，进而对翻译的本质、翻译的过程、翻译的对象、翻译的主体、影响翻译的因素、翻译中的基本矛盾、翻译的功能、翻译的评价，以及多元文化语境下翻译的精神和使命有较为全面、系统和深刻的认识，树立正确的翻译观，提高翻译技能，以更好地从事翻译工作	当代翻译研究视角下的中西翻译史、中西翻译史的分期、翻译与宗教；中国的佛教典籍翻译、翻译与宗教；西方的《圣经》翻译、翻译与宗教；《圣经》的中译、翻译与知识传播；西方的科技翻译、翻译与知识传播；我国的科技文献翻译、翻译与民族；近代欧洲各国民族语的形成、翻译与民族；翻译对中国文化的影响、翻译与文化价值的传递；欧洲各国对古希腊典籍的翻译、翻译与文化价值的传递；我国对西方科技经典的翻译、翻译与当代各国的文化交流；西方对中国文化典籍的翻译、翻译与当代各国的文化交流；我国新时期以来对外国文学的翻译、中西翻译思想和理论、翻译现状与展望

四、核心课程建设的几点建议

（一）多形式编写教材

教材作为教学的载体，它在知识内容与教学目标上是教学大纲和教学计划的产物，在知识的呈现方式上是教学法的体现与应用。教材为教师职业生涯和学术发展以及教学技能的个性化发挥提供必要的基础。《翻译概论》（许钧，2009）和《中西翻译简史》（谢天振等，2009）是在2007年翻译硕士专业学位设立之初构思编写的，当时学界对于专业学位的认识尚处于初期，尤其是翻译实践教学、校企合作办学等都没有经验可资借鉴。经过10余年专业翻译教学的运行、几次合格/专项/水平评估，以及学者们不懈的努力和探索，学界对"翻译概论"和"中西翻译简史"这两门核心课程逐渐有了新的认识。第一，实践证明，在翻译硕士专业学位教学有限的学分中，仅有这两门"理论"课程（有的学校因人设课，改设为"语言学理论""翻译学理论"甚至其他外国语言文学的理论课程，这是需要纠正的），若能合理讲授，其作用是显著的，其必要性和可行性都是显而易见的。第二，必须在有限的课时内，让各类生源的学生了解翻译的前世今生、翻译的社会功能、翻译职业在语言服务行业中的作用、职业译员的基本素养、翻译思想的来龙去脉等基本内容，帮助他们树立职业荣誉感和社会责任感。诚然，思政进课堂等举措也有一定的作用，若将思政教育与这两门课程紧密结合起来，会事半功倍，有更加显著的效果。第三，这两门课程的授课内容与方式可以多种方式进行探索。例如，可以在原有教材结构的基础上增补新的内容，也可以用拼盘的方式根据理工农医经管法文史哲等不同类型院校的具体情况增加内容，如不同专业都有与翻译相关的史料史实，包括西医通过翻译引进中国、中国的各类技术技巧通过翻译流传到全世界等。这些与专业密切相关的内容可能会比单纯的翻译概念、翻译史料对学生的吸引力更大，作用和影响也更大。

（二）教材编写要与时俱进

在笔者与国内知名翻译企业家交流的过程中，他们也表达了一些看法。例如，华为翻译中心原主任陈圣权表示企业实践中对翻译的角色定位有别于高校课堂，建议在"翻译概论"课堂中加上"站在用户的视角来看翻译"的解读内容，比如客户需求分析、翻译流程规划、翻译能力要求和翻译效果复盘。厦门精艺达翻译服务有限公司的创始人兼总经理韦忠和认为课程可以结合翻译产业发展，如设置"翻译职业变迁与前景"和"从翻译到语言服务的转变"等内容。语言桥翻译集团公司董事长兼总经理朱宪超则建议"翻译概论"课中增加关于语言服务行业市场概况、翻译的主体与客体（如客户与用户、翻译行业中的各种工作岗位、业务类型与客户类型等）、翻译技术的发展、翻译质量管理、翻译项目管理、译员译者素养（职业资格认证、职业发展路径等）等内容。瑞科翻译公司总经理左仁君认为"客户关系管理""项目管理""能力资质"等是不可忽视的教学内容，学生需要领会"懂翻译、懂技术、细心、有时间观念，也会处理人际关系，有成本意识"在职业翻译工作中的重要性。可以看出上述建议有一些共性，那就是要让学生了解行业、了解职业、了解市场。作为MTI的核心课程，"翻译概论"与"中外翻译简史"这两门课在这些方面义不容辞，应该探讨如何充分利用这仅有的理论课时，让学生学有所获。

其实，目前已经有一些教材或可作为教材的书，在此基础上进行加工编排，就可以成为"翻译概论"的参考教材。例如对外经济贸易大学崔启亮教授在推荐《翻译公司基本原理》（贝尼纳托、约翰逊，2021）时说，该书"创造性构建了语言服务公司运营理论，从市场影响因素、支持活动、核心功能层次总结了语言服务公司生存和发展之道，提出了语言服务价值链的概念，列出了语言服务公司为客户创造价值的途径和方式"。还有已经列入"高等学校翻译课程系列教材"的《翻译项目管理：案例与实操》（黄加振，2021），其中的章节如翻译行业与翻译职业、项目管理与翻译项目管理、翻译项目中各要素的管理、翻译项目管理流程、借助翻译技术的项目生产模式等，可以作为翻译概论课程的部分内容。另有《职业翻译岗前培训教程》（岳峰，2017）中的部分章节如翻译产业现状、翻译生产模式和管理运营、翻译基本规范、翻译辅助软件介绍、译者的职业素养和生涯规划、翻译与校对常用工具和技巧，也可成为参考资料。教师需要在调研当地行业发展需求的基础上，参照已有教材，梳理核心的教学内容。

（三）善用教材，促研促学

教材对教师最有科研价值，但须明确为什么研究、研究什么、怎样研究以及研究成果有什么意义。编写教材首先需要透彻领会培养目标，理解课程设置的目的，具有清晰的教学逻辑，如口笔译能力的教材，教师必须熟悉口笔译能力的各级标准和评测尺度，熟悉口笔译能力的提升路径，明确各门相关课程之间如何相互衔接或影响，有意识地选择最适用的教材。教师对教材的研究是教学与科研相得益彰的最佳途径，为教而研，为研而教，在教中研，在研中教（夏纪梅，2008：31）。任何教材都是教学理念的产物，教师可开展教材评价研究、教材中蕴含的教学法研究（行动研究），依托教材对其使用、分析、评价、观摩、改造、补充、完善等过程发现问题，解决问题。

目前市面上翻译理论类和翻译实践类教材众多，理论类教材多体现编著者使用某一种理论框架的指导原则，实践类教材多体现编著者在某一类口笔译实践方面的经验。然而，选用教材时，不能只看作者的头衔与名气，更需要有学科意识，理论类教材选择要根据理论课程计划达到的目的，实践类教材要依据学生口笔译能力的水平与目的要求，同时还要考虑校本专业特色和区域经济文化发展等多方面的需求。

（四）教材建设与教师发展

教材编写者一般为教师，很多教师也将教材编写作为自己的科研成果。教师编写教材应在教学大纲的指导下进行，深刻领会教学大纲，了解学科建设的进程，理解教学目标，熟悉课堂教学，掌握丰富的资源，特别是要了解本课程上下游课程的内容与目标，减少内容重复，增加与其他相关课程的衔接，使得教材适合教师采用，方便学生使用。教师不应为了编教材而编教材，或为了完成科研任务而编教材。教师在自己的教学过程中应善于观察、总结、思考、提炼，通过教学研究对教材现状及其需求有所认识，这个过程既是参与科研的过程，也是教师自我发展的过程。

五、结语

通过对翻译学硕士和翻译专业硕士四门核心课程的解读，不难看出，目前的翻译专业研究生教学还没有能够通过核心课程的设置、教材编写、考核评估等达到既定的培养目标。前路漫漫，道阻且长，我们要不断努力，建设好这几门最为基础的核心课程，为我国的翻译专业教学奠定扎实的基础，为高层次翻译人才的培养做出贡献。

参考文献

贝尼纳托，约翰逊. 翻译公司基本原理. 颜丽篮，韦忠和，译. 北京：知识产权出版社，2021.

国务院学位委员会第七届学科评议组. 学术学位研究生核心课程指南（试行）. 北京：高等教育出版社，2020.

黄加振. 翻译项目管理：案例与实操. 北京：中国人民大学出版社，2021.

姜倩，陶友兰. "翻转课堂"在MTI翻译理论教学中的应用与效果分析——以MTI"翻译概论"课教学为例. 外语教学，2018（5）：70-74.

蒋洪新. 推动构建中国特色英语类本科专业人才培养体系——英语类专业《教学指南》的研制与思考. 外语界，2019（5）：2-7.

蓝红军. 翻译教学——新时期翻译学学科发展的关键. 中国大学教学，2015（6）：32-37.

李雯，穆雷，陈呆. 以翻译职业化为导向的"翻译概论"课程教学模式探析. 外语教学理论与实践，2021（2）：136-144.

全国专业学位研究生教育指导委员会. 专业学位类别（领域）博士、硕士学位基本要求. 北京：高等教育出版社，2015.

全国专业学位研究生教育指导委员会. 专业学位研究生核心课程指南（试行）. 北京：高等教育出版社，2020.

王巍巍，仲伟合. "国标"指导下的英语类专业课程改革与建设. 外语界，2017（3）：2-8+15.

文军，穆雷. 翻译硕士（MTI）课程设置研究. 外语教学，2009（4）：92-95.

武光军. 我国翻译学博士人才培养的目标内涵与模式构建——翻译学博士生培养的国际经验借鉴. 外语界，2023（1）：33-39.

夏纪梅. 教材、学材、用材、研材——教师专业发展的宝贵资源. 外语界，2008（1）：28-32.

肖维青，冯庆华.《翻译专业本科教学指南》解读. 外语界，2019（5）：8-13+20.

肖维青，赵璧，冯庆华. 推动构建中国特色翻译本科专业人才培养体系——《翻译教学指南》的研制与思考. 中国翻译，2021（2）：65-71+190.

谢天振. 给翻译史课以应有的位置——对《高等学校翻译专业本科教学要求（试行）》的一点建议. 东方翻译，2013（5）：4-8.

谢天振，等. 中西翻译简史. 北京：外语教学与研究出版社，2009.

许钧. 翻译概论. 北京：外语教学与研究出版社，2009.

许钧. 翻译概论（修订版）. 北京：外语教学与研究出版社，2020.

许钧，穆雷. 翻译学概论. 南京：译林出版社，2009.

许钧，穆雷. 翻译学概论. 北京：外语教学与研究出版社，2023.

岳峰. 职业翻译岗前培训教程. 厦门：厦门大学出版社，2017.

仲伟合. 翻译专业硕士（MTI）的设置——翻译学学科发展的新方向. 中国翻译，2006（1）：32-35.

仲伟合，穆雷. 翻译专业人才培养模式探索与实践. 中国外语，2008（6）：4-8+14.

（特邀编辑：石亚玛）

新时代翻译人才培养融合体系探索——以复旦大学为例*

陶友兰**

摘　要: 在数智人文时代，如何培养高端翻译人才，是翻译教育面对国家战略和社会需求必须深入思考的课题。复旦大学作为翻译人才的培育高校之一，注重本、硕、博一体化培养，经过多年教学实践和社会服务，探索出政、产、学、研相结合的人才培养融合体系。基于这一体系的深入探讨和考察，将有助于推动未来翻译人才培养路径的创新，为繁荣和发展翻译教育事业提供新思路。

关键词: 翻译教育；融合体系；译才不器；多元发展

Title: Exploring an Integrated System of Educating Translation Talents in the New Era: A Case Study of Fudan University

Abstract: In the era of digital-intelligent humanities, how to cultivate qualified translation talents is a critical topic that we must take into consideration for the purpose of meeting the social needs and national call. Fudan University, one of the universities for cultivating translation talents, attaches great importance to the integrated educating system of undergraduates, master's and doctoral students. After years of teaching practice and social services, it has explored an efficient integrated training system that combines government, industry, learning and research. The in-depth discussion and investigation based on this system might help promote the innovation of the training path of translation talents in the future, and provide some new ideas for the prosperity and development of translation education.

Key words: translation education; integrated system; non-instrumental training of translation talents; multi-dimensional development

一、引言

在数智人文给翻译带来巨大挑战和冲击的新时代，如何发展中国翻译教育、推进翻译人才培养是新文科建设中迫切需要回应的命题，也是翻译教育在服务国家战略、助力中华文化国际传播的进程中不容忽视的课题。因此，培养"育得出，用得上，留得下"的高端翻译人才是高等院校义不容辞的责任。具有深厚人文底蕴的复旦大学是培养翻译

*　本文系中宣部项目"中华文化对外传播之策略研究"（WEH3152004）相关成果，根据 2023 年 6 月 3 日在浙江大学举办的"第二届新时代全国一流翻译专业建设"研讨会上的发言整理而成。

**　陶友兰，复旦大学外国语言文学学院教授，博士生导师。研究方向：翻译学。电子邮箱：taoyoulan@fudan.edu.cn。

人才的摇篮，历史上任教于复旦大学的著名翻译家有严复、梁实秋、洪琛、孙大雨、伍蠡甫、顾仲彝、董问樵、杨必等。复旦大学英文系于 1997 年招收翻译研究方向硕士研究生，2002 年招收翻译研究方向博士研究生。2004 年，在首届院长陆谷孙的建议下，复旦大学成立翻译系，2006 年和 2007 年作为全国首批设立翻译专业学士学位（BTI）和翻译硕士专业学位（MTI）的院校之一，构建了从学士、硕士到博士的完整翻译教育教学体系。

翻译系首任系主任何刚强（2013：42）主张翻译专业本科阶段以培养翻译通才为主，提出"译学无疆，译才不器"的理念，把扎实的双语基本功、相当的国学基础、足够的杂学知识、良好的思辨能力和初步的翻译理论知识作为学生达标的基本要求，明确提出复旦大学培养的翻译人才应是"有思想、善思辨、口笔译俱佳的学者型翻译工作者"。在此基础上，翻译专业硕士研究生教育在通才的目标上拔高，以服务国家和社会需求为目的，力求培养"有文化、善思考、会技术、懂管理"的翻译与国际传播人才，要求博士研究生"切问近思，跨界创新"，努力成为"究翻译之道，通语言之变，成一家之言"的学者型教师；明确翻译专业不同阶段的培养目标，在翻译人才培养全过程中体现"教""学""译""研"全方位的融合，打破理论与实践、学术与应用、人文与科技的边界，实现"全人教育"，形成比较系统的翻译人才培养融合体系，体现"知行合一，道器兼治"的翻译人才培养导向。基于复旦大学外国语言文学学院（简称"外文学院"）人才培养实践，探讨新时期的翻译人才培育路径和方法，有助于推动中国翻译教育改革，促进翻译教育事业的繁荣和发展。

二、本科翻译教学融合之道：译思并举，学技悟道

翻译专业招收本科生，主要是通才培养，精品培育。根据《普通高等学校本科翻译专业教学指南》，毕业生要"具备较强的双语能力、跨文化交流能力、口笔译能力、思辨能力和创新能力"（仲伟合，2018：4），具有"良好的综合素质和职业道德、较深厚的人文素养、扎实的英汉双语基本功、较强的跨文化能力、厚实的翻译专业知识、丰富的百科知识和必要的相关专业知识"（赵朝永、冯庆华，2020：14）。在复旦大学培养翻译人才，得益于复旦大学的通识教育。截止到 2023 年，复旦通识核心课程体系已覆盖 7 大模块、50 个基本课程单元、180 门课程，极大丰富、完善了学生的知识体系，培养了学生的可迁移能力，完善了学生人格，落实了"立德树人"目标。复旦大学外文学院从 2005 年起，每年大一结束时，从英文系分流 15 位左右的学生到翻译系进行口笔译专门教育。

（一）技道并进模式：通才教育，按类教学

译者作为不同语言和文化之间的沟通者和协调者，首先得是个"杂家"，应该具有

广博的百科知识和一定的专业知识。因此，培养翻译人才，绝不能只单纯重"器"，而忽视"识"。复旦大学 2005 年起推行的通识教育正好提供了良好的学习资源。2005 年 9 月，复旦大学成立复旦学院，采用书院作为载体，所有一年级本科新生入学后不分专业接受通识教育，一年之后再进入专业院系学习。2012 年，复旦学院转型为本科生院，"人文情怀、科学精神、国际视野、专业素养"的通识教育理念贯穿了本科教育全过程。"根据通识教育在知识视野、可迁移的能力、人格完善三个层次上的要求，我们将复旦大学通识教育核心课程的培养理念，具体落实为六个方面：立德树人，培养有责任感的公民；面对全球化，认知世界文明的多样性；尊重现代文明，理解现代社会的基本特征；承接传统，体认中国传统的智慧；作为现代人，具有科学方法与批判精神；作为社会栋梁，培养团队精神与领袖才能。"（复旦大学本科教学工作审核评估网，2018）

在复旦大学顶层教育设计模式下，翻译专业课程体系 1.0 版（图 1）慢慢形成，注重听、说、读、写双语能力和翻译能力的融合。在专业课程设置过程中，该体系强调四结合：母语和外语训练相结合，口译和笔译相结合，翻译课程和其他支撑课程相结合，翻译实践和翻译理论相结合。其中，特色课比较明显，主要有"听说与译述""英语读译""多文体阅读""翻译与思辨""古汉语选读""典籍英译""联合国模拟会议口译"等。

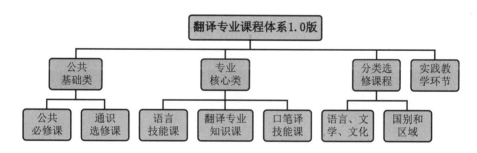

图 1　复旦大学翻译专业课程体系 1.0 版

阅读是学好翻译的首要前提。"让学生进行大量阅读，在自主学习中感悟翻译技巧和方法，并内化为一种习惯。这是一个学习翻译的朴素方法，也是一条翻译学习的必由之路。"（申连云，2006：139）因此，专业课程设置中特别重视将课堂阅读（英语读译、多文体阅读、古汉语选读）和课外阅读（推荐阅读书单）相结合，精读和泛读相结合，双语对照阅读[如大卫·霍克思（David Hawkes）翻译的《红楼梦》]和单语经典阅读（"A Very Short Introduction"系列丛书、中外文学名著和译著）相结合，以及纸质版书籍（翻译技巧类书籍，如蔡力坚著《翻译研修实用指南》）和电子读本、专业网站、杂志相结合（图 2）。阅读教学四年不间断，特别强调汉语的修炼和提升。

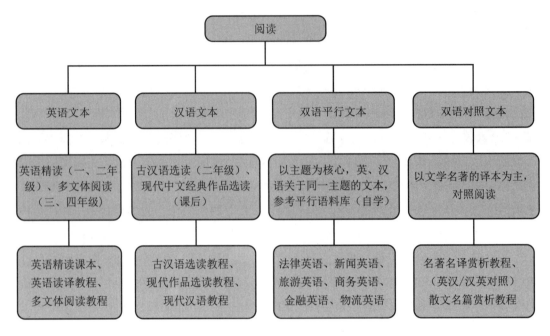

图 2　翻译专业阅读内容、课程与教材

　　"翻译就是做文章。"（潘文国，2011：8）尤其是"汉译外"离不开熟练的地道外语写作，因此课程设置中非常重视英语写作教学的循序渐进，从大一的"指导性写作"（guided writing）到大二的"多文体写作"（multi-genre writing），再到大三的"论述文写作"（argumentative writing）或"学术写作"（academic writing），最后是大四的"毕业论文写作"（thesis writing）。应用文体的写作，如商务英语写作，包含在"多文体写作"中，对应用文体的翻译起到了非常好的互文作用。

　　翻译是门经验性的科学，学生需要专门的培训和科学指导，才能培养做翻译实务的能力。笔译能力的培养从技巧训练开始，然后到实务操作，接着进行思维训练，最后提升到理论与策略。口译能力的培养从一年级的"演讲与辩论"开始，到二年级的"听说与译述"，提升听辨能力，然后到大三的"视译与交传"，练习记笔记和概述，最后到大四体验同传。表 1 中加粗的课程都是翻译类选修课，有助于拓展学生的视野和兴趣。同时，英文系的文学类和语言学类选修课也是翻译系学生"为有源头活水来"的营养来源。

　　根据口笔译课程和教学实践，复旦大学还出版了配套的系列教程，如《英语读译教程》《多文体阅读》《听说与译述》《视译》《英语同声传译指津》《翻译通论》《翻译概论》等，做到了翻译课程与教程编写相融合。

表1 翻译系部分必修、选修口笔译课程

笔译课程	口译课程
英语读译（特色课）	演讲与辩论
古汉语选读（特色课）	英语听说与译述（特色课）
英汉互译技巧（上）（下）	听说沙龙
翻译与思辨（特色课）	视译
翻译工作坊（笔译实务）	交替传译
翻译理论与策略	同声传译基础
字幕翻译	**口译实务**
多文体英汉互译	**口译工作坊**
文学翻译	**联合国模拟会议口译（特色课）**
典籍英译（特色课）	**商务口译**

翻译专业学生应当通过一整套合理搭配的知识课程，来获得广博的知识，加强翻译过程中的思辨能力。"不仅知识课程体系要设计得好，就是在实践环节的各门课程中，也应当穿插精当的理论归纳或理论阐述；总之，翻译专业学生的学业应当'技'与'道'并进。"（何刚强，2012：42）总而言之，"译才不器"的理念体现在五个方面：（1）开设特色课程，强化中英双语基本功；（2）打造精品专业课程，训练口笔译技能；（3）培育精品课程，提高翻译思辨能力；（4）学好通识课程，具有国际视野；（5）开展课外"曦园""望道"项目指导，培养研究型人才。经过努力，"锐意进取，追求卓越——复旦大学本科翻译专业建设探索"和"以培养应用型口译人才为导向的本科阶段同传课程教学模式创新与实践探索"分别获得 2009 年、2017 年上海市教学成果奖二等奖；"翻译理论与策略"被评为 2010 年上海市高校精品课程，"翻译与思辨"被评为 2015 年复旦大学精品课程。

（二）"2+X"培养体系：通专融合，多元发展

2018 年，提倡多元发展路径的"2+X"本科教学培养体系在复旦大学试点实施。"2+X"培养体系以"大类招生、通识教育、专业培养、多元发展"为原则，其中"2"是指通识教育和专业培养，"X"是指多元发展的空间，"专业学程""跨学科学程""创新创业学程"和"辅修学士学位项目"作为四个"X"选项，出现在了 2018 级以后每一个学生的培养方案中，被逐年建设、逐年新增。如今，这一体系已覆盖复旦所有专业，从顶层设计层面实现了制度与资源多元性的双重保障，为本科生提供了符合自身需求的多元发展路径（汪蒙琪等，2022）。"2+X"培养体系下，"学程计划"作为跨学科发展路径的主要载体，通过围绕特定主题，设立一组精干课程，所有学生都可结合自身发展需求选修相应学程，给学生提供了跨专业发展的多元选择，并通过创建模块化课程，体现了个性化培养。翻译专业在这个体系下，逐步开发了翻译专业课程体系 2.0 版（图 3）。

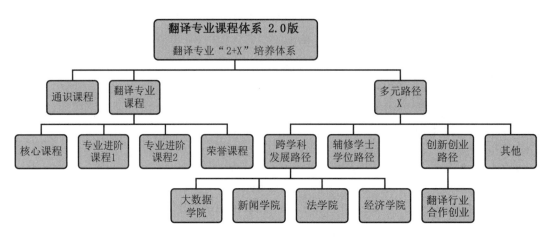

图3 复旦大学翻译专业课程体系2.0版

从图3可以看出，通识课程继续穿插在四年的学习过程中。翻译专业课程除了核心课程（表2）以外，分为专业进阶课程1（16学分）、专业进阶课程2（16学分），以及荣誉课程（8学分，参与课题、做项目）（表3），供翻译专业同学选修。专业进阶课程融合口译、笔译、文学、文化和语言学相关内容，是对核心课程的拓展。

表2 翻译专业核心课程

学期	1	2	3	4	5	6	7	8
课程名称	·英语演讲 ·英语精读（上） ·写作入门（上） ·英语文学导读（上）	·英语辩论 ·英语精读（下） ·写作入门（下） ·英语文学导读（下）	·英语读译 ·多文体写作（上） ·英语听说与译述（上） ·古汉语选读	·多文体阅读 ·多文体写作（下） ·英汉互译技巧I ·英语听说与译述（下）	·中西文化比较 ·交替传译I ·英汉互译技巧II	·翻译与思辨 ·交替传译II ·笔译实务 ·实习调查	·英语学术写作 ·翻译理论与策略 ·同声传译基础	·毕业论文

注：第1、2学期同英文系学生合上。

表3 翻译专业进阶课程

模块	专业进阶1（16学分）		专业进阶2（16学分）	
学期	5	6	7	8
课程	·外交礼仪 ·商务口译 ·口译初步与视译（上） ·听说沙龙 ·科技翻译 ·英美电影文学 ·英汉语对比	·口译工作坊 ·翻译技术基础 ·实用文体翻译 ·译作比较与评判 ·语言与逻辑 ·《论语》英译 ·英美影视剧字幕翻译	·口译初步与视译（下） ·口译实务/本地化翻译 ·典籍英译 ·莎士比亚选读/跨文化交际/英语词汇学 ·英语文体学	·口译职业与伦理 ·联合国会议口译专题 ·文学翻译 ·翻译专题

优秀学生满足以下条件时可以申请翻译专业"本科荣誉证书"。（1）符合复旦大学学士学位授予标准，德才兼备。（2）满足翻译专业"2+X"培养体系中专业进阶路径的修读要求。（3）修读翻译专业荣誉课程（表4）总学分数不低于24学分，课程门数不少于6门，其中4门必修荣誉课程为"翻译与思辨（H）""笔译实务（H）""口译实务（H）""译学前沿研究（H）"，共计16学分，3门选修荣誉课程为"翻译技术基础（H）""典籍英译（H）""高级商务口译（H）"，共计12学分，学生至少选修2门，共计8学分。（4）本科期间所有课程成绩平均绩点要求不低于3.4，专业课程成绩平均绩点要求不低于3.5。（5）参与科研实践，满足下列两个条件之一：1）在学校提供给本科生申请的科研项目系列——"箸政""望道""曦源""登辉"——中至少主持一个项目，并结题；2）参加省市级及以上重要专业赛事，获得二等奖及以上奖项。

表4　翻译专业荣誉课程

课程性质	课程名称	学分	开课学期
必修荣誉课程	翻译与思辨（H）	4	第6学期
	笔译实务（H）	4	第6学期
	口译实务（H）	4	第7学期
	译学前沿研究（H）	4	第7学期
选修荣誉课程	翻译技术基础（H）	4	第6学期
	典籍英译（H）	4	第7学期
	高级商务口译（H）	4	第7学期

值得注意的是，复旦大学增加了跨学科发展路径和辅修学士学位路径。目前在尝试中的组合有：翻译专业与其他人文学科的组合（中文、历史、哲学），翻译专业与计算机、大数据、医学等的组合，以及翻译专业与经济、管理、法律、传播等社会科学专业的组合。翻译专业的学生可以继续留在本专业，选修专业进阶课程1和2或者根据个人的兴趣需要选择专业进阶课程1或2与多元路径中其他专业的学程课程或者创新创业路径，至少有10种可能的组合（图4）。"人文社科、理工科与医科之间的界限被再度模糊，学生们前所未有地接近了完全'自由'的求学生涯。"（巫璨、陈思弦，2022）

为了能够实现跨学科融合，翻译专业也向学校其他专业提供"英汉互译"学程课程（表5），供非翻译专业学生选修。

"X"（多元发展路径）修读方式

请仔细阅读学生所在专业"2+X"教学培养方案中对各条多元发展路径的具体修读规定。
以下为各院系常见多元发展路径公式，仅供参考。
学生可选的路径公式由其所在院系制定，将在报名时的系统界面中呈现。若有疑问，请咨询学生所属院系教务老师。

[专业进阶路径] = "2" + 专业进阶模块 × 2
[跨学科发展路径] = "2" + 专业学程 × 2
[跨学科发展路径] = "2" + 跨学科学程 × 2
[跨学科发展路径] = "2" + 专业学程 × 1 + 跨学科学程 × 1
[跨学科发展路径] = "2" + 专业学程 × 1 + 专业进阶模块 × 1
[跨学科发展路径] = "2" + 跨学科学程 × 1 + 专业进阶模块 × 1
[辅修学士学位路径] = "2" + 辅修学士学位项目 × 1 + 专业进阶模块 × 1
[创新创业路径] = "2" + 创新创业学程 × 1 + 专业学程 × 1
[创新创业路径] = "2" + 创新创业学程 × 1 + 跨学科学程 × 1
[创新创业路径] = "2" + 创新创业学程 × 1 + 专业进阶模块 × 1
……
（完成修读各模块课程后总学分仍不足的部分可用任意课程学分补齐）

图4　"X"修读方式

注：引自复旦大学教务处资料。图中公式各行第一个"2"代表"通识教育和专业培养"，其余数字代表数量。

表5　"英汉互译"学程课程（面向全校非翻译专业学生）

	课程	开课学期
口译课程	英语听说与译述（上）	第3学期
	英语听说与译述（下）	第4学期
	交替传译I	第5学期
	交替传译II	第6学期
	商务口译	第6学期
	同声传译基础	第7学期
笔译课程	英语读译	第5学期
	英汉互译技巧I	第4学期
	英汉互译技巧II	第5学期
	实用文体翻译	第6学期
	翻译与思辨	第5学期
	翻译技术基础	第6学期
	笔译实务	第7学期
	本地化翻译	第7学期
	翻译理论与策略	第7学期
文化比较与英语写作	中西文化比较	第5学期
	英语学术写作	第7学期

　　"2+X"培养体系是根据新时代人才成长需要构筑的厚基础、高质量、个性化培养体系。各种发展路径由导师和学生一起制订个人发展计划，修读相应课程模块或学程，

帮助学生根据社会经济发展需求和个人志趣实现个性化成长（徐雷，2020）。目前复旦大学开设有本科荣誉项目23个、专业学程68个、跨学科学程8个、创新创业学程3个、辅修学士学位项目3个，并着手增设双学位项目。学生们都表示，"2+X"培养体系呈现了更灵活的高质量发展选择，能更好地激发自己的学习兴趣和潜能。

处在如今百年未有之大变局的人工智能时代，通识教育未来的重心应在何处？复旦大学副校长徐雷在2023年7月8日举行的"第三届中国通识教育大会"上说，"需要培养学生的可迁移能力"（中国新闻网，2023）。培养可迁移能力，即注重培养跨界能力，运用诸如批判性思维、系统性思维、发散性思维、双创思维等多种思维的能力以及实践能力，让学生在体验中激发创造力，在创造中发挥想象力。徐雷认为，通识教育对这些能力的培养作用在AI时代越来越凸显，我们需要不同学科领域的视野和思维方式，需要有更好的提问能力和沟通能力——而这些都离不开人文通识教育（中国新闻网，2023）。

数智人文推进了翻译教育的进一步专业化和职业化，体现翻译人才培养的多元性、灵活性和自主性。一方面，数智人文让翻译专业教育更加聚焦学生核心竞争力的培养，帮助学生掌握必要的翻译能力和知识；另一方面，数智人文突破了专业的狭隘性，拓展跨学科路径，共享有利于学生成才的通识课程和模块课程，帮助学生增加相关专业知识并提高能力，综合提升思想道德素质、文化素质和心理素质，在翻译与其他领域相结合的实践中努力提高自身的通识知识和业务技能，构建互相贯通的多维发展空间，切实在各项国际交流工作中体现语言的服务功能。在弹性学制培养体系下，翻译专业学子可以自主在AI能力模型帮助之下，获取更多学习资源，规划学习路径，自由选修课程。

三、研究生翻译教学融合之道：译研并进，道器兼治

如果说本科生教育是立校之本，那么研究生教育就是强校之基。为了培养国际一流的"高精尖缺"创新人才，复旦大学实行了"卓博计划"，以本博贯通为实施路径，每年从最优秀的本科生中选拔一批有志于从事学术研究的同学，选配最优秀的导师，提供最优质的个性化培养和优厚的奖助支持，努力造就引领未来的优秀青年学者，打造复旦高水平人才培养的全优品牌。近几年，复旦研究生教育以"博英计划"为总纲，多项改革举措并行，将创新强国理想贯穿人才培养全过程，形成了学术学位和专业学位"两翼"齐飞的研究生教育新格局，在聚焦学术高度的同时拓展专业广度和深度，开创了引领研究生培养变革创新的复旦模式，体现了复旦的育人特色，实现了价值引领、知识传授、能力培养的有机统一，促进了人才培养质量的全面提升。

（一）学术学位研究生培养模式：因材施教，兼容并包

和复旦大学同龄的外文系从1997年开始培养翻译研究方向的硕士研究生，2002年

招收博士研究生，为国家培育翻译研究和教学人才。以何刚强教授为首的一批导师指导了好几百名"能译会研"的硕博研究生。开设的课程如"英汉口笔译技艺""翻译研究导论""文学翻译研究""翻译研究方法论""翻译教学理论与实践""译学理论研读""口译研究论文写作"等，既从理论层面进行提纲挈领的引介、评述，又从实践层面强调理念的落实和执行。在培养学生的过程中，何教授提倡"读原著、善思辨、厚基础、望前沿、勤笔耕"的十五字原则，培养了一批志趣爱好各不相同的学生，从研究翻译教材、科幻小说翻译史、翻译研究的哲学路径阐释、佛经翻译风格、翻译政策流变到老舍小说英译研究、学衡派翻译研究、翻译研究的折中主义及伦理视角、口译研究、规范研究和《论语》译本研究等等，体现了"宽口径、多元化"特色。何教授非常重视教学，2007年被复旦大学研究生评选为"我心目中的好老师"（十名之一），其教授的"翻译研究导论"课程被复旦大学研究生院确定为重点建设课程，何教授现还担任全国翻译专业一个系列（笔译）教材的总主编。同时，他强调提升学生的人品，强调典籍英译传递的价值引领和对人的熏陶，他带领青年教师研究《论语》海外英译全译本，获上海市哲学社会科学规划课题立项并出版专著。他从2006年起组织了八届"优萌杯"翻译竞赛，鼓舞年轻学子致力于汉英研究，提出译写策略，促进跨文化交流和国际传播，呼吁加强中国译学的基础理论研究。2011年，他被评为上海市教卫系统优秀共产党员和"创先争优"师德标兵，体现了真正的言传身教，是系训"锐意进取，追求卓越"的榜样。

在文学翻译研究领域，王建开教授专注文学翻译理论与实践、中国现代翻译史、中国文学英译研究，以课题为导向，研究"'五四'以来我国英语文学作品翻译史""英美文学作品在中国现代文艺期刊的译介研究""中国当代文学作品英译的出版与传播"，培养了一批专攻《诗经》英译、文学作品英译以及《论语》翻译的硕博研究生。王教授治学严谨，于细微处见真学问，要求学生深度挖掘史料，批判性解读并提出自己的观点。在翻译教育领域，陶友兰教授对翻译教材、翻译教师、教学方法、测试研究以及课程设置研究都有系统关注，体现在其专著《翻译教学研究》（即将出版）以及一系列国内外研究论文中，她认为关键是培养研究生三种意识（问题意识、方法论意识、创新意识）、探索三种路径（文献细读、研究方法应用、参与讨论会）、修炼三种能力（综述能力、思辨能力和沟通能力），通过"照着讲—对着讲—接着讲—领着讲—讲自己"，最终达成一家之言（陶友兰，2023）。在口译研究领域，康志峰教授基于眼动跟踪实验研究口译教学过程中学习者的心理因素及其口译效果和策略，从体认角度和认知角度对口译研究提出了独到的理论性论述。

除了课程学习和项目研究以外，翻译系不定期开设"复旦大学翻译学科博士生沙龙"，邀请国内外知名专家举办讲座，与师生座谈；开设暑期"译学前沿研究"课程，由国内外专家教授模块化课程，开放给国内外学生，就某一专题进行深度探索，已经出版"译学前沿研究"丛书多部。在整个教学过程中，翻译系在注重知识、能力的广博程度的同时，更注重学科思维训练和方法论指导（温辉、陶友兰，2022：6-7）。

（二）专业学位研究生培养模式：立德、迁思、习技、学艺

自从 2007 年作为全国第一批 15 所院校翻译硕士专业学位的试点单位之一，复旦大学在翻译专业教学实践中经历了三个阶段的摸索：第一阶段（2008—2013）偏向学术型教学，着重翻译理论、文学翻译与翻译批评教学；第二阶段（2014—2018）引入了翻译技术辅助翻译实践，重视实习基地建设，对接语言服务行业；第三阶段（2019—2024）聚焦翻译与国际传播，组织教师带领学生进行中华学术外译，加强中华文化对外传播，培养汉译外高端人才，对接国家"讲好中国故事、传播中国声音"的战略需求。在整个培养过程中，逐渐形成了"立德、迁思、习技、学艺"模式，致力于培养"有文化、善思考、会技术、懂管理"的翻译与国际传播人才（复旦大学外国语言文学学院，2022）。

立足于这一目标，复旦大学翻译硕士教师们除了言传身教之外，还通过翻译项目和课程设置对学生进行了全方位的带领和实践指导。面对国际传播新课题，申请了中宣部项目"中华文化对外传播之策略研究"，组建师生学习共同体，指导博士生研究《习近平谈治国理政》等红色翻译在域外的传播及其效果，探讨其中用典的翻译策略；带领学生阅读黄友义的专著《从"翻译世界"到"翻译中国"：对外传播与翻译实践文集》，并撰写书评，引导更多读者了解国际传播现状；师生合作翻译和审校《当代中国与世界》[①]中的高质量论文，向国际读者介绍应对国际共同问题的中国智慧和中国路径。同时，积极申请"国家社科基金中华学术外译"项目，翻译了梁漱溟编著的《东西文化及其哲学》[②]、葛剑雄主编的《中国移民史》[③]等中国哲学、中国历史等领域经典著作，以学术翻译助力传播中国传统文化。为了最大化发挥外文学院优势，学院组建了"复旦大学多语种翻译与国际传播研究中心"，召开了"科幻小说翻译与国际传播"等研讨会，在国内外核心期刊发表高水平研究论文，共同探索提升中华文化国际影响力的策略。

在课程设置上，复旦大学翻译硕士教师们注重课程思政、立德树人，在各类翻译实务课程中增加了关于习近平新时代中国特色社会主义思想、中国外交政策、中国经济政策、中国科技政策等方面的内容，在加深学生对国情和政策了解的同时，引导学生学会在面对外国受众时讲好中国故事，实现价值引领、知识传授和能力培养的有机统一。例如通过开设"联合国文件翻译""联合国会议口译专题"等课程，为毕业生胜任国际组织翻译工作提供了准备；开设"口译职业与伦理"课程，培养学生的职业素养和服务情

---

① 由中国外文局出版发行，师生合作翻译和审校了 2022 年第 2 期和第 3 期、2023 年第 1 期中的 8 篇论文。
② 该书首次出版于 1921 年，英译版入选 2020 年"中华学术外译"项目，由陶友兰主译。
③ 该书首次出版于 1997 年，2022 年出版了修订后的 7 卷 10 册新版，是目前国内外最完整、系统的中国移民通史。复旦大学翻译系教师主持翻译第 1 卷、第 7 卷。

怀；开设"典籍英译""儒家经典阅读及英译""古汉语选读"等课程，聚焦中华文化外译，进一步提高学生的古汉语水平和英语译写水平。在"翻译项目基础与实践"课上，鼓励学生去寻找与东西文化相关的双语平行文本，如艾恺（Guy Alitto）著《最后的儒家——梁漱溟与中国现代化的两难》，进行术语提取，建立术语库，并通过对齐语料建设记忆库。学生一方面通过阅读提升对中华文化的认知，另一方面又通过 Trados 等应用软件，练习使用翻译工具，为翻译实践赋能。

正因为平时的训练和引导，在 2022 年北京冬奥会期间，复旦大学外文学院顺利组织了涵盖 8 个语种、共 134 名师生志愿者组成的国际传播团队，全力服务国际体育赛事的国际传播，及时完成了新闻稿的翻译、编译和译写工作，为"讲好中国体育故事"奉献了专业智慧。

数智人文时代给翻译专业带来了机遇，也带来了很大挑战。复旦大学在翻译教育面临百年未有之大变局的情况下，坚持守正创新，继续夯实语言和翻译基本功，提升学生人文素养，积极开拓创新渠道，引入翻译技术辅助翻译实践与教学。首先，借助校外导师、行业导师和语言学教师构建翻译技术课程体系，分初级（"翻译项目基础与实践""翻译技术基础"）、中级（"语料库与翻译""英语技术写作与传播""翻译项目案例教学"）和高级（"计算语言学""语料库与 Python 应用""基于 Python 的语料库翻译"），从课程上让学生循序渐进学习翻译技术，从了解、操作、应用到研发，逐步加深。其次，购买上海一者信息科技有限公司 YiCAT 平台，为课程教学和师生的翻译项目活动提供技术和平台支持；与现有十大翻译实践基地开展合作，既请一线译员进课堂，举办系列行业讲座，将翻译行业的最新知识和技术融入课堂教学中，与学生们分享口译职场一手经历，或从客户视角出发对学生们的口译产出进行点评和答疑等，提高学生们的翻译市场竞争力；也选派学生去华为等公司实习，直接体验翻译职场的人机协同翻译模式。最后，加强翻译技术教学研究，通过校企合作编写教材《翻译技术基础》、*Becoming a Technical Writer*（《英语技术写作精要》），申请教育部产学研协同育人项目，探索机器翻译与译后编辑；在国际期刊 *The Interpreter and Translator Trainer*（《口笔译培训》）上组织《翻译技术教学》专刊，介绍中国翻译技术课程，推广中国翻译技术研究成果，促进中外技术交流，同时在《上海翻译》发表《中国翻译技术教学研究三十年》一文，总结过去，展望未来的研究和教学趋势。

在学习和教授翻译技术的过程中，复旦大学遵循"知行合一，译思并举"的原则（陶友兰，2022），提升学生的翻译技术思维能力，即译者在使用翻译技术促进翻译过程中的反思和推理能力，涉及记忆、理解、应用、分析、评估和创造等认知技能，包括技术意识、技术学习、应用和分享（Kelly, 2007; Tao, 2012; Li, 2020），以及技术评估和创造（He & Tao, 2022）。这种能力的培养可以通过"以知识为基础、以问题为导向、课堂交互学习和真实翻译项目"的课程模式实现（He & Tao, 2022: 352）。具备翻译技术思维能力，是为了能够"迁移"到其他课程学习和真实的翻译任务中。面对翻译任务，要会把"复杂的事情简单化，简单的事情标准化，标准的事情流程化，流程的事情自动化"（夏华夏，2020），从而提高翻译效率。翻译技术固然能提高翻译速度和效率，但最根本的还是译者翻译技能过硬。培养学生的译者能力是翻译硕士教育的"重中之重"。译者能力的构成要素主要包括"跨文化交际能力、翻译能力和职业能力"（Tao, 2012: 295），因此，所有翻译实践类课程设置都围绕这些能力的培养展开。例如"翻译实践讨论课""翻译批评专题""翻译教学理论与实践""口译沙龙"旨在通过讨论和对话，从不同维度激发学生对翻译的认知，通过教授翻译来增强对翻译本质的看法，提高跨文化交际能力；通过"古汉语选读""英汉互译技巧I""英汉互译技巧II""口译基础""交替传译I""交替传译II"夯实学生的双语基本功，提高翻译能力；通过"翻译工作坊（笔译实务）""文件翻译""口译实务""联合国模拟会议口译"提升学生的职业能力。所有这些能力都在"翻译概论"和"MTI论文写作"中得到综合锤炼。译者能力的培养是具有渐进性的，需要教师大量的投入和引导，特别要保证任务不仅要真实，而且要行得通，不要挫伤学生的积极性，而且，以高阶思维能力为核心的译者能力是发生在较高认知层次上的心智活动，学生需要学会思考。

翻译还是一门艺术，需要想象力和创造力。作为翻译者，"要以艺术修养为根本：无敏感之心灵，无热烈之同情，无适当之鉴赏能力，无相当之社会经验，无充分之常识（即所谓杂学），势难彻底理解原作，即或理解，亦未必能深切领悟"（傅雷，1979：120）。因此，即使专业学位强调应用型翻译实践，但在培养学生的过程中不能少了文学和文化的熏陶，"学艺"是保证人类翻译有温度的源泉。在课程设置上，翻译学子不但可以选修英文系的英美文学和文化课，而且还能通过八大语系"拼盘式"的"外国文学十五讲"课程开阔国际视野。此外，"比较文学和翻译""文学翻译""中西文化比较"也是必修课，为文学翻译爱好者提供了自由发挥的空间。更重要的是，复旦大学7大通识模块课程、2500多门各类选修课，还有各种文艺社团，都是培养翻译学子想象力和创造力的园地。

以上是复旦大学翻译专业研究生培养之道，旨在"让学术的更学术，让专业的更专业"。同时，复旦大学与英国埃克塞特大学、美国蒙特雷国际研究院创建了"1+1"的双硕士国际化项目，积极探索翻译专业人才培养的国际化维度和翻译与跨文化交流人才培养的新通道，从而培养出更好理解中国、有效沟通世界的新时代翻译人才。

不论是本科生教育还是研究生教育，复旦大学翻译专业基本上都做到了五个结合——理论与实践相结合、教学和研究相结合、课程与教材相结合、学术与应用相结合、人文传统与现代技术相结合，力求实现学界、译界和业界相融合。但是，对标国外大学的翻译教育以及行业标准，还需要增加有特色的翻译课程，加强理论前沿的创新研究，加快研发翻译技术，将其融入课堂教学和翻译实践，让人工智能赋能翻译教育。

四、结语

"日拱一卒，功不唐捐。"经过多年的摸索和不懈努力，2019年在北京外国语大学国家翻译能力研究中心发布的"中国大学翻译能力指数"中，复旦大学翻译专业名列第三，位列全国综合性大学之首。2022年，翻译专业本科项目入选"国家级一流本科专业建设点"，翻译硕士专业学位项目在全国翻译硕士专业学位评估中获得A的好成绩，翻译系申报的"我国翻译专业学位研究生教育融合体系新探索"获得上海市优秀教学成果二等奖。

在人才培养上，复旦大学外文学院多年来为国家输送了一大批翻译专业的毕业生，他们活跃在联合国、外交部等国内外重要组织、部门、高等院校和世界500强企业。但是，"人才培养首先要聚焦国家发展战略，满足国家各项事业急需的人才，也就是要面对实现我国第二个百年奋斗目标来设计如何满足翻译人才需求"（黄友义，2022：15）。因此，在"大格局、大外语、大融合"的当下和未来语境中，复旦大学翻译人才培养还需要在"多学科、模块化、政产学研一体化"机制下拓展新方法、新思路，借助政府、企业、学界和译界等多方力量，积极探索翻译智慧教育的线上线下混合模式，针对翻译行业的"数字化""技术化""职业化""国际化"等特点，积极构建翻译人才的多元融通和国际化培养体系，"努力培养服务国家国际化发展战略、适应新时代语言服务行业发展需求的复合型翻译人才"（赵朝永、冯庆华，2020：18），让学生们做到"手中有术、心中有道"，切实增强他们未来与世界沟通对话的能力，促进中外文明交流互鉴，助力中国开放发展和人类共同进步，构建"美美与共"的人类命运共同体。

参考文献

He, Y. & Tao, Y. L. Unity of Knowing and Acting: An Empirical Study on a Curriculum Approach to Developing Students' Translation Technological Thinking Competence. *The Interpreter and Translator Trainer*, 2022(3): 348-366.

Kelly, D. Translator Competence Contextualized, Translator Training in the Framework of Higher Education Reform: In Search of Alignment in Curricular Design. In Kenny, D. & Ryou, K. (eds.). *Across Boundaries: International Perspectives on Translation Studies*. Newcastle: Cambridge Scholars Publishing, 2007: 128-142.

Li, D. F. Translation Technology Competence Development: A Competence-based Approach. [2020-07-01]. http://ke.qq.com/webcourse/index.html#cid=2262616&term_id=102365628&taid=8721197384762968&vid=5285890801373630446.2020.

Tao, Y. L. Towards a Constructive Model in Training Professional Translators. *Babel: International Journal of Translation*,

2012(3): 289-308.

复旦大学本科教学工作审核评估网. 什么是 2.0 版本的复旦大学通识教育？——专访复旦大学通识教育中心主任孙向晨. (2018-10-01)[2023-12-15]. https://fdpg.fudan.edu.cn/6d/4e/c14659a159054/page.htm.

复旦大学外国语言文学学院. 翻译系"我国翻译专业学位研究生教育融合体系新探索"荣获 2022 年上海市优秀教学成果二等奖. (2022-11-07)[2023-12-17]. https://dfll.fudan.edu.cn/54/9f/c27750a480415/page.htm.

傅雷. 论翻译书. 读书, 1979（5）: 119-121.

何刚强. 本科翻译专业建设理念摭谈. 当代外语研究, 2012（2）: 40-42.

何刚强. 彰现特色, 知行并举——本科翻译专业教材编撰应处理好五个关系. 上海翻译, 2013（2）: 42-45.

黄友义. 开设专博教育: 翻译人才培养迎来崭新时代. 中国翻译, 2022（6）: 14-17.

潘文国. 文章学翻译学刍议//汪榕培, 郭尚兴. 典籍英译研究（第五辑）. 北京: 外语教学与研究出版社, 2011: 2-10.

申连云. 中国翻译教学中译者主体的缺失. 四川外语学院学报, 2006（1）: 136-140.

陶友兰. 知行合一, 译思并举: 人工智能时代的翻译项目案例教学. (2022-05-10)[2023-12-17]. https://sati.dlufl.edu.cn/info/1085/3565.htm.

陶友兰. 切问近思, 跨界创新: 新时代博士生培养之管见. (2023-11-09)[2023-12-17]. https://graduate.shisu.edu.cn/b0/cd/c14936a176333/page.htm.

汪蒙琪, 李怡洁, 丁超逸. 十年, 持续探索如何培养掌握未来的复旦人. 复旦校报, 2022-10-28（5）.

温辉, 陶友兰. 翻译教师成长路径研究——专访复旦大学外文学院陶友兰教授. 语言教育, 2022（2）: 3-11.

巫璨, 陈思弦. 2+X, 一片充满宝藏的蓝海. (2022-09-01)[2023-12-15]. https://m.thepaper.cn/baijiahao_19700026.

夏华夏. 美团无人配送部总经理夏华夏演讲: 从技术细节看美团架构. (2020-12-09)[2023-12-15]. https://blog.csdn.net/s2603898260/article/details/110943337.

徐雷. 落实立德树人根本任务 建设"复旦本科"一流品牌. (2020-12-21)[2023-12-17]. https://wap.xinmin.cn/content/31868547.html.

赵朝永, 冯庆华.《翻译专业本科教学指南》中的翻译能力: 内涵、要素与培养建议. 外语界, 2020（3）: 12-19.

中国新闻网. 人工智能发展驶入"快车道"专家: 通识教育应重视培养学生可迁移能力. (2023-07-10)[2023-12-17]. https://www.chinanews.com.cn/gn/2023/07-10/10040123.shtml.

仲伟合. 筚路蓝缕勤为径 译海航标立潮头——我为翻译教育鼓与呼. 外语界, 2018（6）: 2-6.

（特邀编辑: 王娅婷）

翻译理论这 40 余年

林克难*

摘　要：改革开放 40 余年来，中国出现了两次翻译热潮，即 20 世纪七八十年代的外汉翻译与 21 世纪的汉外翻译。翻译理论，无论是中国翻译理论，还是外国翻译理论，都发挥了不可替代的重要作用。本文重点总结分析了这两次翻译热潮中翻译理论研究、应用与创新中的问题，即翻译有没有理论，如何学习翻译理论，以及翻译理论中西结合，提出了翻译理论研究应该创建针对每种具体体裁的唯一性理论的观点。

关键词：翻译理论；中西结合；普适性；唯一性

Title: Translation Studies in China over the Past Forty-plus Years

Abstract: The past forty-plus years of the reform and opening-up witnessed two upsurges of translation in China, firstly from other languages into Chinese in the seventies and eighties of the 20th century, followed by translation moving in the opposite direction in the 21st century. Translation theories, Chinese and overseas, have played an irreplaceable part in both upsurges. This article focuses on analyzing the problems found in these two translation upsurges in the field of translation theory study, its application and innovation, represented with the questions of whether there are translation theories, how to study them as well as the ways to integrate Chinese and Western translation theories. The article concludes that translation studies should be directed towards the research and founding of a unique theory for each particular genre of translation in future.

Key words: translation theory; integration of Chinese and Western translation theories; universality; uniqueness

　　笔者 1979 年拜在金隄先生门下学习翻译，于是便开始接触翻译理论。40 余年来，中国经历了两次翻译热潮。第一次翻译热潮是在改革开放之初。此时中国刚经过"文化大革命"，百废待兴，迫切需要从国外引进新技术、新观念。翻译，主要是外译汉，在这个过程中发挥了不可取代的重要作用。随着翻译热潮而来的是翻译理论研究的蓬勃兴起。当时国人对外国翻译理论表现出相当浓厚的兴趣，引进了一大批外国翻译理论，为指导翻译实践起到了积极的作用。进入 21 世纪以来，随着国际形势的变化，特别是中国国际地位的提高，第二次翻译热潮自然地掀起了。这次翻译热潮有着大方向上的变化，从"引进来"变成了"走出去"。翻译内容主要包括中国文化，以及党和国家的治

---

*　作者简介：林克难，天津外国语大学英语学院教授。研究方向：翻译理论与实践。电子邮箱：kenanlin@163.com。

国理政的理念及做法。同第一次翻译热潮一样，第二次翻译热潮同样伴随着翻译理论研究的勃兴。同第一次翻译热潮不一样的是，这次理论研究开发的重点表现在创建中国特色的翻译理论方面。

40 余年来，翻译在中国改革开放中所起的作用有目共睹。但是，国人对于翻译理论的认识却莫衷一是。在第一次热潮中，国人对翻译理论信者有之，不信者有之；赞美者有之，贬低者有之；认真研究者有之，随意发挥为我所用者有之。国粹者疾呼，还是"信达雅"好；而有的人认为，外国理论也有值得学习借鉴的部分。进入 21 世纪以来，更是掀起了一股创立中国翻译理论的热浪，以争得中国在世界翻译理论界的"话语权"，似乎再也听不到怀疑翻译理论的声音了。但是，新时期的翻译研究出现了一些值得注意的新问题。回顾这 40 余年中国引进、运用西方翻译理论，包括学习翻译理论，探索理论如何与实践结合、中西古今翻译理论如何融合，再到如今争先恐后创建中国特色翻译理论的过程，特别是思考这些努力成败得失背后的原因，是件很有意义的事情，可以助益翻译专业学生与研究翻译的学者知晓中国研究翻译理论的历史，进一步推动翻译理论研究的深入，让翻译理论更好地指导翻译实践。

关乎翻译理论存亡的首要议题是做翻译到底有没有理论。1979 年，国内许多人认为翻译是没有理论的，只要精通对译的两种语言，就能做好翻译。不但中国人不相信翻译有理论，外国不信翻译有理论的也大有人在。其中竟然就有笔者的老师——知名英国翻译家闵福德（John Minford）先生。闵老师不但当时不信，直到 40 余年后仍然坚持翻译没有理论的观点。笔者是笃信翻译有理论的，特别是语言学翻译理论。这不只因为翻译理论是金隄先生制定的研究生必修课程，还因为笔者之后在翻译实践中，越来越深刻地体会到翻译理论对翻译实践的实实在在的指导作用。这点留待后文详述。我们当年在课堂上常常与闵老师发生激烈争论。我们说，你与岳丈大卫·霍克思（David Hawkes）提出的"解释性翻译"（interpretive translation），其实就是尤金·奈达（Eugene A. Nida）总结出的"动态对等翻译"（dynamic equivalence translation）。当时，我们没有能说服闵老师，当然，闵老师也同样没有能说服我们。对于翻译有没有理论的问题，金隄先生在不久以后出版的专著中一针见血地指出了其中的要害。金隄先生说："All translators, whether consciously or unconsciously, base their work on certain theories of translation."（所有译者的工作，都有意识或无意识地基于某种翻译理论。）（Jin & Nida, 1984: 15）从这个角度分析，闵老师与他的学生的分歧，关键不在翻译有没有理论，因为实践中双方动手翻译起来都有一定之规。不同之处在于，一方是有意识的，而另一方是下意识的。

如果认为翻译是需要理论的，那么接下来的问题是应该全面准确地理解某一种翻译理论，而不是望文生义，依照自己的认识或需要去随意曲解，为我所用。望文生义这个问题在学习应用中国翻译理论中尤为突出。正如金隄先生指出的，每个译者都有自己的

"理论"，中国之所以出现曾在一段时间内只有"信达雅"一种理论的现象，是因为不少译者都认为一种理论就够了，即使自己有不同于"信达雅"的观点，也会自觉或不自觉地尽量地往"信达雅"上靠拢。这种一论统天下的情况出现的原因比较复杂，有历史与文化方面的多重因素，留待后文细述。

与翻译有没有理论密切相关的是，英汉翻译要不要用外国理论，外国理论有没有用？回想起40余年前笔者学习西方翻译理论，学习奈达、约翰·卡特福德（John Catford）以及其他人的翻译理论的时候，总能听到一种声音，说汉语是象形文字，英语是拼音文字，西方翻译理论只适合拼音文字之间的翻译，并不适用于涉及象形文字汉语的汉英翻译。这种观点似是而非。西方翻译理论，特别是建立在语言普适性基础之上的语言学翻译理论，能够反映出语言的本质特点，因而是普遍适用的。这里举一个简单的例子来说明西方翻译理论在汉英翻译中的作用。近来，"争夺话语权"呼声日盛，这个策略无可厚非。但是，在这样做的时候，必须首先考虑语言的本质特点，就是卡特福德（Catford, 1965: 35）说的：意义是无法跨语传达的（that "transference of meaning" occurs in translation is untenable）。英文有英文的意思，俄文有俄文的意思，任何一种自然语言都有自己一套独特的意思。比如国内有学者主张"窜访"应该翻译成"toutvisit"，"大国"应该翻译成"major country"，等等，这样的主张，其初衷无可指摘，但却是违反语言的本质特点的。从根本上说，我们是要在英语中另外创造出一个以中文为基础的语言系统，而不是在英文系统中通过其他方式，比如解释，来婉转地传达中文意思。后者的结果很可能是事倍功半，欲速则不达。

学习翻译理论另一个重大的课题是学习方法，即如何去认识与学习一种翻译理论。中国译界出于历史的原因，慢慢地形成了一种崇拜权威的习惯。以翻译理论为例，很长一段时间里，中国人似乎相信只有一种翻译理论，那就是"信达雅"。仔细分析下来，造成这种局面的根本原因是对于"信达雅"这三个字的随意诠释。明明有一百种针对不同文体、不同读者、适用于不同时代的翻译对象的翻译理论或观点，但它们都自觉或不自觉地往"信达雅"上靠，最终汇成了一个声音：还是"信达雅"好。事实上并非如此。信，本来的意思是达旨，是严复根据当时的具体历史情况提出的主张，即翻译的目的是将原文的主要意思传达到对西方一无所知的士大夫那儿去，在字面上与原文有所出入，不但允许，而且是必不可少的手段。有意思的是，"信达雅"在文学翻译界引起过激烈的争论。因为正如老舍（1984: 131）所言，"文学作品的妙处不仅在乎它说了什么，而且在乎它是怎么说的"。这显然与"信达雅"中的信或曰达旨的目的、对象都是不一样的。毕竟严复的"信达雅"说到底是针对社科翻译的，与文学翻译无论是目的还是手段都是大异其趣的。好在即使是在当时，也有许多读者提出了不同的看法，金隄即其中的杰出代表。金隄（1989: 5）先生旗帜鲜明地指出："因此我认为中国的翻译学无须用一个体系一天下，可以允许以至鼓励不同学派同时发展，真正造成百家争鸣的局面。"在金隄先生的教导与影响下，笔者一直认为，各种不同文体的翻译，自有各种不同的时代、对象与目的。每一种文体应该而且必须有各自的翻译标准。于是，在金隄先生的鼓励指导下，经过多年的观察、实践，笔者提出了应用翻译的标准"看易写"。值得指出的是，中国译界的这种崇拜权威的习惯，也出现在对待外国译论的态度上。奈达的动态对等理论引进中国后，不久就出现了所谓"言必称奈达"的现象。

40余年过去，时过境迁，翻译无理论的观点成了历史。与此相反，"翻译只有理论"的观点成了时代的潮流。这里面，有许多客观条件促使这种现象产生。一是经过长时间的争论，译界对理论重要性的认识有了明显的提高。二是研究生特别是博士研究生教育有了大的发展，译界的理论意识与理论水平有了质的飞跃。三是"争夺国际话语权"的呼声日益高涨。中国翻译蓬勃发展所取得的成就有目共睹，就不在这儿细说了。笔者只是想吹毛求疵，说说大好形势下一些值得注意的趋势，以期翻译理论研究更加健康地发展。

当前翻译理论研究的一个突出问题是理论与实践脱节。这个现象的出现，拙作《论翻译理论的唯一性与普适性》中有比较详细的分析，恕不赘述。笔者认为，翻译是一种实践性很强的学术活动。理论主要是从实践中总结出来的规律，并反过来用于指导实践。宏观的理论或曰普适性理论可以有，但应该是少数。现在，到处都是宏观理论，而且以没有翻译实例作为高质量论文的硬指标。这是不正常的，因为这违背了翻译的本质特点。造成目前翻译理论研究与翻译实践脱节的另一个重要原因是，几乎每个论者认为自己的翻译理论是普遍适用的。笔者以为，我们"必须充分认识一些有影响的翻译理论的唯一性特点，认真思考，拒绝盲从。敢于结合自己所从事的翻译的特色，总结经验，创造出具有鲜明时代特色的翻译新论来"（林克难，2017：11）。笔者的主张一向是，绝大多数翻译理论应该是唯一性的（unique）而不是普适性的（universal）。就连大家奉为"神明"的"信达雅"也并非适用于所有翻译，而是针对社科翻译的，特别是清末民初那个特殊年代的社科翻译。翻译理论研究的大方向应该是通过翻译实践，创造出针对某一种体裁有着直接指导作用的翻译的理论，比如可以指导公示语翻译的"看易写"。最近，提出翻译理论宏观、中观、微观论的方梦之（2023）对当前出现的66种所谓的翻译理论做了引用率调查，发现相关文献中没有任何人引用下载的占了绝大多数，只有四五种理论的相关文献的引用率超过了两位数。这个调查结论从另一个角度反映出当下一些宏观的纯理论严重脱离翻译实践的事实。

接下来的一个问题是如何看待西方翻译理论以及中西方翻译理论如何结合的问题。同40余年前完全不一样，如今中国翻译界似乎对西方翻译理论采取了不屑一顾的态度。如果说，40余年前，中国译界有人对大量引进西方译论心存不满，愤愤然提出"还是'信达雅'好"，那么如今这些人似乎想说"世界上唯有'信达雅'好"了。这里的"信达雅"泛指中国的所有翻译理论。应该说，这两种态度都是失之偏颇的。中国的翻译理论有着悠久的历史，更有强大的中国文论作为坚强后盾，这是值得自豪的。但是，中国译论的不足也是很明显的，比如，缺乏科学依据，标准过于宽泛，很难用于指导具体的翻译实践，操作性不够强。有人总结中国翻译理论有"评点式、印象式、随感式"的不足，这个评价今天仍然适用。对此笔者自己有着亲身体验。40余年前，笔者学过翻译教程，觉得"信达雅"不错，教科书中的译例更是令人叹为观止。但是到了自己动手翻译时，仍然是不知如何下手。如今，这种情况并没有大的改善。比如，译界有人提出翻译的境界说，曰"译意、译味、译境"。如果拿一篇译文请教学界该文达到了哪种境界，恐怕连建立起了这套学说的理论家也未必说得清楚。说清楚了，别的学者恐怕也未必认可。而西方翻译理论是建立在语言学或其他某种与语言科学相关的科学的基础之上的，而翻译涉及的世界上任何一种自然语言都是建立在普适性的语言规则上的，无一例外。这为科学地解释翻译现象、指导翻译实践提供了基本条件。举一个例子，无论是严复的"信达雅"，还是认为翻译没有理论的闵福德提出的"解释性翻译"，都可以从表层深层结构关系找到理论根据，并据此做出比较完美的解释，从而指导自己的翻译实践。今天，我们还是应该继续认真地向金隄先生等坚定走中西结合的前辈学习，继续走中西翻译理论相结合的道路。只有拥有文化自信的人才有胆量去走中西结合的道路，非但不会害怕在结合中丧失自我，反而会坚信能够在结合中彰显中国文化的魅力。

综上所述，中国的翻译理论研究走过了漫长曲折的道路，中国的翻译事业在理论的指导下取得了长足的进步。今后，根据以往的经验，我们还是要坚信翻译是有理论的，坚定地走翻译理论中西结合、中外借鉴的康庄大道。翻译理论，无论中西，在改革开放后的英汉双向翻译中都起到了不可替代的作用。如今世界形势发生了翻天覆地的变化，在中华文化"走出去"的形势下，以汉译英为主的翻译事业也一定会取得更大的成绩。

参考文献

Catford, J. C. *A Linguistic Theory of Translation.* Oxford: Oxford University Press, 1965.

Jin, D. & Nida, E. *On Translation: With Special Reference to Chinese and English.* Beijing: China Translation and Publishing Corporation, 1984.

方梦之. 跨学科创学之成败得失——66种跨学科的翻译学鸟瞰. 外国语, 2023（2）: 79-87.

金隄. 等效翻译探索. 北京: 中国对外翻译出版公司, 1989.

老舍. 谈翻译//《翻译通讯》编辑部. 翻译研究论文集（1949—1983）. 北京: 外语教学与研究出版社, 1984: 130-132.

林克难. 论翻译理论的普适性与唯一性. 东方翻译, 2017（3）: 8-11.

（特邀编辑：石亚珺）

中国译论要走向何方?

——以《中国翻译话语英译选集(上册)》为例

蔡新乐　　胡其维*

摘　要: 中国翻译研究不重形而上思想提升,并认定佛经译论才是译论史的开始,如此造成中国译论 "无家可归",在张佩瑶《中国翻译话语英译选集(上册): 从最早期到佛典翻译》(2010)之中复遭后结构主义的 "解构": "译论"被改作 "话语",Chinese 被视为一种 "建构",老子之 "道"也被认定为 "无中心"。而《礼记》"通志达欲"之经典界定,业已明确 "通"之 "心心相印"之求,鸠摩罗什之偈复述 "明德"之意,徐光启和杨廷筠等以 "同文"之思,张扬儒家 "大同"思想,严复 "信达雅"则再续其修身求取仁道之学之于译学的要义。这一切历史事实可以说明,在传扬 "仁爱"的儒家那里,才寄寓着一个 "主情"文化的译论的未来。

关键词: 儒家; 心; 译论; 译史

Title: Where Should the Homeless Chinese Translation Theory Go?—With *An Anthology of Chinese Discourse on Translation (Volume 1)* as an Example

Abstract: Having not paid attention to its own metaphysical elevation, Chinese translation studies pinpoint the emergence of Buddhist translation theory as the beginning of Chinese translation theory as a whole, thus making its homelessness a serious problem. It becomes worse when *An Anthology of Chinese Discourse on Translation (Volume 1: From Earliest Times to the Buddhist Project)* (2010) edited by Martha P. Y. Cheung, letting the deconstruction of post-structuralism play its part, turns "theory" into "discourse", takes "Chinese" only as a "construction", and identifies the Dao of Laozi as "centerless". As a matter of fact, ever since *The Book of Rites* defined translation as "the communication between human hearts", it has been made clear by the Ruists that the pursuit of translation lies in that kind of communication, and that translators and thinkers in the following generations abide by the doctrine in that, first, Kumārajīva inherits "sun-mooning the sun-mooning virtue" of the school, and second, Xu Guangqi, Yang Tingyun and other scholars advocate its ideal of the "same script", and third, Yan Fu, in his "standing-by-the-word", "reaching-the-heart" and "the proper-ing", goes on along the way to hold high its flag in "making the man". All the historical facts concerned show that only Ruism that upholds *Ren* can be inhabited by the future of the translation theory of a love-oriented culture.

Key words: Ruism; heart; translation theory; translation history

*　**作者简介**: 蔡新乐,博士,深圳大学特聘教授、博士生导师。研究方向: 文学理论、翻译学。电子邮箱: xinlecai@163.com。胡其维,南京大学外国语学院博士研究生。研究方向: 翻译学。电子邮箱: hhuqiwei@163.com。

一、问题的提出

本文试图提出，中国译论之源在于儒家思想。译论之源头之思，可在四个维度或指向展开。（1）某一（些）小传统对译事有所关注，进而形成某种理论论说。这样的论说，初不为人所重，后世学者别有会心，而见其针对性。（2）起自佛经翻译的讨论、批评之中。有关议论尽管是针对佛经翻译的反思和分析，辨别优劣或正误，但能对一般译论产生启发或指导。（3）由从业者对译事的反思、讨论而引发，即他们从实践出发，探究它的规律和技巧。此即所谓理论出自实践，有关协商、争执和归纳，日渐系统化。（4）诸如儒、道、法诸家论及有关思想和观念，被后世汇总成为专门的系统译论论述。

学界或将对译技的讨论和论述置于译论中心，或将西方译论视为唯一的理论形态。一方面是"以实践为导向"而驱逐思想，另一方面则是"以他者为依据"而自我驱逐。于是，有关探讨始终拒斥形而上的发挥，译论之求索早已成为无本之木、无源之水。中国译论的探究，目前仍处于这样的"无家可归"状态。

若像《中国翻译简史——"五四"以前部分》第一章标题"从周朝到东汉桓帝前的翻译活动"（马祖毅，2004：1-17）之所示，译史重在"活动"的描写，便不会突出对思想源头的追溯。若像《中国译学史》第一章"中国古代的译事及论说"第一节"最早的译事及零星论述"（陈福康，2010：1-5）所认定的，中国早期只有"零星论述"，当然也就很难看到译论其来有自而自成系统。实际上，学界普遍认同的，乃是《中国传统译论经典诠释——从道安到傅雷》之所论，即译论应从道安写起（王宏印，2017：1）。那么，这便将有可能是在暗示甚或明示：中国译论，其思想源头应是印度佛教？ [①]

这不仅是一个重大的历史问题，而且也是一个现实性极强的学术问题："无家可归"的中国译论究竟要走向何方？

本文以《中国翻译话语英译选集（上册）：从最早期到佛典翻译》（后文简称《选集》）为例，来试图回应这个问题。要说明的是，我们认同此著乃是"中国翻译话语进入国际翻译研究舞台的重要里程碑"（白立平，2010：iii）的判断。但我们同时也认为，以后现代思想为治学思路，颠覆"中心"，会直接威胁到对中国译论思想之源的探索。[②]因而，我们有必要认真反思，以为辨正。本文在对这方面的问题进行分析之后，通过图表来显示此著所选条目的偏差，进而透过对译史的追溯来印证儒家思想的要义。

---

① "古印度人无历史意识、无历史观，也无史著。希腊文化则是反历史（antihistorical tendency）的"（龚鹏程，2006：140）。以此观之，不论是译论之中的西化，还是译史自佛经译论写起的倾向，都是对中华文化深深植根于历史的意识和观念的严重忽视或无视。

② 目前为止，只读到黄忠廉等（2022：92）在并非专论的文章中提及，此著"所用术语框架基本源自西方"，但未见申论。

二、以福柯为理论框架：先秦思想大受蒙蔽

（一）中国译论的"通天"指向和"生生"大义

《选集》的一个非常严重的问题是，坚持福柯"话语"思想，将"中国翻译理论"更改为"中国翻译话语"（Chinese discourse on translation）（张佩瑶，2010：1）。

首先，这是不明"译论"之为"译论"之意的结果。依《礼记·王制》中"五方之民，言语不通，嗜欲不同。达其志，通其欲，东方曰寄，南方曰象，西方曰狄鞮，北方曰译"（郑玄、孔颖达，1999：399）这一经典界定，"译"等所为之事，先秦时期已定其旨在"通达"，后世从之。如钱锺书所指出的，"译者"被称为"通事"，"尤以'通'为职志"（钱锺书，1990：374；钱锺书，2001：820）。由此可见，"通"即"译"，"通乎于心"，成就"译事"。因而，不当以先秦时期很少有人提及"译"字，就贸然认定那时的译论乃是"其高度发展的伦理、美学和物质文化（之中）的盲点"（张佩瑶，2010：44-45）。

惜乎，尽管此著收录此一界定（条目24）（张佩瑶，2010：45-46），但编者对"志""欲"二字似并无会心。此二字清楚地告知世人：使人"心之所之"与"情之应[合]"①，以相互"通达"，才是"寄、象、狄鞮、译"诸译官的职责所在。此一界定突出的是，译者的天职便是确保人类"心心相印"的交流。这一点，对于我们把握传统翻译观极其重要。应该强调，这绝不是能以"言意关系"为准来判定的。换言之，中国古人的翻译始终立足于"心灵的交流"，跨越一切障碍，直至"心心相通"。而且，这样的相通，是"天人合一"宇宙观之下的相通：只有在天道之仁的感染和滋润下，人心才可彼此通达。因此，儒家经文《礼记》点明译官的职责，而对此职责的说明，是以天人相合为判断标准的。

"以人心体天心，以人道证天道，从而以人合天，天道与人德合而为一。"（龚鹏程，2006：109）这便是天人合一的主旨，可见天人之"通"之要。而且，这也体现了儒家"万物出于内在的本性自动地趋向于一个目的"（龚鹏程，2006：104）之仁德这一理想。《庄子·天下》将之描述为"以天为宗，以德为本"（王先谦，1954：215）。

人心通天，故而，夫子自道"下学而上达"（《论语·宪问》）（何晏、邢昺，1999：199）。"达"与"通"同义。夫子称，他欲通过在人世间对圣人之教的领会和修习，而

---

① 荀子云："欲者，情之应也"（王先谦，1988：428）。

通乎于上天。这种追求，也是"绝地天通"①以来所有国人的理想：只有在天人相合所规定的人间秩序的基础上，求得与上天的彼此通达，才谈得上生存的价值。尽管那极其神秘，但其中却寄托着一代代人莫大的希望。有了天人之通，才会有人与人之间的相通：人事之通，正建立在天人之通的基础上，并为之所塑造、所制约。可以说，无此意识，中国译论便无以立足。

其次，中国人依循天人相合之理，体现的乃是"天行健，君子以自强不息"（《周易·乾卦·象传》）的精神，即试图通过对"天"的仿效，而见人间至善。②而这样的"至善"当然亦是以天道之仁为本而付诸一言一行之中的。我们今天仍在说"不忘初心"，此即儒家"学而时习之"（《论语·学而》）（何晏、邢昺，1999：1）之"学"，亦即"明善而复其初也"（朱熹，1983：47）之意向。

因此，编者或不知晓，若将"言意关系"局限于人与人之间的交流，也就是，将"言"视为人类语言，再将"意"确认为这样的具体情景下语言的运用之中生发出的意义，那么，这与先秦的主导思想不能一致。实际上，正是在天人相合的框架下，孔子才感叹："天何言哉？四时行焉，百物生焉，天何言哉？"（《论语·阳货》）（何晏、邢昺，1999：241）"天地之大德曰生。"（《周易·系辞下》）（王弼、孔颖达，1999：297）天不言，但自有其大言：这样的无言之大言，却可以在"四时的循环不已"和"万物的依序而生"之"生生"（《周易·系辞上》）（王弼、孔颖达，1999：271）的生机、生意之中，现出其永恒而又不息的价值。因而，这样的"言"作为"言之大者"，才是寄托"人言"的根本力量之所在，因而，对"言"的理解，不能满足于人与人相往还过程中的"出言之说论"和"话语"。③

（二）福柯的"话语"：对Chinese和老子的解构，后现代的思想的不通及其问题

编者既并不明了儒家思想导向，也就不能把握如何站在中华文化立场来确立其分析

---

① 《尚书·周书·吕刑》："乃命重黎，绝地天通，罔有降格。""绝地天通"乃是中国史前在思想上的重大事件，先秦和汉时思想家都对之极为重视。《国语·楚语》和《左传·昭公二十九年》亦加以记载并进一步解释，《史记·太史公自序》全录《国语·楚语》之文，扬雄《法言》专立《重黎》篇，王符《潜夫论·志氏姓》合众说论之，形成"先秦至汉古籍中对重黎的最后一综合性叙述"（顾颉刚、刘起釪，2018：2060-2065）。可将之视为先民试图规划社会秩序的努力的一种表达：如何克服"天地之间的隔绝"的状态，重构天人相交之"道"，领受并推广天道之仁的赐予，一定是一种伟业，可谓善莫大焉。因而，此一事件意味着"中华民族共同体意识的构建"的起始（详见：王瑞萍，2020），其中也含有"中国式宗教的尺度"（详见姚新中秋，2022）。

② 这方面的榜样，在孔子看来，应是尧帝，所以，他盛赞道："大哉，尧之为君也！巍巍乎，唯天为大，唯尧则之。荡荡乎，民无能名焉。巍巍乎，其有成功也。焕乎，其有文章。"（《论语·泰伯》）（何晏、邢昺，1999：106）

③ 《周易·系辞上》之所以说"默而成之，不言而信，存乎德行"（王弼、孔颖达，1999：293），其意在于，如何效法天道之仁而打造内心世界。因而，"不言"却可通过对天道的效法，而得"人依大言而立"之"信"，坚守之，则无所不信。此亦可见，人言之"言"主要应是"天（之无）言"之"言"的人间化，或曰经由心灵世界的锤炼而自发的"言"。《周易·系辞上》有言："子曰：'书不尽言，言不尽意。'然则圣人之意，其不可见乎？"（王弼、孔颖达，1999：291）应从这一思路去理解，此著亦收此条目（条目12），但其致思之路却是"言意关系"（张佩瑶，2010：33）。

框架。她所做的是，依福柯"话语"之论以期成说：

> 傅柯[①]认为，语言文字并不是中性而是渗透着意识形态的（即大家可能意识不
> 到，甚至是习以为常的价值观，各种假设、信条等，而这些都会影响我们的思想、
> 行为和生活）。语言可以是不同的意识形态彼此之间的角力、交锋、争权、夺权、
> 去权或弄权的场所，因此语言与权力关系密切。而语言与知识的关系，也远比我们
> 想象的复杂。语言并非传达或表述知识的透明工具，而是意识形态的载体，能够形
> 成人们对外在世界的一种特定认知模式，也控制着从这个认知模式衍生成的知识领
> 域（epistémé，即知识范畴），而傅柯就是用"话语"一词来突显他这些观点。可以
> 说，"话语"就是指或明或暗地流露着意识形态的语言或文本。（张佩瑶，2004：7）

这种论说不仅与中国译论并不相应，而且，还会因福柯本身的问题而引人误入
歧途。

第一，福柯乃是尼采的追随者。尼采（2018：6）云"上帝死了"，福柯称"人死
了"[②]。此说一会导致"译者主体"或"翻译主体性"之无可言说；二会使我们不知如何
判断，究竟该以什么样的标准，来衡量所做之事的合理性，因为在尼采那里，"上帝死
了"的意涵便是终极的判断标准不复存在。如果说，那是"理念天国"的"标准"，"人
死了"则意味着"人间标准"随之烟消云散。

第二，即令福柯的思想是行得通的，其"话语"之说也并不一定对中国译论有适用
性。这是因为，如上所述，中国传统译论自具特色，其重点在于，如何以天道之仁转
化人心。若是这样的思想之源不受重视，译论便会丧失基础。而福柯是"后结构主义"
者，具有特定的"解构"倾向。[③]因而，他像德里达那样，也会认为，任何一种"结构"，
其"中心"都在这一"结构"之外，是人为的和虚构的（详见下文）。如此，"译论之思
想源头"若是作为其"结构"的"中心"，依此视之，不是已经被"解构"了吗？

第三，值得注意的还有，福柯倡导的是"意识形态"为主导的"话语"。他声称：
"话语事件定义的不是真实的沉重存在，也不是词语的常规用法，而是客体的秩序。"

---

① 即福柯。
② 德勒兹（2000：133）强调："福柯的权力，如同尼采的权力……一切形式皆是力量的复合……这更是福柯关于人的消
　亡的全部主题，是他与尼采的超人的联系。"而福柯（Foucault, 1972: 55）则自称："话语不是对一个思考的、认识的、
　说话的主体的隆重展示和显现，而是相反，话语是一个整体，其中主体的消散及其与自身的不连续性也许得到确定。"
③ "后结构主义"并不一定是"解构主义"，但是，二者都具有相应的"解构"倾向。此著的导读提及"'话语'是福
　柯等解构主义学者常用的字眼"（白立平，2010：iv）倒是直接点明福柯的"解构"取向。导读还特地指出，在条目
　63 中，"张教授在评述中也与解构主义的观点相参照"（白立平，2010：vii）。由此亦可见，编者并没有注意"现代"
　与"后现代"截然相反的理论取向，而解构主义作为后现代的一大思潮，其对一切"解构"之"建构"的消解和颠覆，
　会造成人"无话可说"。因为，一切言说，必然是"逻各斯（中心主义）性"的，否则人可能无法求解。而"解构主义"
　针对的就是"逻各斯中心主义"。

（Foucault, 1972: 49）依此，"话语（作为事件）"要"定义""客体秩序"，也就是，决定"事物依理而在"的态势。他极力试图突出的是，事物是由"话语"造就的，而"话语"又是由"意识形态"促成的。这样，"意识（形态）造就事物"也就可以推论出来。那么，问题在于，若世界上所有的事物都是某种"话语"，那么何来"话语"？而且，因为人本身可能也早已成为"话语"，他们或我们又如何求知究竟什么才是"话语"①？更何况，意识形态突出的斗争和分裂，会有助于对主张天人相合之"和为贵"（《论语·学而》）（何晏、邢昺，1999: 10）的中国译论的理解和领悟吗？

后结构主义作为后现代的一种思潮，反"理性主义"而动，其论说，夹缠而又悖"理"，并且将此夹缠和悖理之论视为对"逻各斯中心主义"的解构。岂不知，如此解构，永远不能对准其自身。"上帝死了"，虽无解释的终极标准，但读者却懂得其意。那么，到底是依读者的标准断其意，还是依没有终极标准的尼采来断？依前者，此语之意是可知的；而依后者，此语根本上是不可知的。面对如此既"合理"同时又"不合于理"的论说，我们到哪里去求得一剂解药，以厘清思路，以便确定：这样的解构，到底是修辞意义大于思想价值，抑或是，其本身就因逆"理性主义"而动，从而绝于"话语"之"常理"？

德里达（2001: 503）指出："中心乃是整体的中心，可是，既然中心不隶属于整体，整体就应在别处有它的中心"；"中心因此也就是非中心"（详见：Derrida, 1978: 353）。也就是说，"中心"并不在"结构之整体"之内，因而也就无所谓"结构"。这样，"那种基础、原则或中心的所有名字指称"之物，如"艾多斯、元力、终极目的、能量、本质、实存、实体、主体、揭蔽、先验性、意识、上帝、人等等"（德里达，2001: 504；详见：Derrida, 1978: 354），作为"结构的中心"便是不在场的。那么，我们若要寻觅译论之思想源头，在如此"解构"的剃刀之下，它还能存在吗？

于是，我们看到此著中这样的说明："Chinese 这一术语之所以以一种策略性的灵活性尺度来运用，是因为，在此编作者看来，Chinese 这一观念是一种建构，尽管是必要的建构，因而，纯粹性的神话最好被丢弃而不是加以延续。"（张佩瑶，2010: 18）

若"中国的"只是一种"建构"，而且是"必要的"，那么，它便只能是一个"名称"或曰"话语"，别无价值？的确，这是全然在仿照德里达所说的"翻译是可能的""翻译既必要又不可能"（Derrida, 1985: 103）的思路，以告知世人：Chinese 作为一种"话语"，其"意义中心"不在其"结构"之中，因而，在观念上是"不可能存在的"，但既然要对之加以讨论，又有"必要"使之存在；故而，才不得已而如此命名之。

---

① 福柯的论说，十分明显是在效法尼采。后者指出："同一个文本可以有无数种解释：没有什么'正确的'解释。"（尼采，2007: 38）在尼采那里，"一切都是解释"；而在福柯这里，当然是"一切都是话语"。但会有人质疑：还有什么"不是话语"？而且，怎么样判定"话语"？若其不然，我们如何"求知话语"？

因此，接下来的问题便是，既然Chinese是如此情形，若认定它具有"统一性"和"统一性"的"整体"，那便是在制造"神话"，因为关乎其"（整体的）纯粹性"根本就是不存在的。

如此观点实是在说，"中国的"已无从现身于观念，现实之中岂能存在？而且，作为一种"话语"，Chinese是决然不会有"纯粹性"的，否则那就是在炮制"神话"！

该编者在对老子的"道"的解说之中，再一次亮出"解构"的利刃：

> 因为道是如此包容性的，它永远也不能被完整阐明，永远也不能被适宜地命名。使之明晰化、为之命名的诸多努力，结果只能是对不能固化的一种意义加以固化。这样一种观点——意义与意义表达、意义与语言之间的空白——（过去而且今天依然）为很多中国学者所坚持。毫无疑问，正是这样的观点，才会为今天的解构主义者所认同。更为重要的是，老子的观察"道可道，非常道"也对翻译同样有效。从哲学上说，难道不正是（翻译之）恒道的这种包容性，才在几个世纪以来引发起无穷无尽的尝试要把它阐明吗？（张佩瑶，2010：23）

老子的"道"的确具有十分强大的包容力，因为"道法自然"（《道德经》第二十五章）（王弼，1954：14）。但是，这里的前提是："自然"的意向是，事物自己乃是它自己。也就是事物首先要确保其整全之个体，并使之归于自身。这样的"同一性"，如上所述，在解构主义那里是不可能存在的。那么，二者如何相互比较？

编者站在读者立场，坚持"道"之意义无穷无尽，但那不过是在说："道"无所谓"其本身"或"它自己"；它之存在乃是人所赋予或虚构的，是在"话语"之中生成和成就的。若当真如此，"道"之解之译，多么热闹，就会多么无聊，甚至是闹哄哄毫无意趣可言。因为，不论读者、解者和译者如何努力，它的"中心"总是不在场的。在"道自身"缺席的情况下，所有译解活动的参与者，是不是在玩一场文字游戏，也就是"空洞的话语"游戏？

而在《道德经》的语境中，在道家那里，"道法自然"之意向十分明了清楚：只要事事物物能保持其自身为其自身并且不断向着这样的自身回归，那么，它就是"它自己"。既然万物如此，"道"亦非例外；因而，它也一样要"法"此"自然"，从而使其自我回归成为现实并持立于其中。读者、解者和译者之所为，莫不是以此为"中心"来释解其意。因而，"中心"在，"道"亦在场，意义仍在。解构主义，不是与这样的训释学倾向截然相反吗？

此著编者深深陷入后现代思想，也就造成了悖论性的观点和表达。有论者认为，"哲学与翻译存在着本质层面的邻近"（Berman，1999：18）。但这并不是要把翻译提升至哲学高度，而是在说，翻译作为活动与哲学是"邻近"和"平等"的。换言之，哲学不但不能指导翻译，而且，还会从有关活动中得到引导和拓展。如此下拉哲学，使之与一般的"话语"处于同一层级，实质上是在解构其形而上的作用。同样地，作为人类活动，"厚重翻译"也竟然被学者视为"跨文化翻译研究"；人类的一种活动被确认为可与作为一门学科或知识部门的"翻译研究"平起平坐，甚至能再造这样的研究。（ Hermans, 2003 ）[①]到最后，哲学作为"权威"也遭到颠覆：有论者认为，人文学科中的诸多部门，其"基础化观念"都是"借来"的，而且，还会"被不断移开"（ Pym, 2007: 24 ）。他要说的是，作为"学科的基础"的"观念"，已经不能作为它的"中心"。德里达的思想俨然在焉。不过，一个学科若是没有它特定的"中心"，何以存在？但后现代论者对此毫不在意；因而，即使是用"基础"一词，也不会理会，其意已被其消解。

　　在后现代思潮裹挟之下，此著以福柯的理论为分析框架，可以想见，距离中国译论遥遥。

　　那么，实际上，若后现代是对"逻各斯中心主义"的消解，则可以说明，"理性主义"存在"本质上的问题"；或者说，其中含有的"内在的矛盾"不可解决。但依照上文所见，后现代的思想也一样"于理"难通。那么，这是否意味着，西方译论业已"过时"？相应地，中国译论该登场了？这也就愈发说明，对其思想之源的求索具有历史意义。但是，此著似乎并未着意于此。

（三）《选集》之中的条目遴选的问题

　　试看一下此著所选的条目，就会发现，它并不重视对"译论的思想之源"的追溯。

　　一方面，编者摇摆不定。在论述之中，既有对先秦时期乃是译论之"基础观念"（ foundational ideas ）（张佩瑶，2010: 4 ）生发期的认同，但同时又强调，读者可"丢下第一部分"直奔佛教翻译话语（张佩瑶，2010: 19 ）。原因无他，编者秉持"传统译论……是出自前所未有的佛籍译论"（张佩瑶，2007: 38 ）这一传统观点。这样，导读所认同的"这些话语[②]似与翻译无关，却是中国传统翻译话语的文化根基"（白立平，2010: iv ），也一样是十分矛盾的。

　　另一方面，从表 1 可以清楚看到编者遴选的倾向。

---

① 西奥·赫曼斯（Theo Hermans）此文的题目即为 "Cross-cultural Translation Studies as Thick Translation" （《跨文化翻译研究即厚重翻译》）。仿照安托瓦纳·贝尔曼（Antoine Berman）的论述，即"翻译与其研究存在着本质层面的邻近"。但是，论者既绝不会认同"元语言"[理论（语言）]的指导和核心作用（Hermans, 2003: 383-385），"中心"随之遭到消解，何来层次，又如何说明 thickness 是可能的？但这样的后现代论者只管自顾自讲下去，完全不会顾及自己是不是在"讲理"。

② 即《道德经》《论语》等先秦典籍。

表1 《选集》第一部分 [①]

学派	作者	著作	条目	中文	译文
儒家	孔子	《论语》	3	巧言令色	**clever** words and hypocritical manners
			4	谨而信	prudent and sincere
			5	言而有信	keep his word
			6	文质彬彬	Only when **attention to form and beauty** and **substance** are equally blended do we get the man of true virtue.
			7	民无信不立	If the people have no **confidence and trust** in their ruler, all is lost.
			8	信以成之	He ensures its full realization with his **sincerity**.
			9	辞达而已矣	When selecting your words, it is sufficient if they can get your meaning across.
			10	恭宽信敏惠	Courtesy, generosity of heart, **sincerity**, diligence, kindness.
		《易传》	12	书不尽言，言不尽意	Writing cannot fully express what is conveyed by speech; speech cannot fully express ideas.
			13	修辞立其诚	He attends to his words and establishes his sincerity.
	左丘明	《春秋左传正义》	14	言之无文，行之不远	If one uses language without **literary patterning**, one's message will not travel far.
		《国语》	15	舌人	tongue-men
	孟子	《孟子》	16	以意逆志	The right way is to read with empathy in order to meet and grasp what is compellingly present in the writer's mind.
	荀子	《荀子》	19	乐之雅俗	**vulgar** and deviant music form playing havoc with the **elegant and proper** standard
	无名氏	《周礼》	21	象胥	interpreting-functionaries
	戴圣	《礼记》	24	寄、象、狄鞮、译	the entrusted, transmitters; likeness-renderers; they who know the *Di* tribes; translators/interpreters
	伏生	《尚书》	25	象、译	official title of interpreting-functionaries in charge of communicating with the regions in the south; official title of interpreting-functionaries in charge of communicating with the regions in the north
	戴德	《大戴礼记》	11	简；象	simple; *xiàng* 象 officials

① 篇幅所限，表中有关条目只录关键表达。加粗单词在原书中有拼音和中文，如 **sincerity** [*xin*，信]。The Way 虽未加粗，亦加有拼音和中文：The Way [*Tao*，道]。

续 表

学派	作者	著作	条目	中文	译文
道家	老子	《道德经》	1	道可道，非常道	The Way that can be spelt out [*tao*] is not the constant Way.
			2	信言不美，美言不信	**Trustworthy** words are not **beautiful**; **beautiful** words are not **trustworthy**.
	庄子	《庄子》	17	知者无言，言者不知	Those who know do not speak; those who speak do not know.
			18	得意忘言	Once you have got the idea, the words are forgotten.
法家	韩非	《韩非子》	20	好质而恶饰	cherishes **substance** and frowns upon pure **embellishment**
杂家	吕不韦	《吕氏春秋》	23	象、译、狄鞮	likeness-renderers; translators/interpreters; they who know the *Di* tribes

若以天人相合之意视之，很多入选条目是看不到多少相应性的。我们看到更多的则是"言意关系"方面的论述。但正如上文所指出的，这样选择条目不足以体现先秦的主导思想。

因为编者并未顾及"通"之"译"之意，故而将触及"译"或与之相关的论述视为必选。为了突出"译"，此著选入了7个条目（11、15、21、22、23、24、25）。但这些条目大多是"功能性的"，而且，其中还有对少数民族的贬低甚或侮辱（如条目15"夫戎、狄……若禽兽焉"）（张佩瑶，2010：36）。由此编者得出结论称，佛经译论出现之前，国人很少对译事进行反思性的说明和探讨（张佩瑶，2010：44-45）。也就是说，此前并无译论存在。编者甚至将《礼记·王制》"通志达欲"的界定视为"功能性的"（条目24）（张佩瑶，2010：46），更可说明，她对译论的"思想之源"是持无谓态度的。

这样，此著所选的条目便呈现"两张皮"之态：直接论及译事的，并不是理论性的；不能直接触及的，与之只有间接的关系。那么，二者如何牵合在一起？而且，先秦思想又如何与后世译论，比如佛经译论，相关涉？这样的质疑或可揭示，只有回归儒家，才可见实。

三、"心"的力量：从中国译史看中国译论的儒家思想导向

如上所述，确定思想之源，以为中国译论可能的历史贡献添砖加瓦，恰在其时。因而，有必要继续历史性的回溯。

如果说，"通志达欲"乃是对先秦主流"译学思想"的总结，那么，对"心"的突出形成了中国翻译思想史的主线，而这也一样是学界所未注意的。其中一个原因或是，学界一向坚持"以实践为中心"的翻译观，认定"翻译实践"才是译事的重心，因此也才是译史的重点和译论的核心。

如此，梁启超总结佛经翻译，特地指出："翻译文体之问题，则直译意译之得失，实为焦点。"（梁启超，1988：105）且不说"直译—意译"作为对立概念的合理性，是否会有非此即彼之嫌；但只论如此简单化的总结，它可能会有形而上的理论特色吗？道格拉斯·罗宾逊（Douglas Robinson）给出了全然否定的意见："如果回顾过去两千多年的翻译理论史，很多问题都很狭隘。要么是意译（sense for sense）或直译（word for word），基本如此。如果这是所说的翻译研究的传统，或者是要回到的基点，放过我，这些未免太无聊。"（李波、杨岱若，2015：6-7）的确，翻译技艺应是译事、译史和译论的一个方面或一个组成部分，但若专注于此而不思他求，便会将译史写为译者实录和译技史，把译论视为具有一定针对性的实用主义的散论。但是，译事之技，会不受制于译者的意识和思想变易？译者激荡于历史风云，受时代影响，展示个人特色，不会有观念上的变化？译史中如此的变化，不会取决于某种尚未被揭示的哲学系统的作用？

但这方面的有关问题，学界亦很少关心。无怪乎此著会将"通志达欲"解释为对译事"功能性"的论说。

但若依上文所说，"通志达欲"见证的恰恰是儒家的真精神：以求善之心，而得天道之仁之德，而期此世之人与之同心相通。其中尽管有对"人言"的贬抑或不重，但毕竟人之生存与其息息相关，而可使此一理路导向形而上的精神世界，确定其是在一个思想源头演化此世之中人与人之间的沟通。

而如此的天地大法，是不可违逆的。这样，"通达天人之心"的译论追求自然地便成为主线，贯穿于中国翻译史之始终。若译事的历史走向和规律如此，便可认为，中国译学的未来发展，也应不出乎其外。

第一，佛家传译的儒家思想取向。如论者所指出的，伟大的翻译家鸠摩罗什之偈宣扬"心山育明德"[①]（释慧皎，1992：53），复述并发挥儒家"明明德"（《礼记·大学》）（郑玄、孔颖达，1999：1592）之旨，强调沟通之要在于天德之入乎于人之初心，而见之于人与人的相互往还（蔡新乐，2022b）。

那么，佛家以儒家思想为译论的基点，这种思想是否在佛经译史之中成为主导倾向？龚鹏程的有关论断可以证明，回答应是肯定的。

在他看来，"所有的思维活动，中国人都是从心上来讲的，把心当成人的主体，而不是脑"（龚鹏程，2021：60）。这样，"汉传佛教不关心逻辑与知识论，因为印度佛教以真理的证成为主，中国则以真理的实证为核心。相关经论[②]译出甚少，南北朝期间仅

---

① 鸠摩罗什之"嚼饭与人"之喻被收入各种翻译史资料，但其"偈"同在一段，却被删除，译史著作之中亦未讨论。但此偈却正可揭示什公译论思想的儒家导向。《高僧传》版本是："心山育明德，流薰万由延。哀鸾孤桐上，清音彻九天"（释慧皎，1992：53）。《出三藏记集》中则为："心山育德薰，流芳万由旬。哀鸾鸣孤桐，清响彻九天"（释僧祐，1995：534）。对之的训解及其译学史意义的论述，详见蔡新乐（2022a）。

② 即因明学。

《方便心论》《回诤论》《如实论》三部而已"（龚鹏程，2021：59）。"正因为中国思想重视心，所以佛教传来以后逐渐本土化，也重视心"；"中国佛教因深受中国传统哲学影响，佛教中真常唯心论的成分得到了前所未有的开发，不属于或较少谈论真常唯心论性质的宗派（如唯识、成实、俱舍等）则很快就被淘汰了"（龚鹏程，2021：61）。

应该指出，只有儒家倡导"心"之"天道之仁"之"情"最为有力；就中华文化的"主情"倾向的形成和巩固而论，也最能体现其洞见的力量。正是由于对"情"如此重视，"生生"之义才蔓延于中华文化的血脉之中，成为代代相传的根本观念。因此，佛经翻译史作为"佛教中国化"的过程，当有儒家思想作为推动力。亦因此，如龚鹏程所指出的，近世研究者发现，历史上出现了不少的"伪经"（龚鹏程，2021：61）。原因无他：那是以"心"为导向推出的"译经"。

第二，科学思想传译的儒家导向。明朝时，在对基督教传教士所带来的科学文献的传译过程中，有关译事的中土参与者，有不少坚持"同文"的立场。这种现象亦可见证，儒家思想之于译史的影响力；当然自可说明，儒家思想仍是中国译史之思想核心。

徐光启指出，"算数"之学，"至周大备，周公用之"，"孔门弟子身通六艺者"，将之发扬光大，不想"载籍燔于嬴氏，三代之学多不传"（徐宗泽，1949：265）。而将利玛窦所带来的算学译为汉语，可继先贤之教，传其遗训，延续传统。这分明是将外来之学引为人类共同的遗产，因以之能归入"同文"为尚。

"同文"之论，出自《礼记·中庸》："今天下车同轨，书同文，行同伦。"（郑玄、孔颖达，1999：1457）这是对"大同"之象的描写或讴歌。"车同轨"，行之有轨；"书同文"，书之有据；"行同伦"，人伦日常依乎于常道。如此，整个社会井然有序，而见"大一统"之义。在此观念下，将外域之学引入中土，正可印证中华文化自身的力量，足可支撑人类文化本身的健康成长和发展。因而，将异域之教引入，才可见证人类文明方兴未艾、渊源存续之盛。

其他如杨廷筠云，"儒者本天，故知天、事天、畏天、敬天，皆中华先圣之学也"（徐宗泽，1949：292）；许胥臣亦曰，"天非自西学始也"（徐宗泽，1949：293），但西学可补历史的不足。故而，许胥臣强调："今试令广译西学，传播人世，真是真非，必了然心目。"（徐宗泽，1949：293）但这一切，都是在"同文"的理想方向上展开的。也就是说，不论西学如何与中华文化不同，传译之的目的，都是要将之归入一个文化空间，这便是"同文"所昭示的"大一统"之所在。

因而，与其说徐光启、杨廷筠以及许胥臣等所坚持的是译事原则，不如说，他们更关注的是，如何将译事引向人类文明的终极目标："同文"。杨廷筠强调，译者应以如何"昭圣天子同文盛化"为重（徐宗泽，1949：292）。历来学者视当朝皇帝为圣，或无可厚非。他这里说的主要是，文化上的传扬和归位更多的是"取同"，此需引入、吸收和借用异己、异域之物，但这不仅仅是为中华文化建设服务，更是为人类文化的"大同"而尽力。

第三，从严复对儒家的坚守来看，更可看出，中国译论的思想之源头要义。

一方面，严复之"信达雅"，依其《天演论译例言》之叙，本就是引自《论语》《左传》和《周易》，以之为引领，儒家"育人"之业与译事之"通"密不可分。"三者乃文章正轨，亦即译事楷模"（罗新璋、陈应年，2021：206），即由此而发。"文章"即人心之内德因得天道之仁的赐予的滋养，而得自然彰显；其要义在于，使从业者形成自然之势，并将之付诸译事。这种思想追求，绝非一般所说的"翻译标准"或"译技"所能涵括。相反，正因其有此本体论意向，也才会含有技艺方面的意涵。本体论、方法论与技艺论相融合，才可促成中国译论的系统性及其伟大的历史性。

还应注意，即令是在"现代思想"，严复（2014b：347-348）仍然持守着他对儒家的信念：

> 出于口者曰语言，笔之于篇曰文字，而通谓之辞，辞者以所达人心之意者也。故孔子曰："辞达而已矣。"《易》曰："修辞立其诚。"扬雄曰："言，心声也，书以画也。"凡此皆能言语言文字之用者矣。辞者，积文字、积言语而为之。
>
> 辞必有法而后能达，此天下言语之所同也；故吾人谓无法之辞为不通，不通犹不达也。英文明辞法之学曰葛拉马 Grammar。葛拉马者，文辞之律令也，其事始于一字。

在他那里，"心"始终是人的核心力量。因而，这里讲的"文辞之律令"看似在说西方的 Grammar，但下一处引文足可证明他思想的依归：

> 今夫五洲之民，苟从其异而观之，则诡制殊俗，其异不可以言词尽也。顾异者，或牵乎天，或系乎地，又以相攻相感，所值之不齐，而其异乃大著。虽然异矣，而其中常有同者，则形质不殊，而所受诸天以为秉彝者，莫不一故也。是故学者，居今而欲识古之圣人所谓达道达德者乎，则必取异民殊种所必不可畔者而观之，所谓达之理著矣。（严复，2014b：518）

这段话说的主要是"观异而求同"。自"同"而视之，"受诸天以为秉彝"可以理解为，即令是"文辞之律令"也一样是"天之所赐"。因而，其背后隐含的，也一定是造就如此律令之存在的那种"仁爱之道"。

故而，严复一再强调，"人心与天相通"的要义，突出"心"之大义：

究之语言文字之事，皆根心而生，扬雄言："言，心声也；书，心画也。"最为谛当。英儒培根亦云："世间无物为大，人为大；人中无物为大，心为大。"故生人之事，以炼心积智为第一要义。炼心精、积智多者为学者。否则常民与野蛮而已矣。（严复，2014b：89）

扬子云曰："言，心声也。"心声发于天籁之自然，必非有人焉能为之律令，使必循之以为合也。顾发于自然矣，而使本之于心而合，入之于耳而通，将自有其不可畔者。然则并其律令谓之出于自然可也。格物者，考形气之律令也；冯相者，察天行之律令也；治名学者，体之于思虑；明群理者，验之于人伦。凡皆求之自然，著其大例以为循守。（严复，2014a：80）

而且，他将这样形成的"语言"视为人之为人最为基本的要素："昔英人赫胥黎著书名《化中人位论》，大意谓：人与猕猴为同类，而人所以能为人者，在能言语。"（严复，2014b：89）这看似在引用西方思想家之语，实则是以其为助益，强化儒家思想："心语"或"心成之言"乃是"天道之仁"最为亲切的，因为那是人的本质所在。依此"心"构成的"人"之存在正可说明，人天一体的框架之下，人始终追求的是"仁"之理想，并以此来进行自我打造和升华。正因此，他才指出："国语者，精神之所寄"，因而，"至谓国之将兴，必重国语而尊国文，其不兴者反是"（严复，2014c：203-204）。

四、结语

追溯译史，乃是为了确定译论未来的导向。行文至此，或已可说明，中国译论是不能没有儒家思想的支撑的。实际上，译史的中心始终是如何营造人的心灵世界，并以此为基点，来应对时代的跨文化风云。但是，始终不变的是那颗不无神秘而又无处不在的"心"：由先秦开始，国人就明了，译事该如何"通志达欲"而求"心之所之""心之相应"。到了鸠摩罗什，"心之明德"之求，仍在移植并延续其说。而佛经翻译之中国化导向，不仅最终促成"禅宗"应运而生，而且，在整个翻译历史进程之中，这样的中国化也是围绕着如何"安顿人心"来展开的。到了明朝，"同文"在科学翻译家那里，成为一种标记：既明示他们努力的方向，也在印证向着儒家的归属其来有自的源头之思。至于严复之译论，则更加清楚明了地突出了儒家"学之为己"之精义，而将之付诸跨文化翻译实践活动加以检验、运用和强化。

从汉末到宋代，从明末以至于清末民初，中国译史什么时候脱开过儒家思想？从对本土教义的守成到佛家教义的中国化，从科学文献的翻译和传播到"新西学"近代以来的推广，哪一种思想的输入，不是以儒家思想所重的"心心相印"为归向？

综观波澜壮阔的中国译史，一代代人都在以具体的实践说明，一切的努力都是为了实现儒家所弘扬的"人心的仁爱之善"。有了这样的善心，才有文化创新。不过，无论如何转化，"同文"的追求都是不变的：求同存异，取长补短，以见人类"文化大同"。

由此可见，只有在儒家那里，在一个一力传扬"仁爱"的思想流派那里，才可能真正实现一个屹立于世界文化之林的文化系统的生命力绵绵不绝。由此历史事实推论，跨文化译论之未来，无疑需要这样的"主情"思想流派的滋润、呵护和生发。

最后应该指出，因本文是初探，在讨论"通"之"译"的意涵时，不无浮泛之嫌；至于它与译事的关系，尚需进一步推展、深化。本文的观点是否合理，仍需方家正之。

参考文献

Berman, A. *La traduction et la lettre ou l'auberge du lointain*. Paris: Seuil, 1999.

Derrida, J. Structure, Sign and Play in the Discourse of the Human Sciences. In Derrida, J. (ed.). *Writing and Difference*. Bass, A. (trans.). London: Routledge, 1978: 351-370.

Derrida, J. *The Ear of the Other: Otobiography, Transference, Translation*. McDonald, C. (ed.). Kamuf, P. & Ronell, A. (trans.). New York: Schocken Books, 1985.

Foucault, M. *The Archaeology of Knowledge and the Discourse on Language*. Smith, A. M. S. (trans.). New York: Pantheon Books, 1972.

Hermans, T. Cross-cultural Translation Studies as Thick Translation. *Bulletin of the School of Oriental and African Studies*, 2003(3): 380-389.

Pym, A. Philosophy and Translation. In Kuhiwczak, P. & Littau, K. (eds.). *A Companion to Translation Studies*. Cleveton: Multilingual Matters, 2007: 24-44.

白立平. "洞入幽微，能究深隐"——《选集》内容评介//张佩瑶. 中国翻译话语英译选集（上册）：从最早期到佛典翻译. 上海：上海外语教育出版社，2010：v-xiv.

蔡新乐. 鸠摩罗什之偈的译学史意义疏解. 外语研究，2022a（2）：61-65+112.

蔡新乐. 被历史遗忘的翻译本体：儒家观点看"心源". 外语教学，2022b（3）：87-92.

陈福康. 中国译学史. 上海：上海人民出版社，2010.

德勒兹. 哲学与权力的谈判——德勒兹访谈录. 刘汉全，译. 北京：商务印书馆，2000.

德里达. 人文科学话语中的结构、符号与游戏//德里达. 书写与差异. 张宁，译. 北京：生活·读书·新知三联书店，2001：502-525.

龚鹏程. 中国传统文化十五讲. 北京：北京大学出版社，2006.

龚鹏程. 文心雕龙讲记. 桂林：广西师范大学出版社，2021.

顾颉刚，刘起釪. 尚书校释译论. 北京：中华书局，2018.

何晏，邢昺. 论语注疏. 北京：北京大学出版社，1999.

黄忠廉，傅艾，刘丽芬. 中国译论发展研究——未来走向. 中国外语，2022（5）：88-95.

李波，杨岱若. 译人译事，译界异见——道格拉斯·罗宾逊教授访谈. 山东外语教学，2015（5）：3-8+2.

梁启超. 翻译文学与佛典//梁启超. 中国佛教研究史. 上海：上海三联书店，1988：81-134.

罗新璋，陈应年. 翻译论集（修订本）. 北京：商务印书馆，2021.

马祖毅. 中国翻译简史——"五四"以前部分. 北京：中国对外翻译出版公司，2004.

尼采. 权力意志. 孙周兴，译. 北京：商务印书馆，2007.

尼采. 查拉图斯特拉如是说. 黄敬甫，李柳明，译. 北京：中华书局，2018.

钱锺书. 钱锺书论学文选（第四卷）. 广州：花城出版社，1990.

钱锺书. 管锥编（二）（上卷）. 北京：生活·读书·新知三联书店，2001.

释慧皎. 高僧传. 北京：中华书局，1992.

释僧祐. 出三藏记集. 北京：中华书局，1995.

王弼. 老子注. 北京：中华书局，1954.

王弼，孔颖达. 周易正义. 北京：北京大学出版社，1999.

王宏印. 中国传统译论经典诠释——从道安到傅雷. 大连：大连海事大学出版社，2017.

王瑞萍. 论中国历史上"绝地天通"人神观与中华民族共同体意识构建之关系. 云南民族大学学报（哲学社会科学版），2020（4）：36-41.

王先谦. 庄子集解. 北京：中华书局，1954.

王先谦. 荀子集解. 北京：中华书局，1988.

徐宗泽. 明清间耶稣会士译著提要. 上海：中华书局，1949.

严复. 严复全集（卷六）. 福州：福建教育出版社，2014a.

严复. 严复全集（卷七）. 福州：福建教育出版社，2014b.

严复. 严复全集（卷八）. 福州：福建教育出版社，2014c.

姚中秋. 绝地天通：中国式宗教治理之道与世界宗教分类之尺度. 西南民族大学学报（人文社会科学版），2022（1）：59-68.

张佩瑶. 对中国译学理论建设的几点建议. 中国翻译，2004（5）：3-9.

张佩瑶. 从"软实力"的角度自我剖析《中国翻译话语英译选集（上册）：从最早期到佛典翻译》的选、译、评、注. 中国翻译，2007（6）：36-41.

张佩瑶. 中国翻译话语英译选集（上册）：从最早期到佛典翻译. 上海：上海外语教育出版社，2010.

郑玄，孔颖达. 礼记正义. 北京：北京大学出版社，1999.

朱熹. 四书章句集注. 北京：中华书局，1983.

（特邀编辑：枣彬吉）

图书在版编目（CIP）数据

中华译学. 第一辑 / 许钧主编；冯全功执行主编
. —杭州：浙江大学出版社，2024.6
　（中华译学）
　ISBN 978-7-308-24767-2

　Ⅰ. ①中… Ⅱ. ①许… ②冯… Ⅲ. ①翻译学—研究
—中国 Ⅳ. ①H059

中国国家版本馆CIP数据核字(2024)第063123号

中华译学（第一辑）

许　钧　主编　　冯全功　执行主编

出 品 人	褚超孚
策　　划	包灵灵　陈　洁
责任编辑	董　唯
责任校对	田　慧　黄静芬
责任印制	范洪法
封面设计	周　灵
出版发行	浙江大学出版社
	（杭州市天目山路148号　　邮政编码　310007）
	（网址：http://www.zjupress.com）
排　　版	杭州林智广告有限公司
印　　刷	杭州高腾印务有限公司
开　　本	787mm×1092mm　1/16
印　　张	13.75
字　　数	330千
版 印 次	2024年6月第1版　2024年6月第1次印刷
书　　号	ISBN 978-7-308-24767-2
定　　价	68.00元